JN011856

社会脳インタラクションを活かした英語の学習・教育

やり取りの力を伸ばす

門田修平 Shuhei Kadota 著

大修館書店

はじめに

　これまでの日本の英語学習・教育は，語彙（単語）と文法の知識をいかにわかりやすく学習者に提供するかに主眼をおいてきました。そしてその知識を，実際に英語のリーディングやリスニングなど言語コミュニケーションに何とか活用できるようにすること，これが最終目標でした。このために，私たちの記憶・学習プロセスを支える認知システム（認知脳ネットワーク），すなわち「IQ（知能指数）」をベースにした学習法・教育法がどうあるべきか追求してきたのです。

　しかしながら，他者との良好な相互交流をキープしながら円滑にコミュニケーションを行う力は，対人インタラクション能力の習得と切り離して，学習者一人一人の英語運用力を伸ばすだけでは達成できません。脳内の認知脳ネットワークだけでなく，社会脳ネットワークを活用した，「SQ（社会指数）」や「EQ（情動指数）」ベースの学習法・教育法を採用することが必須になります。

　ここ十数年来，人の社会的対人能力をめぐる脳神経科学の発展には目を見張るものがあります。しかし実のところ，このような社会脳に関する基礎研究の成果を，英語など外国語の学習者や教育者向けにきちんと科学的に明らかにし，実際の教室での実践にいかに応用するかを追求した書籍は，これまでまったく見当たりません。

　本書は，私たちの言語コミュニケーションを支える脳内基盤が，認知脳ネットワークによる認知システムだけでなく，社会脳・情動脳ネットワークが支える社会認知システムに大きく依存するという考え方をもとにしています。そしてそのような視点から，英語など外国語の学習・教育を見直し，他者との相互交流（相互行為）を実現する「社会脳インタラクション能力」を身に付けるにはどうしたらよいか，そのための学習法・教育法を可能な限り明らかにしようとしています。

脳神経科学の研究成果を背景にした，以上のような社会脳インタラクションにもとづくアプローチは，言語コミュニケーション能力の育成において，ほとんど「王道」と言って差し支えないでしょう。この観点からの学習法・教育法を実践することで，英語およびその他の外国語（日本語を含む）のインタラクティブな対人的コミュニケーション能力の獲得は実現できると考えます。本書が，読者のみなさんにその実現に何らかの形で貢献するものであれば，著者としてこの上ない喜びです。

　最後に，大修館書店企画推進部の富永七瀬さんには，当初の企画の段階から草稿提出を経て，最終校正にいたるまで多大なご尽力をいただきました。ここに改めて厚くお礼申し上げます。

2023 年初夏　　　著　者

目 次

第2部　応用編：
社会脳インタラクションにもとづく外国語学習　85

第 3 部　実践編：
社会脳ネットワークを刺激する 6 つのアプローチ 147

コラム

①大脳皮質 … 34／②脳幹 … 35／③大脳辺縁系 … 39／④紡錘状回顔領域，上側
頭溝，および他の関連脳領域 … 48／⑤情動脳 … 62／⑥ミラーシステム … 67／
⑦ブロードマンの脳地図 … 82／⑧美術鑑賞と社会脳インタラクション … 154／
⑨速音読 … 189／⑩シロイルカの社会脳インタラクション … 239

社会脳インタラクションを活かした英語の学習・教育

を活かした

英語の学習・教育

―― やり取りの力を伸ばす ――

序章　プロローグ

本章の概要

外国語の習得には「認知脳」だけでなく「社会脳」による対人的なインタラクション（相互交流）能力の習得が必要であるという本書の主題について導入します。

キーワード　認知脳ネットワーク, ワーキングメモリ, I.P.O.M., 社会脳ネットワーク, 社会脳インタラクション

1.　はじめに：パトリシア・クール(P. Kuhl)の実験

「他者との社会的関係を築くことが，ことばの習得の必須条件ではないか」

―このことを端的に裏付けた，印象的な研究があります。米国ワシントン大学のパトリシア・クールによる研究成果[1] です。ふだん，習得しようとしている母語（英語）しか聞いていない，生後 9 か月の赤ちゃんに対し，北京中国語の 12 回のレッスンを，発音を中心に実施しました。①対面条件（16人）では，実際に中国人女性がやってきて，中国語で直接赤ちゃんと向かい合いながら，おもちゃや人形など

図1　パトリシア・クールの実験

---

1)　P. Kuhlほか(2003)およびhttp://ilabs.uw.edu/institute-faculty/bio/i-labs-patricia-k-kuhl-phd参照。

を使ってレッスンを行いました。この条件と，同じ月齢の別の赤ちゃんに対し，②上記中国人先生の同一レッスンをそのままビデオにとって，対面の場合と同じ時間だけ「映像＋音声」の動画を赤ちゃんに見せた条件（16人），③さらには映像なしで「音声のみ」を同じ時間だけ聞かせた条件（16人）を設けました。④さらに，一切中国語発音に接しないで，同じ時間，母語の英語を聞いていたレッスンなし条件（16人）も設定しました。そして，これら4つの条件間で，摩擦音（fricative）の /ɕ/ と破擦音（affricate）の /tɕʰ/ という中国語発音の違いに赤ちゃんが気づくかどうかを調べたテストを実施し，各条件で結果がどう変わってくるか調査しました。

　その結果をまとめたのが，下の図2です。

　結果は明瞭で，「音声＋映像」「音声のみ」を提示するレッスンを受けても，一切中国語音声に接していない「学習なし」の幼児とまったく変わらない成績を示しただけでした。これに対し，実際に赤ちゃんと対面で関わりながらレッスンを実施した「対面レッスン」の場合のみ，発音を区別する能力がはっきりと向上したのです。

　ここで，読者の皆さんは，「対面レッスン」と「映像＋音声」「音声のみ」の効果の違いが生まれた原因は何だと思われますか。9か月の幼児にとって，音声を聞かされても，また音声＋映像の動画を見せられても，おそらくは，それが自分にとって何の関わりがあるかわかりません。自分にとって何の関わりがあるのかわからないものは，いくら優しく話しかけている内容のものでも，自分とは別の世界の出来事です。それでは，学習の対象にはなりません。これは，幼児だけでなく，小学生や中高生，さらには大人にとっても，基本的に同じでしょう。ところが，目前で実際に自分に働きかけられると，誰しもすぐに興味を持って注意するようになります。その結果，一度も聞いたことのない外国語（中国語）の発音の違い

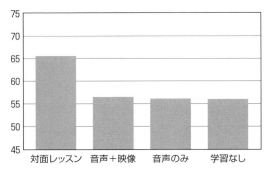

図2　対面レッスンと，同じ時間「音声＋映像」「音声のみ」学習をした場合と，「学習なし」の場合の発音識別テストの結果（縦軸は正答率：%）（Kuhlほか，2003）

を幼児が区別するようになるのです。「インタラクション（interaction：相互交流）」には，人の注意を引き，その相手の意図を推測し，その人の発する言語音声の細かな違いまで気づかせる，そんな働きがあるのです。事実，このインタラクションこそが，外国語のコミュニケーション能力の習得を含めて，私たちの学習活動を生み出す源泉になるのではないでしょうか。

　これに対して，「映像＋音声」や「音声のみ」による学習は，どうして全く効果がなかったのでしょうか。

　かねてより，英語など外国語の習得に，マルチメディアを駆使した視聴覚学習・教育の効果が指摘されています。一般に，マルチメディアによって提示された情報は，直接体験とは異なるものの，それに少しでも近づけた現実性（リアリティ）を持っていると考えられます。直接体験に取って代わる，このような疑似的現実（バーチャルリアリティ）を提供する試みは，現実の対面によるインタラクションを可能な限りメディア上で再現しようとするものです。

　つまり，Kuhl の上記実験で「音声のみ」学習だけでなく「音声＋映像」の動画提示が，なぜまったく効果的でなかったのかについては，幼児がこの動画の中の先生は，自分にではなく，他の誰かに向けて話しかけていると捉えたからではないでしょうか。なぜなら，幼児が何らかの反応をみせても，それを受けてさらに画面の中の先生が直接自分に応答してくれることがないからです。つまり，そこには本来のインタラクション（相互交流）は存在しないのです。このことを幼児は直感的に感じているのだと思われます。たとえバーチャルなインタラクションでも，画面の中の先生が幼児の反応に対して，はっきりそれとわかる形でさらに反応するという相互交流が行われていたら「対面レッスン」と遜色のない効果を，幼児の場合でも生み出すことができた可能性があります。

　Kuhl による以上の研究成果は，第二言語習得（second language acquisition：SLA）研究が，さらには人の認知システムをもっぱら扱ってきた認知科学（cognitive science）研究が，それらの基本パラダイムとして採用した，情報を知覚・認識し，さらに記憶・学習する脳，すなわち「認知脳ネットワーク（cognitive brain network）」の探究だけでは，言語習得は説明できないことを極めて明瞭に示した，画期的な研究成果であると考えられます。つまり，教師や他の学習者とのやり取りなど「対人的なインタラクション」の有無が，言

語習得の前提条件になるということです。そして，このことは私たち日本人の英語（外国語）習得においても，そのままあてはまる基本の「公理」のようなものではないでしょうか。

　本書では，この外国語も含めたことばの学習の前提となるインタラクションを，人の脳内の社会脳ネットワーク（social brain network）の観点から検討したいと思います。そして，このような社会脳ネットワークにもとづく相互的な他者交流として「社会脳インタラクション（social brain interaction）」を提案し，私たちの英語など外国語の学習・教育にいかに活かせるか，読者の皆さんと一緒に考えていきたい，それが本書の目的です。

　なおここで「ネットワーク」という言い方についてですが，これは外界からの情報を知覚・認識し記憶・学習する認知システムや，他者との相互的な社会的交流を実現するしくみが，それぞれ単独の特定の脳領域で達成されるものではなく，いくつもの脳領域が連携しあってはじめて可能になる「協同作業」であることを示した表現です。本書で今後使用する「認知脳」「社会脳」，さらには第3章以降で導入する「情動脳」も含めて，それらを実現するために各種脳領域が協同して機能する「脳内ネットワーク」を指していると理解いただきたいと思います。

2.　社会脳インタラクションを目指したプラクティス

　従来から，英語など外国語の4技能とは「聞くこと」「読むこと」「話すこと」「書くこと」を指してきました。しかし，その後の学習指導要領では，これらのうち「話すこと」が「発表」と「やり取り」に分けられ，「4技能5領域」が区別され，外国語のスピーキング（話す）能力について2種類あることが明確に示されています。簡単に言いますと「発表」は「一方的なコミュニケーション」ですが，「やり取り」は「インタラクティブ・コミュニケーション（interactive communication）」で，両者の違いが何かというと「インタラクションの有無」です。

　ふだん私たちは，インタラクティブ・コミュニケーションがどのように進んでいるのか，その実態をほとんど意識することなく，家庭で，学校で，仕

事先で，電車・バスの中で，さらには飲み会や，趣味の会など，さまざまな場面や状況の中で，母語（日本語）によるインタラクティブ・コミュニケーションを行っています。しかしちょっとその進め方について考えてみると，はたと気づくことがあります。それは，このコミュニケーションにおいては，さまざまな処理プロセスが，同時並行的に進行していることです。

　一例を挙げましょう。同じ会社に勤める友人同士の会話です。

　Ａ：今度の土曜日にうちの家で，みんなでパーティをやるよ。
　Ｂ：ごめん，その日はすでに奥さんと食事に行く約束をしているんだ。

　この短いやり取りですが，Ｂはとっさに，次の3つのプロセスをほぼ同時平行的に実行しています。

①**理解**：話し相手の発話を聞いてその意味を理解し，その上でその発話の意図を理解する。このためには，発話音声を知覚して，その上でその発話の意味をとらえ，同時に，ことば通りの意味だけでなく，相手が自分を誘っているという発話意図を理解する必要があります。

②**概念化**：理解した発話の意味や意図をもとにどう反応（返事）をするか考える。例えば，断るときは，直接的に言うか，やや遠回しに間接的に言うかなどです。これは，人によっては，あれこれと深く考えすぎて，かなりの認知負荷がかかってしまうこともあるでしょう。

③**発話**：内容（メッセージ）が決まったら，それを言語化して，発話する。このとき，どんな単語（語彙）や構文（言い方）を使用するかということも瞬時に決定する必要があります。また，これを素早く言うか，ゆっくりと考えながら話すかによっても相手に与える印象は変わります。

　一般に，母語（日本語）では，①理解と③発話はほぼ自動的に反応できます。従って，3つのプロセスの同時進行といっても，母語ではほぼ②だけに意識を集中していれば十分で，①や③であれこれと思いをめぐらす必要はありません。しかしこれが外国語であれば事情は一変します。理解（リスニング），発話（スピーキング）という単体の処理ならできても，瞬時に3重のタスクをほぼ同時進行させなければならないインタラクティブ・コミュニケーションで

は，すぐに立ち往生してしまいます。

● 円滑なコミュニケーションに必要なこと

　このような即興的な同時処理に外国語で対応するポイントは，何でしょうか。上記①理解，③発話を可能な限り，一生懸命考えなくてもできるように自動化すること，すなわち頭の中の認知資源の消費をできる限り減らして，②に認知資源を回せるようにすることです。②を余裕を持って実行するために①③の効率化を達成できることを，筆者は「心理言語学的能力」と呼んでいます（第5章5.2 p.93）。ただこの効率化は，徐々に進行するもので，多くの英文を聞いたり読んだりする「多聴・多読」により何度も同じ単語・構文に遭遇したり，それをアウトプットに結びつける「シャドーイング・音読」のトレーニング（プラクティス）を繰り返し実行したりするうちに，身についてくるのです。

　それでは②の概念化，すなわちどう反応するかという中身については，コミュニケーションにおいて最も重要な他者への伝達メッセージに当たります。これは外国語だけでなく，母語でも返事に窮して考え込むこともしばしばあることから，自動化，効率化を達成することは到底無理な対象であると言えるでしょう。

　インタラクティブ・コミュニケーションのポイントとなる「心理言語学的能力」は，先にお話しした，情報を知覚・認識し，さらに記憶・学習するしくみである「認知脳ネットワーク」にもとづく解決方法を模索したものです。しかし，Kuhl が幼児を対象に明らかにしたインタラクションは，人の注意を引き，その相手の意図を推測し，その人の発する言語音声の細かな違いまで気づかせる，そんな働きを持つものです。そして，このインタラクションによる言語学習には，私たちの認知脳ネットワークだけでなく，社会脳ネットワークを活用した他者との相互交流，すなわち「社会脳インタラクション」が必須になると考えられます。そして，この社会脳インタラクションは，母語習得や母語によるコミュニケーションだけでなく，第二言語習得においても，重要な位置を占めることが予測できます。

● コミュニケーションとインタラクション

　ここで本書における「コミュニケーション」と「インタラクション」という用語について，その使い方，意味の違いを明らかにしておきたいと思います。先にも触れた文部科学省の学習指導要領では，小学校や中学校・高等学校での英語学習の目標はこれまでもずっと「コミュニケーション能力の素地」を養い「積極的にコミュニケーションを図ろうとする態度の育成」にあるとしています。では，このコミュニケーションということばは，もともとどのような意味でしょうか。言語学習との関連では，一般に「意志の伝達」「情報の伝達」とか，また理系では「通信」と訳されたりします。

　"communicate" の意味を手元の辞書で引いてみますと，例えば，*Co-build* (*Collins Cobuild Advanced Learner's English Dictionary* 『コリンズコウビルド学習英英辞典』) だと，"share or exchange information with them, for example by speaking, writing, or using equipment"（話したり，書いたり，機器を使ったりして，情報を共有したり交換したりすること）だと記述しています。最大の英語辞書といわれる *OED* (*Oxford English Dictionary* 『オックスフォード英語辞典』) を引くと，ラテン語の "commūnicāt" を語源に持つ単語で，"common" が原義だと記述しています。要は，"make common" "share"（共通して持つ，分かち合う）という意味から，情報を「伝達」「通信」し，その結果，考えや意見などを「互いに共有しあう」ことを指しています。

　これに対し，インタラクションの動詞 "interact" の意味は，*Cobuild* では，"they communicate as they work or spend time together"（ともに作業したり時間を過ごしたりすることで考え・意見などを共有すること）と記述されています。学習者用の *OALD* (*Oxford Advanced Learner's Dictionary* 『オックスフォード学習英英辞典』) では，人と物体の両方に用い，"to communicate with somebody, especially while you work, play or spend time with them"（一緒に作業したりして他者と共有し合うこと），"If two things interact, the two things have an effect on each other"（互いに影響し合うこと）と記述しています。これらの記述から，インタラクションは「互いに交流して影響し合うこと」に焦点があり，その結果，意見や情報を共有するようになるという意味を持っていることが分かります。本書でも，以上のような使い分けを念頭に置いて，コミュ

ニケーションにおいて必要な相互交流は，単なる「コミュニケーション能力」という言い方から，社会脳ネットワークをベースにしたインタラクション＝「社会脳インタラクション」というように呼び，第二言語の習得・学習にどのように位置づけられるか検討していきたいと思います。

　普段，例えば，コーヒーを飲みながらの会話でも，また窓口でチケットを購入するときでも，私たちはお互いに身振り手振りなどの動作を伴いながら，相互交流をもとにしたコミュニケーションを行っています。このような相互交流を可能にするのが「インタラクション能力」です。このインタラクション能力は，私たち人間がことばを使ったり言語を学習したりする際の基盤になるもので，第二言語習得という営みも，この能力を習得することがポイントになると考えられるでしょう。

　現在までのところ，このインタラクション能力の獲得に関する研究は，もっぱら，第二言語学習者同士による発話を研究対象とする「会話分析」を通じて行われてきました。その結果，第二言語におけるインタラクション能力は，学習者同士が協調的なコミュニケーションに従事した結果，付随的に生じる協同行為を実施する能力であることが明らかになってきています。つまり，インタラクションを蓄積した結果，明示的に教えられたり，意識的に覚えようとしたりするのではない，潜在的な記憶として，知らず知らずのうちに出現する状況依存的な「創発的」能力であると考えられているのです。この創発性という観点からの議論は，本書第 6 章 6.3 において，社会認知システムと第二言語習得の関連性という観点から解説したいと思います。

3. 認知脳ネットワークと社会脳ネットワークにもとづく外国語の学習・教育

　ここで，認知脳ネットワークにもとづく外国語の学習・教育と，本書が新たに導入する社会脳ネットワークにもとづく外国語の学習・教育がいかに異なるかについてその概略をまとめておきたいと思います。

　英語など外国語習得を成功に導く 4 つのキーポイントとして，門田 (2018, 2020) および Kadota (2019) は「インプット処理 (I：input processing)」「プラクティス (P：practice)」「アウトプット産出 (O：output production)」「メタ認知

的モニタリング（M：metacognitive monitoring）」の4本柱（キーポイント）を提唱しました。すなわち，リスニングなど学習ターゲット言語のインプット理解からスタートし，シャドーイング・音読などによるプラクティス，音声発話（スピーキング）によるアウトプット産出を実行する中で，自身の言語学習活動を観察し調整するメタ認知モニタリング能力の4つです。

インプット処理：リスニングなど

プラクティス：シャドーイング，音読

アウトプット産出：音声発話

（メタ認知的）モニタリング：学習活動の観察・調整

図3　第二言語学習のポイント（門田，2018：32をもとに一部改変）

　この I.P.O.M. の活動を支える私たちの脳内のしくみが「認知脳ネットワーク」です。それは主として，脳内の認知的な学習システムであるワーキングメモリを活用しながら，学習を進めていくもので，この学習システムを可能な限り効率化するトレーニングが，シャドーイング・音読によるプラクティスです。

　これに対し，相互交流的なコミュニケーション能力の獲得は，以上の認知脳ネットワークだけでは達成できません。このようなコミュニケーション能力の前提となるのは，他者の意図やこころの中を推測・理解しようとする「メンタライジング（mentalizing）」「表情・視線の認識と共同注意（joint attention）」，さらには「ミラーリング（mirroring）」のしくみです（第2〜4章）。これらのしくみを活用して他者理解を可能にしてくれるのが，私たちの脳内の社会脳ネットワークです。社会脳ネットワークにもとづく相互交流，すなわち社会脳インタラクションは，この社会脳の活動を大いに引き出し，活性化

してくれるものと考えることができます。

　この社会脳インタラクションこそが，学習指導要領で「4技能5領域」に
組み込まれた「やり取り」，すなわちインタラクティブなコミュニケーショ
ン能力獲得のための必須条件です。一方的に話す「発表」型のスピーキング
能力は，認知脳ネットワークの活用によって学習できますが，私たち日本人
英語学習者がこれまで最も苦手としてきたインタラクティブなコミュニケー
ション能力の獲得に必要なのは，この社会脳ネットワークを駆使したインタ
ラクションです。そしてこの社会脳ネットワークが，いかにして人と人との
相互交流的なコミュニケーションにおいて関係しているかを「社会脳インタ
ラクション」をもとに紐解いていこうとするのが本書のテーマです。

理論編

社会脳ネットワークと
インタラクション

　第1部では，理論編として，認知脳ネットワークと対比しつつ，社会脳ネットワークのしくみをその神経基盤とともに検討します。

IQ から EQ, SQ へ：
脳神経科学のパラダイムシフト

本章の概要

人の能力を示すのに，IQ に加えて，EQ や SQ が使われるようになっています。
本章では，IQ に関連する認知脳ネットワークおよびそれを支えるワーキングメ
モリシステムについて検討し，その上で，EQ, SQ の基盤となる情動脳・社会
脳ネットワークについて，ノンバーバルコミュニケーションと絡めて解説します。

▶ **キーワード** ワーキングメモリ, 実行機能を支える脳領域, ノンバーバルコミュニケーション

1.1. IQ（知能指数）から EQ（情動指数），SQ（社会指数）へ

　第 1 章ではまず，私たち人の能力を表す指標として，身近なことばとし
て一般に使われている IQ，さらには EQ，SQ がどのようなものであるか，
お話しします。そして，それぞれの能力指標がどのようなこころの中のしく
み（脳内ネットワーク）をもとにしているのかその概略を解説します。

● IQ とは

　IQ（Intelligent Quotient）が「知能指数」を示すことは，皆さんもよくご存
じでしょう。よく「あの人は頭がいい」という時には，知能指数が高いと考
えます。IQ は，もともと，実年齢に比べて，人の精神年齢が低いのか高い
のかという指標を示すものとして使われはじめました。

　例えば，実年齢が 12 歳で，精神年齢 12 歳であれば，平均的で IQ ＝
100 です。これに対し，実年齢 10 歳で，精神年齢が 12 歳であれば，IQ は
高いということになります。逆に，実年齢 12 歳なのに，精神年齢が 10 歳
であれば，実年齢に見合うだけの精神年齢に達していない，つまり IQ が低

いという評価になります。この IQ は一般に，頭の良さ（知的水準）を表すと考えられています。

　IQ を測定する方法としては，よく知られた「知能検査」がしばしば用いられますが，それ以外にも典型的なタスクとして，数字の復唱があります。例えば，実験参加者に，次の 3 種類のタスクを課した研究があります（Petrides, Alvisators, Meyer, and Evans, 1993）。

① 1 から 10 までの数字を 1 秒に 1 つずつ1，2，3……と順序通りに声に出して言ってもらう。

② 1 から 10 までの数字を順序通りではなくランダムに，しかも重複しないように 1 秒に 1 つずつ声に出して言ってもらう。

③ 実験者が，1 から 10 までの数字を順序通りではなくランダムに重複しないように 1 秒に 1 つずつ声に出して数えて言うのを聞いて，それを被験者が覚えておき，後で 1 つだけ言われていない数字を指摘してもらう。

①は，単に数字を順に言えばそれで達成できます。しかし，②③は，既に言った数字や聞いた数字を記憶しながら，まだ言っていない，あるいは聞いていない数字は何かを考えて次々と頭の中を更新していくという，圧倒的に認知的負荷の高い，疲れるタスクです。タスク②③では，自身の注意配分を上手に行いながら復唱することが求められます。

　このような知的操作に関わる IQ の能力は，このあと 1.2 で説明しますが，まさに認知脳ネットワークの基礎の上に実現されるものと考えられます。

● EQ とは

　IQ に対し，EQ や SQ ということばが次第に使われるようになりました。EQ（Emotional Quotient：情動指数）は「情動知能（emotional-intelligence）」とも呼ばれ，自己や相手の感情を正しく理解し，コントロールしながら前向きに良好な関係を築いていく能力だとされています。SQ とともにこの EQ を提案した Goleman という心理学者は「社会で成功するには IQ の要素はわずかで，かなりの部分は EQ の要素が必要である」と述べ，社会的成功には必ずしも高い IQ が求められるわけではないとしています。

　EQ の能力として，しばしば取り上げられるのは，次の①〜④のカテゴリです（豊田・山本，2011）。

　①自己認識：自分自身の情動を評価し表現する能力
　②自己管理：自分自身の情動を調整する能力
　③社会的認識：他人の情動を評価し認識する能力
　④社会的関係管理：パフォーマンスをあげるために情動を利用する能力

　いかがでしょうか。以上の中で，③④については，EQ というより，次に述べる社会的な他者理解の能力，SQ と重複しています。

● SQ とは

　次に，SQ（Social Quotient：社会指数）は，社会における広い意味でのコミュニケーション能力を表すものです。これは，EQ の項でも出てきた心理学者 Goleman の著した『社会的知能』（*Social Intelligence*）により，アメリカや日本で広く普及しました。彼は，SQ を「人間関係において高い知性を発揮する能力」と定義しています（Goleman, 2007: 22）。まわりの人たちの気持ちを汲みとる能力で，他者とこのように同期・同調することに長けることは，とりわけリーダーに必要とされる資質・能力であると考えられます。

　Goleman（2007）は次の表 1 のように EQ および SQ の概念を整理しています。

　ここでは，上記における①〜④のうち，③社会的認識，④社会的関係管理は，SQ の構成概念として分類されています。

表1　EQ および SQ の概念（Goleman, 2007: 486）

EQ（情動的知性）	SQ（社会的知性）
自己認識	社会的意識 　原共感 　共感的正確性 　傾聴 　社会的認知能力
自己管理	社会的才覚（人間関係の管理） 　同調性 　自己表現力 　影響力 　関心

　このように，EQ，SQ のもとになる基本概念は異なりますが，実際には両者を一括して測定できるというツール，ESCI（Emotional and Social Competency Inventory）が提案されています。両者の区別が，一般にはさほど厳密に定義されていないことが原因だと考

えられます。

　「上司や先輩などの意見を
素直に聞くことができるか」
など設問の仕方はさまざまで
すが，以下のような項目に区
分けされた診断ツールが用意
されています。

社会的知能指数（SQ）チェック

問 1/20
相手の言いたい事はそれまでの経験で予測できる

はい

どちらかと言うとはい

どちらかと言うといいえ

いいえ

図1　SQチェック診断ツール項目例

①共感力：相手の感情や思
　考を読み取る能力
②同調力：相手の感情や考えを自分の中で感じる能力
③理解力：物事の本質や原因を紐解く能力
④影響力：周りを変える能力
⑤集団力：集団の中で自分や他者を効率的に生かす能力

　以上概要をお話しした EQ および SQ は，自分を意識的にコントロールし
たり，また，他者に対しても共感して働きかけたりすることができる能力で，
人のこころの中の情動脳および社会脳の活動がその源泉になっています。こ
れらのしくみについては，次章以降で詳しく扱いたいと思います。

1.2. 認知脳ネットワークとは

　英語など第二言語（外国語）の学習を実現する，こころの中のしくみを明らか
にしようとする研究は，これまで私たちの IQ を実現する，認知脳ネット
ワークに関する研究成果をもとに行われてきました。外界からの情報（イン
プット）を，私たちがいかにして，知覚し，その中身を理解して，一時的に
貯蔵して，その後，記憶（長期記憶）に内在化（インテイク）するのか，さらには，
必要な情報を参照するときは，どのようにして記憶中から検索するのかとい
う認知脳ネットワーク（cognitive brain network）のしくみについてのこれまで
の成果をもとにして，第二言語学習のしくみを明らかにしようとしてきたの
です。本章では，この認知脳について，本書の主題となる社会脳との対比の
ため，認知脳を支えるワーキングメモリシステムを中心に，簡単に解説する

にとどめたいと思います。

● ワーキングメモリシステムとは何か

　ワーキングメモリほど，現在日常的なことばとして一般にもなじみが深くなった専門用語はないのではないでしょうか。例えば，筆者が，夕食に何人かの友達を招いて，すき焼きを食べようと考えたとしましょう。そして，買い出しにスーパマーケットに向かいます。まずは，スーパーの入り口に立って，必要なものをこころの中で音声復唱します。

　まずは必須の牛肉，焼き豆腐，糸こんにゃく，白菜，白ネギ……とこころの中（音韻ループ）内で内語反復（サブボーカルリハーサル）します。でももう１つ野菜を入れたいと思っていました。しかしその名前がどうも思い出せません。そのときはそれを視覚的にイメージして，視空間スケッチパッドに入れておきます（後で思い出すと，えのき茸でした）。スーパーの入り口から入って，どの順番で売り場をまわれば効率的か，当初の順番を入れ替えて，その計画を練り直します。これは中央実行系の役割です。野菜売り場が入り口近くであれば，それから順に回ります。そして音韻ループや視空間スケッチパッドを統括して，購入順を決めていきます。

　しかしはたと，良質の牛肉がこの店にあったかどうか不安になって，肉売り場に最初に向かうことにします。これが計画の「更新」です。ちょうどその時，美味しそうなまぐろやウニを買って，袋に詰めている人を見かけ，手巻き寿司もいいかなと思えてきます。でもその時は，ぐっと我慢して，そのイメージが広がるのを防ぎます。これも中央実行系の役割で「抑制」です。よし，すき焼きだと再度誓って，店に入り，それぞれの売り場に立てば，音韻ループや視空間スケッチパッドに保存した音声やイメージを検索して，順番にかごに入れていきます。これら一連の流れがワーキングメモリシステムの働きです。「なんだ，難しそうだけど，ワーキングメモリって毎日使っているものなのですね」。多くの読者の皆さんのこのような反応が返ってきそうです。このごく日常的なワーキングメモリは，献立を考えるためだけに活用されるわけではもちろんありません。外国語の学習・教育にも非常に重要な役割を担っています。

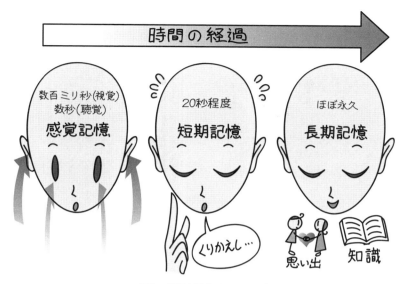

図2　（門田・玉井, 2004 : 34）

●「記憶」のしくみ

　人がいかにして外界からの情報を自分の知識として蓄えるかという「記憶」についての研究は，19世紀末の Ebbinghaus による「忘却曲線」以来，100年以上の歴史をもっていますが，20世紀後半になって，Atkinson and Shiffrin (1968) により「感覚記憶」「短期記憶」「長期記憶」から成るモデルとして体系化されました。

　感覚記憶は，外界からの刺激（インプット）を私たちの聴覚，視覚などの感覚器官ごとに，ごく短期間保持する記憶です（門田, 2014 : 44-45 など）。それらのインプットのうち，人が注意を向け，その注意の焦点に入った情報が，次の短期記憶に入っていきます。この短期記憶の機能を，その後の研究成果を大幅に取り込んで集大成したものが，バッデリーによるワーキングメモリモデルです（図3）。これは，聴覚，視覚などのモード別の情報を，一時的に意識的保持しようとする記憶（音韻ループと視空間スケッチパッド）と，音声・視覚情報を，さらに嗅覚・味覚情報も含めて，自身のこれまでの体験としてのエピソード記憶を通じて統合するエピソードバッファから成っています。そして，

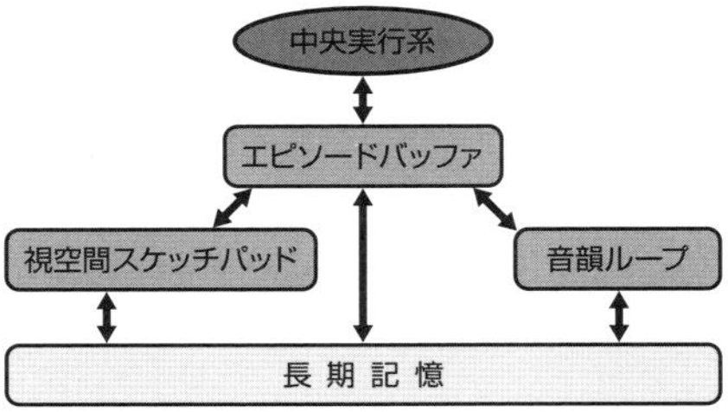

図3　バッデリーのワーキングメモリモデル
（Baddeley, 2012を簡略化した門田, 2020: 63
より）

音韻，視空間，エピソードなどの情報を保持し処理するために，自身の認知資源をうまく管理して上記の各保存庫の作業をうまくコントロールする役割を果たすのが，中央実行系（実行系ワーキングメモリ）です。私たちの学習など認知活動がうまくできているかモニターし，コントロールするメタ認知活動（metacognitive activi-

ties）などは，この実行系の重要な役割です。

　さらに，長期記憶は，半永久的に貯蔵された情報で，その性質によって，顕在記憶と潜在記憶に大きく二分できます。顕在記憶とは「先週の金曜日には先輩の送別会をした」というような個人の出来事の記憶「エピソード記憶」と「丼とはご飯の上に卵などの具をのせたものをいう」といった辞書的情報を指す「意味記憶」から成っています。母語や第二言語（外国語）の語彙についての知識を保存している記憶は，しばしば「メンタルレキシコン」と呼ばれますが，これもここで言う意味記憶の一種になります。顕在記憶内の情報を想い出すには，長期記憶中からワーキングメモリに検索してくる必要があります。

　これに対して，知らないうちに覚えてしまい，また意識にのぼることがなく検索・活用できる記憶が潜在記憶です。車の運転の仕方，ジルバなどダンスの踊り方などの記憶で「手続き記憶」と呼ばれます。また，名前もわからずいつどこでお会いしたのかわからなくても，何となく見覚えのある人や，曲のタイトルも歌手も思い出せないが，これまで何度か聞いたことのある楽曲だと思う記憶は「知覚表象システム」です。

　以上の情報の記憶・検索に関する知見をまとめますと，次の図4のようになります。

　左から右への実線の矢印（➡）は，音韻ループなどワーキングメモリを経て意識的に長期記憶に転送されるルートで，これに対し，意識しないうちにいつの間にか長期記憶に達するルートを点線の矢印（•••▶）によって示しています。感覚記憶から，ワーキングメモリを経て，長期記憶に転送するの

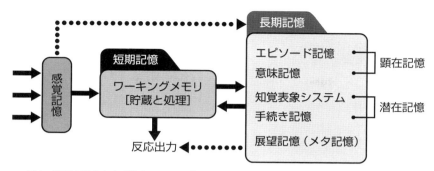

図4　情報の記憶および検索のしくみ：感覚記憶から長期記憶まで（太田・佐久間，2016：12）

に，2種類の道筋があり，また長期記憶からの検索にも2種類のルートがあることから，私たちが外国語の学習にも，意識的な顕在学習（明示的学習）と潜在学習（非明示的学習）の2種類の方法があることが分かっています。また，長期記憶からの検索法にも2種類があり，これまでどちらの学習法をとると，どのような能力が形成されるか，さまざまな形で議論されています。

● ワーキングメモリを支える神経基盤

　近年，fMRI（機能的磁気共鳴画像法）やNIRSなどの非侵襲的な脳機能イメージング技術の大幅な発展により，人のワーキングメモリシステムを支えるこころの中のしくみ（神経基盤）について，さまざまな事実が分かってきました。その中でも特に，多くの識者の関心を引き，新たな知見が多く蓄積されてきたテーマに，中央実行系の神経基盤の解明があります。中央実行系はワーキングメモリ全体を制御する中心的な役割を担うと考えられるようになり，「実行系ワーキングメモリ（executive working memory）」と呼ばれることが多くなりました。これは，私たちが抱く特定の目標の達成に向けて，どのような情報に注意を向ける必要があるか，さらにはそのために自身の限られた認知資源をいかに配分するかを決定する「こころの司令塔」であると言えます。この機能がことばの習得をはじめとするさまざまな学習に，きわめて重要な役割を果たしているのです。また，この実行系ワーキングメモリは，脳内のさまざまな領域と関連を持ちながらも，主として大脳の前頭前野（前頭連合野）に位置していることが分かってきました。

　前頭前野は，人に特に発達した領域で，大脳の中でも，思考・学習・推論

などの高度な働きをする，人特有の行動を司っている部位だと言われています。

　この前頭前野は，人間の場合，大脳皮質全体の約30％を占めており，ネコ約4％，イヌ約7％，サル約12％と比べて大きくその割合が異なります。一般に，前頭前野は人が成人になるまで発達を続け，20歳でほぼ完成し，その後老化とともに衰退して，80歳では20歳のほぼ半分以下にまでなるとも言われています（渡邊，2015）。

　実行系ワーキングメモリがこの領域に位置するのは，おそらくは，人の「意欲」や「動機付け」と密接に絡んでいるからではないかという報告があります（渡邊，2004）。たとえば，サルに，赤い光など特定の光が目前で点灯したときにだけ，報酬であるバナナがもらえるという学習（条件付け）をさせます。そうすると，たとえバナナがもらえなくても，そのサルは赤い光をみただけで，報酬がもらえるのではないかと期待するようになります。これは前頭前野内の「報酬期待ニューロン」の活動によると言われています。そうすると，このような報酬期待ニューロンの活動は，意欲や動機付けを保ちながら，認知資源を振り分ける実行系ワーキングメモリの機能に対応するものです。そして，これが前頭前野にこのような機能が位置するようになった理由ではないかと推測されています。すなわち，この前頭前野に，

　（a）目標を設定して計画を立てる
　（b）その目標に向かって計画を実行に移す
　（c）うまく認知資源の配分をとりながら行動する

といった，実行系ワーキングメモリの中心的な機能があると考えられます。

　そして，前頭前野の中でも，主に次の2つの脳領域が，以上の実行機能を担っていることが明らかになったのです。

①背外側前頭前野（dorsolateral prefrontal cortex: DLPFC）：前頭前野外側部に位置し，注意を一定のターゲットに「維持」する機能。
②前帯状皮質（anterior cingulate cortex: ACC）：前頭前野内側部に位置し，刺激の競合を察知して，陥りやすい反応を我慢して「抑制」する機能。
　また，前頭前野ではありませんが，次の脳領域も実行機能に関わってい

ることが分かってきました。

③後頭頂皮質（PPC: posterior parietal cortex）：刺激の切り替えを行う機能。

このように，対象とするタスクに集中するための脳領域と，そのために不要な情報の処理を押さえるような領域が存在し，加えて，注意の切り替えに関する領域の 3 つがうまく協同して働きあって，注意資源を効果的に配分するという実行系ワーキングメモリの機能が達成できるのです。

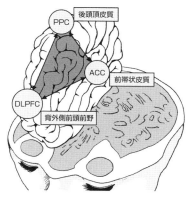

図5　中央実行機能に関わる ACC, DLPFC, PPC の位置関係とその機能（Osaka 2014：8および門田・高瀬・川崎, 2021：75より）

　以上，認知脳を支えるワーキングメモリのしくみについて，解説しました。しかしながら，私たちのコミュニケーションは，認知脳ベースの言語コミュニケーションだけから成り立っているわけではありません。これまでの言語学や音声学では直接的な研究対象にならず，その枠外にあるとされてきた，ジェスチャなどノンバーバル（非言語）コミュニケーションも重要な役割を担っています。本章では以下，従来の言語研究で言語コミュニケーションを補完する役割しか持たないとされてきた，これらノンバーバルコミュニケーションについて，社会脳ネットワークに関する本格的な議論への橋渡しとして考察したいと思います。

1.3.　ノンバーバルコミュニケーション

　言語を直接研究対象としない，社会学，心理学，人類学などの分野では，人の対面でのインタラクティブ・コミュニケーションで，言語が占める割合は，30% から 35% に過ぎず，65% 以上がノンバーバルコミュニケーションによって達成されると計算されています（Birdwhistell, 1970）。「ことばによらないコミュニケーション」（von Raffler-Engel, 1980）と定義される，このノンバーバルコミュニケーションは，非言語的行動（nonverbal behavior）と呼ばれることもあります。

　読者の皆さんの多くは，ノンバーバルというと，身振り・手振りなどのジェスチャ（ボディランゲージ）を指すとお考えでしょうか。実は，それだけに限りません。DeCapua and Wintergerst（2016）によると，ノンバーバルメッセージを伝える行動には，次のようなものがあります。

（1）近接：対人間の距離などのスペース（ディスタンス）が伝える情報。
（2）動作：コミュニケーションにまつわる身体の動きが伝える情報。音声発話に伴うジェスチャ（しぐさ）などを含む。ジェスチャじたいが特定の意味を持つもの（例：「さよなら」を表す手を振る動作など）を，とりわけ，エンブレム（emblem）と呼ぶ。
（3）眼の動き：一般にはアイコンタクトと呼ばれることも多い。ボディランゲージの一種として眼が伝える情報。
（4）接触：ボディコンタクトやボディタッチとも言われる身体的接触が伝える情報。
（5）時間概念：Hall（1983）が区別したもので「時は金なり」というように時間を厳密に大事にする概念（M-time）と，時間に柔軟でよりルースな概念（P-time）が世界には共存し，このような概念もノンバーバルコミュニケーションとして，相手に伝達される情報である。
（6）沈黙：沈黙じたいもメッセージを伝達している。『沈黙のことば』（The silent language）というベストセラー本も刊行されている。

　一般にビジネス界では，カリフォルニア大学ロサンゼルス校の心理学者Albert Mehrabian が，提唱した「メラビアンの法則」と呼ばれる，3V がしばしば取り沙汰されます（Mehrabian, 1971）。つまり，好意・反感などの態度や感情を示すコミュニケーションにおいて「言語情報（Verbal）」「聴覚情報（Vocal）」「視覚情報（Visual）」のそれぞれが聞き手に対するメッセージ伝達に影響する割合は，ほぼ次の通りだというのです（Mehrabian, 1971）。

> ことば（会話）の中身（言語情報）：7%
> 声の質や大きさ，話す速さ，口調（聴覚情報）：38%
> 見た目，しぐさ，表情，視線（視覚情報）：55% [2]

　言い換えると，ことばでどんなに「楽しい」と発話しても，声の調子や見た目の表情がつまらなそうであれば，つまらないという印象のほうがはるかに強く伝わる，ということを示唆しています。

　また，先に紹介しました Goleman は，言語によるコミュニケーションを「表の道」，ノンバーバルなどの非言語伝達を「裏の道」という言い方で表現しています（Goleman, 2007）。そして，この裏の道によるコミュニケーションは，話し手が意識しないうちに，自動的に機能する超高速のメッセージ回路だと述べています。私たちの行動の多くは，特に感情に関係するものは，この裏の道の高速回路を経由して，一瞬のうちに相手に伝達されます。例えば，初めて紹介されて出会った人についても，その人の顔の表情を読み取って，この人とこれから親しく接していってうまくいくのかどうかという判断を，ほとんど一瞬のうちにしているのです。もちろんこのような判断が間違っているというケースもありますが，この即断をもとに，その後のことばによるバーバルコミュニケーションが開始されるのです。この裏の回路の即断結果が，その後すぐに仲良くするか，可能な限り接触を避けようとするかを決めていることが多いというのです。

　さらに，この裏の道こと，ノンバーバルコミュニケーションは，文化圏の違いを問わず，すべての文化にみられる回路です。もちろん，顔の表情が示す，怒り，幸福，失望，恐れ，嫌悪感などの基本的な人の感情がどこまで普遍的かについては，議論の余地はありますが，世界中の文化に共通する基本的な表情の認識にかなりの一貫性があるのも事実です（Goleman, 2007）。

　言語によるバーバルコミュニケーションは，時間軸に沿った形で，一定の時間を要します。これに対し，ノンバーバルコミュニケーションでは，ずっと速く，一瞬のうちに全メッセージを伝達できます。このような情報伝達の迅速さは，第 2 章以降主たる考察・検討の対象とする，社会脳ベースのインタラクションでも同様です。以上のようなノンバーバルコミュニケーションも，実は社会脳ネットワークが大いに関わっていると考えられるのです。

2）　https://www.ashita-team.com/jinji-online/category2/8750

1.4.　社会脳ネットワークとは

　人の認知脳ネットワークに対し，こころの中にあるもう 1 つのネットワークが「社会脳ネットワーク（social brain network）」です。このネットワークは，他者とのインタラクションを生み出すしくみで，相手の立場や気持ちを思いやることを可能にし，他者と「同期・共感」し，さらに互いに「模倣による学習」を実現することができるようになります。そして，この社会脳をベースにしたインタラクション（社会脳インタラクション）こそが，ことばによるコミュニケーションのために人にもともと備わっている本能ではないのか，という考え方が台頭しています（Lee ほか，2009 および Schumann, 2010）。

　認知脳ネットワークの中心となるのは，取り込んだ情報を保存，検索し，さらに制御するシステムとしての「ワーキングメモリシステム」でした。それに対し，後者の社会脳ネットワークを支えるのは「メンタライジング」と「顔認知」のメカニズム「共同注意にもとづく社会認知システム」，さらには「同期・共感」から「模倣」を実現する「ミラーニューロン（＝ミラーシステム）」ではないかと考えられるようになっています。

　普段，私たちの日常生活においても，スーパーで購入したリストを見ながら暗算で支払い合計金額の計算をする認知脳と，今夕ディナーをともにする自分や他者，その他の人間関係について思いをめぐらす社会脳と，両方の脳ネットワーク間で常に切り替えを行っています。私たちが，健全な社会生活を営むには，両者が必須なのです。

● 霊長類の脳の進化

　人の社会性を生み出すこころの中のしくみを考える上で，興味あるのは同じ霊長類であるサルについての研究です。

　社会脳ということばをはじめて使ったのはイギリスの霊長類学者 Robin Dunber で，1990 年代初頭であると言われています。彼はその頃，人間以外の霊長類の平均的な集団規模と，脳に占める新皮質の割合との間に正の相関関係を見いだしました（Dunbar and Shultz, 2007）。

　人類学者の山極氏によると「集団が大きくなるにつれて日常的に付き合う仲間の数が増え，その仲間との関係をいちいち記憶して付き合わねばならな

い」（山極，2020: 2）ので，脳容量が増
加したというのです。

　そうすると，霊長類の脳は社会脳と
して進化したことになり，人の脳も同
じ道をたどったのではないかと考えら
れます。そして，化石人類の頭骨から
推定される脳容量から，進化とともに，
人の平均的な集団規模を推定すると，
ゴリラ並みの 500cc 以下のアウスト
ラロピテクスは 10 ～ 20 人，初めて

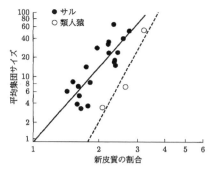

図6　霊長類の平均的な集団サイズと新皮質の
割合との相関関係（嶋田，2019: 184, Dunber
& Shultz, 2007）

600cc を超えた 200 万年前のホモ・ハビリスは 30 人，1400cc の脳容量を
持つ現代人ホモ・サピエンスは 150 人という数字がはじき出されると述べ
ています。さらにこのように人の集団規模が大きくなったのは「人類の祖先
が熱帯雨林を出て肉食獣が多い草原へ出ていった」ことで，仲間を多くして
強力な防衛体制を固め，巨大な脳によって高められた知性により火の利用と
調理を可能にし，さらに道具・言語を生み出し，強固な社会性を築くことが
できたと論を展開しています。集団生活の中で互いの共感能力を高めたこと
で，社会脳が大いに発達したのではないかというのです。このことが，ひい
ては複数の家族から成る共同体という独特の社会を生み出し，「狩猟採集社
会」から「農耕牧畜社会」「工業社会」を経て現在の「情報社会」へと進む
大きな原動力になったというのです（山極，2020: 2-4）。

　次章以降は，この社会脳ネットワークのしくみについて，詳細に検討して
いきたいと思います。

まとめ

　英語をはじめとする外国語の学習・教育において，中心的な役割を担うと
考えられてきた認知脳ネットワークについて，ワーキングメモリを中心にそ
の概要を解説した上で，これまで主たる研究対象から外されてきたジェスチ
ャなどノンバーバルの重要性に着目しつつ，社会脳ネットワークの進化が大
脳を増大させたという考え方について紹介した。

社会脳ネットワーク①：メンタライジングと顔認知

本章の概要

本書の主要なテーマである，他者理解を含む社会的認知を演出する社会脳ネットワークについて解説します。まず，他者の気持ちを推し量る「メンタライジング」の能力がいつ頃芽生え，どのように発展するかについて紹介し，この能力がどのような社会脳ネットワークの神経基盤をもとに実現されるか考察します。その上で社会的認知に最も影響を与える「顔認知」，特に表情・視線の認識とその神経基盤を中心に検討します。

キーワード メンタライジング, 脳の三層構造, 社会脳ネットワーク, 顔・表情・視線の認識

2.1. メンタライジングとその発達

　ふだん私たちは，自身が見ている風景と他の人が見ている風景は，異なることを理解しています。例えば，テーブルを挟んで向かい合って座っている2人は，それぞれ見ている風景は異なります。しかし，横並びに座っていると2人の見ている風景は，ほぼ同じです。これは当然のことだと考えるでしょう。でも，このような自他の区別は，幼い3歳児には，当たり前ではないのです。次のような逸話が紹介されています[3]。

　　飛行機の中でのこと，自身の前席には，なっちゃん（3歳）が乗っていました。ある時，窓のシャッターを開けたなっちゃんは，きれいな朝焼けを見つけました。「おねえちゃん」，呼ばれた私が，横のシャッターを開けると，美しい光景が広がっていました。その直後，なっちゃんが，シャッターを閉じて，こう言ったのです。「だいじようぶ，なっちゃん

---

3) 心理学ミュージアム：「私」と「あなた」の心に映し出される世界は違っている（https://psychmuseum.jp/show_room/theoryofmind/）

が見といてあげるから！」。驚いた私が「なっちゃんがおねえちゃんの分も見ておいてくれるの」と尋ねると「うん」と答えるのでした。

「私」と「あなた」の心に映し出される世界は同じ，なっちゃんのことばには，「私」が「あなた」の代わりに，朝焼けを見ることができると考えた3歳児の自信満々な姿が表れているのです。

では，いつ頃から「私」と「あなた」が見ている世界が違うということに気づくようになるのでしょうか。

図1　サリーとアン問題（三宮，2018: 33〈Frith，1989を参考に作成〉，Cohen *et al.*，1985）

● サリーとアン問題

これに関連して，よく引き合いに出される課題に「サリーとアン問題」があります。

サリーがいない間に，アンはサリーのバスケットからビー玉を取り出すと，自分のボックスの中に入れました。その後，サリーが戻ってきました。では，皆さんに質問です。

Q1：まずは，サリーはどっちの女の子ですか？　アンはどっちの女の子ですか？

答え：こちらがサリー，こちらがアン。

> Q2：前はビー玉はどこにありましたか？　今はどこにありますか？
> 答え：前はバスケットの中，今はボックスの中。
> ではこれからが本題の質問です。
> Q3：ビー玉で遊びたくなったサリーは，どこを探そうとするでしょうか？

　3歳児であっても，Q1，Q2には正しく答えることができます。女の子の名前や，ビー玉の場所などをきちんと覚えています。しかし，Q3になると「今ビー玉がある，ボックスを開けて探そうとする」と答えてしまいます。

　これはどうしてでしょうか。上記のなっちゃんと同様に，3歳児は，サリー（他者）の立場になって，その考えや気持ち，知識を推測することができないのです。言い換えると，他の人は自分とは異なる心に映る世界を持っていて，その人になったつもりで考えるということがうまくできないのです。この「他者になったつもりでその人がどう考えているか」を推測することを「こころの理論（theory of mind: ToM）」，最近では「メンタライジング（mentalizing）」と呼んでいます。このメンタライジングの質問も，4歳を過ぎると，正答率が大幅に上昇します。このメンタライジングの能力，言い換えると他者の精神状態を推測する社会認知能力こそが，社会脳ネットワークを基盤に発達する資質です。

　もともと人間の赤ちゃんは，生後9か月までの間に，他者理解のための基礎能力を身に付けます。つまり，相手の人が，幸せであるか悲しんでいるか怒っているか，どのような状態にあるか，顔の表情から分かります。それだけでなく，それぞれの感情を理解することもできます。しかしそれでも，生後1歳半位までは，上記のなっちゃんと同様に，まるで周りの人すべてが自分と同じ視点や気持ちを共有していると思っているかのような自己中心的振る舞いをします。

　しかし1歳半を過ぎると，自分の感情と他者の感情とを徐々に区別しはじめます。この年齢までに赤ちゃんは人は異なる感情や欲求を持っていることを理解し始めます。そして，その後の2年間で，こういった自他を理解する能力は，徐々に洗練されたものになっていきます。その結果，上記の通り，サリーの立場になってものを見る眼ができてくるのです（Blakemore,

2019)。

　このメンタライジングは，もともとチンパンジーの行動を観察して，まるで人間のように仲間の気持ちを察しているかのようにみえる行動について研究をはじめたときに関心が持たれました（Premack and Woodruff, 1978）。それが，人の認知発達において，他者の視点をどの程度取得できるようになるかという研究で重要なトピックになり，その後最近になって，人の社会脳，つまり社会的インタラクション能力の研究と結びつけられるようになったのです。

2.2. 大人になっても困難なメンタライジング

　これまで，メンタライジングの研究用に開発されたテストは，上述のサリーとアン問題のように，明らかに幼い子供を対象にしたものでした。そうすると，5〜6歳を過ぎた児童に実施してもほとんど満点になってしまい，メンタライジングのさらなる発達に関する研究には役立ちません。そこで，Keysarほか（2000）によるディレクタータスク（director task）という課題が大人も含めた実験に利用されるようになりました。

● ディレクタータスク

　これは，実験参加者が，自分達と会話をしている相手（ディレクター）の立場（見え方）を考慮することが必要な課題です。参加者は棚の手前にいて棚の中にある全ての物体が見える状態です。それに対して，ディレクターは棚の後ろに立っていて，はめ込み板のために見えない物体もいくつかあるという状態で実験をします（図2参照）。実験では，ディレクターの指示通りに，参加者が物体を移動させることが求められます。ただし，ディレクターは，自分自身見えない物体を

図2　ディレクタータスク（Blakemore, 2018: 112をもとに作成）

動かせとは言わないと，実験参加者は予め教えられています。

　実験では，ディレクターは，自身も実験参加者も両者が見える物体を動かすように指示することもありました。しかし，時には 3 つ同じ実物があって，そのうち 2 つはディレクターに見えるのですが，1 つがはめ込み板のために見えない物体を移動するように指示することもありました。例えば，次のような指示がこれに当たります。「小さいボールを一段上に移動させてください（'Move the small ball up one shelf.'）」この場合，ボールは 3 つあってそのうち最も小さいボールは，ディレクターには見えないので，ディレクターが実験参加者に対し移動を指示したのは，実は 2 番目に小さい，中くらいの大きさのボールのことでした。

　実験でこの指示を行ったところ，結果は，大人でも，約 50％の実験試行（トライアル）で間違いを犯すというように，驚くべきほど多くのエラーを犯すことが分かりました。つまり，ディレクターには見えない最も小さいボールを動かしてしまったのです。この実験からは，大人でも相手の立場に立つことが困難で，他者の観点を考慮する前に，自身の観点ですぐに判断してしまうことがわかります。

　この実験をさらに精緻なものにして確認すべく，Dumontheil ほか（2010）では，コンピュータ画面を用いたディレクタータスクを実施しました。実験条件では，上記実験と同様に，棚の後ろに立っているディレクターの立場を考慮しつつその指示に従い，参加者は物体を動かすよう求められました。対する統制条件では，ディレクターは棚の後ろにおらず，棚の中に置かれていた物体のうち，例えば「ダークグレー色の物体は動かさない」というルールだけで，指示された通りに物体を動かすというものでした。

　以上の実験および統制条件で，7 歳の児童から 27 歳の大人までの 5 群（① 7.3-9.7 歳群，② 9.8-11.4 歳群，③ 11.5-13.9 歳群，④ 14.0-17.7 群，⑤ 19.1-27.5 歳群）から成る計 177 人の参加

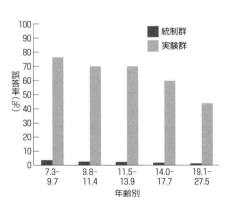

図3　①群〜⑤群の実験条件と統制条件の成績：Ward,（2012：280より）

者に対するテストが実施されました。

主な結果は次の通りでした。

（1）統制条件では，一貫してほとんどエラーがない。

（2）実験条件では，子供から大人になるにつれて次第にエラーが減少する傾向がある。

（3）特に，④ 14.0–17.7 歳群と⑤大人（19.1–27.5 歳群）の実験条件で，はっきりとした有意差が見られる。

（4）大人の⑤群でもやはり半数位の試行でエラーを犯してしまう。

すなわち，指示を聞いた時に，心に浮かんだ最初の物体を移動させようとする欲求（例：3 つのうち最も小さなボール）を抑制しつつ，ディレクターの立場を考慮しながら指示に従うという能力（メンタライジング）が，大人になるにつれて徐々に向上していくのですが，とりわけ思春期から大人になるにつれて，大幅に向上することが明らかになったのです。

同時に，大人でも 2 回に 1 回位は，他者の観点に配慮するメンタライジングができなくなってしまうことが分かりました。Blakemore（2018）によると，この実験に参加した大人達は，いわゆる知識人と呼ばれている人たちで，IQ の平均が約 119 で，平均値 100 よりずっと高い人たちだったのですが，それでも誤りが頻出したのです。おそらくは大人にとっても別の人の観点を考慮に入れることは必ずしもたやすくできることではないことを示しており，IQ（知能指数）と，メンタライジングが関わる SQ（社会指数）は，はっきり異質の能力であることを示唆しているのです。

2.3.　脳の三層構造

ではいよいよ，以上お話ししたメンタライジングも含めて，本書の中心的なテーマである，社会脳インタラクションを支える脳内ネットワークのしくみについて，近年の脳神経科学（neuroscience）の成果をもとに，検討していきましょう。でもその前に，人の大脳の全体像について，簡単にその概要をみておきたいと思います。

脳は，大きく 3 つの層から成っています。すなわち，大脳皮質（cerebral

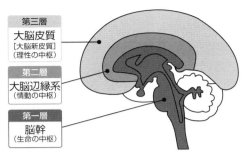

| 第三層 |
| 大脳皮質 |
| ［大脳新皮質］ |
| （理性の中枢） |

| 第二層 |
| 大脳辺縁系 |
| （情動の中枢） |

| 第一層 |
| 脳幹 |
| （生命の中枢） |

図4　脳の三層構造 [4)]

cortex），辺縁系（limbic system），脳幹（brain stem）の三層です（コラム①〜④参照）。

　なお，図4の脳の三層構造には含まれていませんが，平衡感覚を保つこと，ピアノ演奏などの手続き記憶を蓄積しているのが小脳です。これは，人では重さは約120〜140グラムほどで，脳全体の約10％で，大きさも半径10cmほどのサイズです。しかし，非常に小さなシワをたくさんつくっており，表面積にすると大脳の約75％もあると言われています。高等動物になればなるほど進化し脳全体に占める割合が大きく，それだけ重要な役割を果たしています。小脳が損傷を受けると，運動や平衡感覚に異常をきたし，精密な運動ができなくなったり，酒に酔っているようなふらふらした歩行になったりすると言われています（門田，2012: 68–69）。

コラム❶　　大脳皮質

　大脳のなかでも，いちばん外側にある第三層にあたる。人において最も発達している脳で，新皮質とも言われる。左右の大脳半球から成り，ワーキングメモリなど，人に特有の思考や感覚など高度な理性を司る認知脳ネットワークを形成している（第1章 1.2 p. 17 参照）。前方から，前頭葉，頭頂葉，後頭葉，側頭葉という，外表から形態的に区分できる4つの脳葉から成っている。これら脳葉は，脳溝（外側溝，中心溝，頭頂後頭溝，後頭前切痕）で仕切られている。

　4つの脳葉は，大脳の機能分化とほぼ対応し，表1のような運動野・感覚野（生得的に役割が固定している）と連合野（生後環境からの影響を受けて役割が固定する）より成る。

4)　https://www.npo-yoga.com/about_yoga/mindfulness-yoga.html をもとに作成。

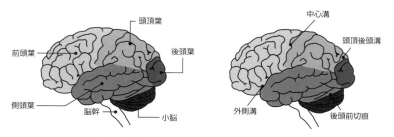

図5　大脳皮質脳葉と脳溝（門田, 2012: 70より）

表1　各脳葉と含まれる脳領域（門田, 2012: 71を参考に作成）

脳葉	運動・感覚野	連合野
前頭葉	運動野	運動連合野（運動前野・補足運動野）　前頭前野（前頭連合野）
頭頂葉	体性感覚野	頭頂連合野
後頭葉	視覚野	後頭連合野
側頭葉	聴覚野	側頭連合野

コラム❷　　　　　　　　　　　　　　**脳幹**

　脳幹には，中枢神経系を構成する種々の器官である，間脳，中脳，橋，延髄が含まれる。小脳の前方に位置し，大脳と脊髄を結んでいる。自律神経機能の中枢として，目覚め・眠りなど意識や覚醒に重要な神経ネットワークである。

2.4. 社会脳ネットワークを支える脳内のしくみ

　私たちはふだん「他者の意図」「傾向」「行動」を知覚し，解釈し，反応を返すという一連の社会的インタラクションを実行しています。このインタラクションの基盤となる機能を担っているのが「社会脳ネットワーク」です。つまり「社会脳ネットワーク」こそが，自己や他者の社会的かかわりを担い，現代の私たちに最も求められている社会の中で生きる力（＝社会力）を支える中心的な役割を担っているのです。

　永江（2018: 20-27）は，社会力はほぼ次のような能力から構成されると規定しています。

①コミュニケーション力
②自己理解力・他者理解力
③行動と感情の統制力
④達成感・幸福感を得る力

　既に第1章で紹介しました通り，脳全体に対する新皮質の割合を霊長類間で比較すると，新皮質の割合と相関があったのは，集団のグループサイズで，人の大脳の飛躍的な進化は，集団生活，社会的環境に適応するためであったのです。さらに，このような社会力は，新皮質の中でも，特に前頭前野（前頭連合野）の働きと密接にかかわっていることが，最近の研究成果から，わかってきました。前頭前野というのは，私たちの額にあたる脳領域で，前頭葉の中で，ほぼ後方の運動野・運動連合野を除いた脳領域です（コラム①参照）。

　前頭前野は，第1章でお話しした実行系ワーキングメモリが関わる「個人内」の高次機能を司る脳領域ですが，同時に，人と人とのインタラクションという「個人間」のしくみを支える，上記①〜④の社会力のもとになる社会脳ネットワークにも大いに関わっているのです。ただし，同じ前頭前野といっても，重要な違いがあります。ワーキングメモリを中心とする認知脳ネットワークは，表面の外側部にあるのに対し，社会力に関わる社会脳ネットワーク[5]は，内側部に位置していることが明らかになっているのです。

　以上のように，大まかにいって，前頭前野外側部が，認知脳ネットワークの働きにかかわるのに対し，前頭前野内側部（内側前頭前野）が主に社会脳ネットワークにかかわる神経心理学基盤であると考えることができます。

　本章の後半では，永江（2018），苧阪・越野（2018），Ward（2017）をはじめとする，これまでの内外のさまざまな研究成果をもとに，社会脳ネットワークについて，（1）メンタライジングおよび，（2）顔およびその表情・視線の読み取りというテーマに限定して解説したいと思います。そして，（3）視線共有にもとづく共同注意の構築は第3章で，ことばの習得にとって重要な社会認知システムとの関連で扱います。また社会脳ネットワークに関わる能力のうち，「社会的痛み：不公平感・理不尽さの理解」および情動的な

5）　デフォルトモードネットワーク（default mode network：DMN）という言い方をすることもある。

表2　第1部理論編（第2～4章）で扱う社会脳インタラクション能力・関連する主な脳領域・機能（概要）

社会脳インタラクション能力	関連する主な脳領域	機能（概要）
（1）メンタライジング	内側前頭前野，眼窩前頭皮質	他者の立場になって，その考えや気持ち，知識を推測する認知的共感を実現する
（2）顔および表情・視線の読み取り	紡錘状回，上側頭溝，扁桃体	他者の顔から誰かを認識し，その動的表情を理解し，視線を読む
（3）視線共有をもとにした共同注意	内側前頭前野，右下前頭回	他者との視線の共有をもとに，社会認知システムに必要な共同注意を構築する
（4）ミラーシステムによるシミュレーション	運動前野，補足運動野，下頭頂小葉，（左）下前頭回，扁桃体，島皮質	ミラーシステムにもとづく情動的共感，神経同期，他者行為の模倣を実現する

「共感から模倣」へつながる能力については第4章で，（4）ミラーシステムによるシミュレーションとの関連でお話します。

2.5.　メンタライジング：フィネアス・ゲージの悲劇が教えること

　今からおよそ100年以上前に，フィネアス・ゲージ（Phineas Gage）という前頭葉に損傷を受けた男性がいます（Blakemore, 2018: 57-58）。アメリカのバーモント州の鉄道労働者であったゲージは，新しい線路を敷く仕事に従事していました。1848年9月13日，岩の中に入った鉄棒が火薬の爆発とともに彼の左目の下部から頭に入り，前頭葉を通り抜けて頭蓋骨の上部まで貫通してしまいました。

　それでも，ゲージは奇跡的に，怪我をしてからも12年間生き続けました。しかし，彼の性格や振る舞いは，劇的に変化していました。以前は明らかに落ち着いていて皆に好かれていたゲージですが，事故後，頑固で気まぐれな性格に変貌してしまったのです。担当医の John Harlow は，ゲージの認知的能力と動物のよ

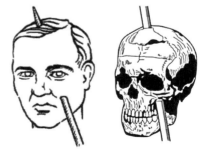

図6　鉄棒が貫通したフィネアス・ゲージ（http://karapaia.com/archives/52257533.html より）

うな情動の間のバランスが壊れ，他者に対して非常に失礼な冒瀆的行動をと
るようになったと述べています。事故前は，精力的で粘り強く，鋭敏で賢明
な男性であったのですが，明らかにその心は根本的に変わり，ゲージの友
人・知人は，彼を「もはやゲージではない」と言ったそうです。

　このゲージの性格の変貌は，不幸な事故の結果，前頭葉，特に社会脳に関
わる内側前頭前野の損傷によるもので，それによってインタラクションなど
社会性に関する能力が大きく損なわれたためと考えることができるでしょう。
これには，他者の立場になって，その考えや気持ちを汲み取るメンタライジ
ングの能力などが含まれています。

　fMRI などによる最近の脳機能イメージング研究により，このメンタライ
ジングの中核的な領野は内側前頭前野であり，加えて，眼窩前頭皮質（前頭
眼窩野）も重要であることが分かってきました。眼窩前頭皮質は「思考する
認知脳ネットワーク」に関わる大脳皮質と「感じる社会脳ネットワーク」を
支える扁桃体など大脳辺縁系を神経経路で直接つなぐ中継基地の働きをして
います。

　そのため，内側前頭前野は，その外側部と同様に，大脳の他の領域からの
情報がすべて集中するところになっています。この脳領域の活動を記録した
研究では，実験方法として，次のような言語的・視覚的タスクが活用されて
います（嶋田，2019: 189-192）。

①心の中の状態を表す語彙（例：「欲する」「考える」「信じる」など）の意味を理解
　するタスク
②他者の顔写真にもとづいて，その感情がどのような状態であるかを推測
　するタスク
③物語，漫画，アニメーション，ビデオなどを提示し，その中の登場人物
　の精神状態をよむタスク

　これらのタスクはいずれも，他者の考えや気持ちを汲み取るメンタライジ
ングの能力が関係するもので，研究の結果，内側前頭前野が首尾一貫して活
動していることが判明したのです（Carrington and Bailey, 2009）。

コラム❸

大脳辺縁系

大脳新皮質の内側には，本能的な感情をつかさどる大脳辺縁系がある。帯状皮質，海馬（hippocampus），さらにはその下に，扁桃体（amygdala），乳頭体などがある。

扁桃体，海馬はもとより，（前部・後部）帯状皮質，さらに図には出ていないが（前部・後部）島皮質もこの第 2 層の感情の中枢である大脳辺縁系に属している（築山，2017）。

大脳辺縁系は，大脳の古い皮質で，人に進化する前の，動物として生きていくのに不可欠な機能を持った脳である。海馬と扁桃体が 2 大構成要素で，海馬が，学習や近時記憶などの認知脳ネットワークで非常に重要な働きをしてい

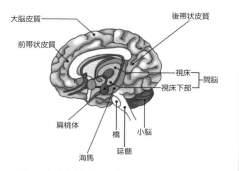

図7　大脳辺縁系概要（門田，2012：66より）

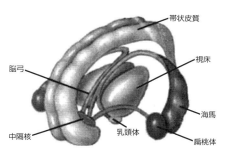

図8　扁桃体,海馬の位置関係（https://www.akira3132.info/limbic_system.html　を参考に作成）

るのに対し（門田，2012：67），扁桃体は人の感情を司り，本能的な快不快，好き嫌いの判断をする領域である[6]。海馬と扁桃体がこのように隣接し，同時に密接な線維連絡があることは，記憶形成に関わる学習が「好き・快」と判断されると「海馬」にプラスの刺激を与え，学習を促進させることを意味する（瀧，2020 および終章エピローグ，p. 246 を参照）。

辺縁系から，さらに内部に位置するのが，運動機能と関わる大脳基底核である。大脳皮質と視床，脳幹を結びつけている神経核で，広範囲の皮質からの入力情報を線条体で受け取り，主に大脳皮質前頭葉に出力を送り返す。前頭葉を経由した行動を起こす際のコントロールの役割がある。脳を横に切った断面図を示したのが次のページの図 9 である。

---

[6]　社会脳ネットワークの中核的部位であり,本章でも以下に詳しく解説する。

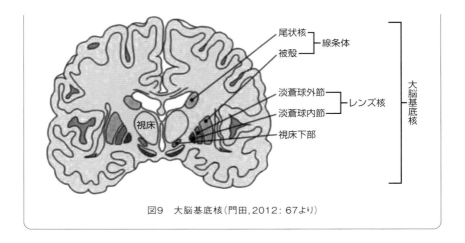

図9　大脳基底核（門田，2012：67より）

2.6.　顔の認識

　社会脳ネットワークにもとづく他者とのインタラクションにおいて，顔の「表情」や「視線」というのは，特別な意味を持っています。ここでは，そもそも他者の「顔」をどのように認識するのかについて考えてみたいと思います。

　「顔」は，私たち人間の単なる体の一部ではありません。もちろん，見る，食べる，息をするという生命維持の機能を担うだけでも非常に重要な意味を持っています。しかしそれだけでなく「顔」は，その人に関するさまざまな情報を読み取ることができる窓口で，他者とインタラクションを行う上で極めて重要な部分になります。相手の視線や口の動きから，とっさに「敵か味方か」「攻撃してくるか防御しているか」といった情報を読み取ることは，人類の歴史の中でも，生命維持のために不可欠な能力でした。

　ふだん私たちは，他者と向かい合ったとき，まずはその人の顔を見ます。顔の表情が有効なコミュニケーションの手段となりえるのは，よく発達した顔面筋によって多様な表現ができるからです。顔には，実に 20 以上の筋肉が存在し，すべて皮膚とつながっています。そして，通常の筋肉が骨と骨とをつないで，関節を動かす役割をもっているのに対し，顔面筋は皮膚上の目や口などの構造物を動かしています。そのため，極めて微細な動きが可能です。目を細めるという動きも，同時に口角を引き上げれば笑顔に様変わりし

ます。また他方，口角を下げれば，不快感を表します。顔面筋を通じて目や口などの構造物をさまざまに組み合わせて動かすことで，非常に多くの種類の信号（メッセージ）を生み出すことができるのです。

　生後間もない新生児に「顔」に特別な興味を示す能力が備わっていることが分かっています。赤ちゃんと接したとき誰しも，親の顔を見て喜んでいるように思えます。事実，1960年代に心理学者のFantz（1963）が，ことばを話すこともできない乳児の認知能力を調べる実験法の「選好注視法」の開発中に，生後46時間から生後6か月までの乳児が顔を好むことを，たまたま発見したのです（山口，2020）。

　しかしながら，生後まもない赤ちゃんは，視力は未発達で，大人の視力でいうとおおよそ0.02程度だそうです。その後，生後6か月になっても0.2程度であると言われます。よく見えない原因は大脳皮質の未発達にあるため，距離が近くなっても見え方は変わりません。しかし，このような見え方でも，赤ちゃんは生後すぐに顔に興味を持つようになるのです。非常に興味深い現象です。

　実は，赤ちゃんは人の顔のような刺激，すなわち上側に重要な情報を持つトップ・ヘビー（top-heavy）な存在を先天的に好むという性質を持っていることが分かっています（Ward, 2017など）。

　図10をご覧下さい。皆さんは計4枚の図形のうち，どれを好みますか？多くの人が左端のFaceを好むと答えることでしょう。生まれて一度も顔を見た経験がない新生児でも同じように，左端の単純化された顔図形を好んで見ます（Johnsonほか，1991）。

　この研究の後，さまざまな実験が行われ，赤ちゃんは目，鼻，口のそれぞれではなく，それらの位置関係を見ていることが分かってきました。魚の頭部の模様から人の顔を見つけ出す「人面魚」や，枯れ木に幽霊を見るなどということから分かるように，

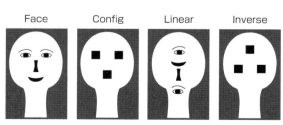

図10　実験で使われた顔模式図形（Johnsonほか，1991を参考に作成）

人の顔認識の仕方には特有のプロセスがあります。このような例は，実は単なる錯視ではありません。人が顔を見るときのポイントとして，2つの目と口の位置関係をとらえ，そのパターンを顔と認識するのです（山口，2020）。さらに，Simion *et al.*（2002）による新生児に対する実験では，図10のFaceのような目や口の特徴を持たず，部品が上部に集まるトップ・ヘビーな構造をした模式図（Config）でも新生児は好んで見ることが，明らかにされました。顔の中の目や口の位置関係を，赤ちゃんがとらえていることが確認されたのです。

2.7.　ことばの臨界期仮説との関連性

　ことば（母語）の獲得に際して，しばしば議論される仮説に「臨界期（critical period）」説があります。いわば，母語を獲得したときのように，第二言語（外国語）を意識的な努力なしに習得してしまう時期があるという仮説です。これは最初，Lenneberg（1967）によって提唱された仮説で，その期間は，思春期（12歳）位までであるというのです。これに対し，その後の研究は，左右大脳の機能差が確立する一側化の時期なども考慮しながら，この臨界期については，ほぼ3–7歳位までであるとされるようになりました（Kuhl and Ramirez, 2019）。図11は，言語習得能力と学習開始時期との関連性についての一般的な傾向を示したものです。

　このように，確かに新たなことばの習得は，年齢とともにだんだんと難しくなります。しかし，それでも私たちの周りには，臨界期終了後も，語彙・文法能力，さらにはリーディング，リスニング，ライティングなどの能力において，時間をかけてすぐれた成果をあげた第二言語ユーザー（L2 users）の方も多くいることがわかっています。ただ，こと発音面では臨界期を過ぎると，ネイティブ発音を完全にマスターするのは極めて困難であることも事実

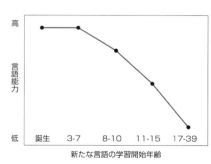

図11　言語習得能力と学習開始時期との関連性（Kuhl and Ramirez, 2019: 28を参考に作成）

です。

次の図 12 は，Kuhl（2010）のもの
ですが，英語の /l/ と /r/ 音などの聞
き分けテストの結果，東京とシアトル
の赤ちゃんが，生後 6 〜 8 か月では
一切能力差がなかったのに，その後 2
か月で，アメリカ人の幼児と日本人の
幼児の間で /l/ と /r/ の音を聞き分け
る能力に大きく差が出ることを示して
います。Kuhl のことばを借りると，

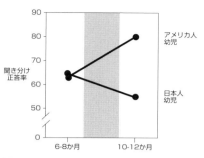

図12　アメリカ人・日本人幼児の発音識別能力
の推移：生後6-8か月と10-12か月の比較
（Kuhl, 2010を参考に作成）

赤ちゃんは生後 6 〜 8 か月までは，世界のどの言語の発音にも敏感に反応
する能力を持った「世界市民（world citizens）」であったのが，生後 10 〜 12
か月では，アメリカ・日本のそれぞれの「文化に縛られた市民（culture-
bound citizens）」になるというのです。そして，ことばの発音については，こ
の生後 10 〜 12 か月で臨界期が終了し，母語以外の音声知覚能力が大幅に
減衰し，その後日本人の赤ちゃんが，英語発音を日本語発音の影響を受けな
いで発音することは，ほぼ不可能になると言うのです。

2.8.　顔識別能力の臨界期

実は同様の減衰現象が，赤ちゃんの顔の識別能力にも見られることが分か
っています。すなわち，言語音声と同様に，他者の顔を認知するのに敏感に
反応できる能力が，幼児にはあるのですが，この能力は生後 6 か月の頃ま
でだけに限定的にみられものなのです。例えば，大人の目からすると，同じ
ように見える，一匹一匹のサルの顔の区別が，一人一人の人間の顔の区別と
同程度にうまくできる能力があるのです（Pascalis *et al*., 2002）。先に写真を見
て既に知っている左の顔やサルの顔をしばらく提示後，左側にその顔を再度
示し，右側に新たな顔写真を見せられると，人でもサルでも同じように，し
っかりその違いを見極めようとすることが，眼球運動実験で分かりました。

しかし，赤ちゃんも 1 歳近くになると，サルの顔の区別はできなくなり，
人の顔だけを区別しようとします（Shimpson *et al*., 2011）。また大人の場合，

左側とは異なる新たな人の写真を右側に提示されるとその目の周りをしっかりと注視するのに，新たな写真がサルだとほとんど見ようともしません。言語音声と同じように，人間でもサルでも新たな顔を見るとそれを注視して区別するような能力が，1 歳に近づくにつれて，減衰して人の顔だけに注目するようになるのです。

　山口 (2020) は，言語音声と顔の識別が，それぞれは左右の異なる脳領域で処理されるのに，どうしてこのような類似した発達プロセスが見られるのか，不思議な現象だと述べています。おそらく，バーバル，ノンバーバルの違いはあるにせよ，どちらも社会脳インタラクションにおいて重要な役割を果たしていることが原因ではないかと推察されますが，極めて興味深い現象であると思われます。

2.9.　表情と視線が与える情報

● 表情

　第 1 章でお話ししましたように，ノンバーバルコミュニケーションには，表情，視線以外にも見た目，しぐさなどがありますが，これらがコミュニケーションに影響する割合は 55% と極めて高いと言われています。この中でも，最も古くから関心が寄せられてきたのが「表情」の持つ意味合いです (高木，2006)。

　顔面には，性別，年齢，口の動きをはじめとして，さまざまな情報が含まれていますが，前述したように，その中で 20 以上の表情筋があり，それらを用いて意図的に表出できる表情は 60 種類以上あると言われます。とりわけ，表情から情動を推測することが可能かという問題について，これまでに多くの研究が行われてきました。表情理解がどこまで文化の枠を出て普遍的であるかについては，Ekman and Friesen (1971) の研究が有名です。西洋文化圏に全く関わりのないニューギニア高地の人達が，欧米人の表情を正しく識別できるかどうか，ある情動に関する文を読んだ後に異なる情動を表出した表情写真を 3 枚提示し，最も文章の内容に合致した写真を選ぶという課題を与えました。その結果，ほとんどの表情について有意に正答率が高い

ことが判明しました。その後，表情が表す情動の理解には一定の普遍性があると一般に考えられています。

　ただ，表情から情動がどの程度推測できるかについては，

　　①表情は意図的にコントロールできる，

　　②わずかな違いで劇的に与える印象が変化する，

　　③表情を出す前後の状況（文脈）によって解釈が大幅に変化する，

といった理由により，表情と情動を直接的に関連づけるのは困難であるといった批判もみられます。しかし，本書がテーマとする社会脳インタラクションにおいて，その精度は問題になるにせよ，他者の「表情」をいかに認知するかは，以下に述べる「視線」と並んで，きわめて重要な役割を果たしていることは間違いありません。

● 視線

　視線は，表情の一種であり「目は口ほどにものを言い」といわれるように，ノンバーバルコミュニケーションの中でも極めて重要で，他者の意図や心理状態，個性を読み取ったり，他者にそれらを伝えたりするのに，誰しも活用しているものです。

　一般に，視線には，次のような役割があると考えられています（Kendon, 1983 ; Argyle and Dean, 1965 など）。

　①認知機能：自分が相手に注意を向けて，意思疎通したいと考えていることを示します。特に，パーティなどで会話をしている人たちの中に自分も入っていきたいと思ったときに，今話している人に視線を合わせる（よそ見していると会話する意思はないとみなされます），相手の話を関心を持って聞いているよということを示すときなどに活用します。

　②フィードバック機能：自身に対する働きかけを行う相手の目を見ることで，その行動の指針となるフィードバックを与えます。

　③調整機能：視線を用いることで，どちらが次に話す番であるかなどの行動の順番を制御しています。

　④表現機能：自身の情動を相手に伝える働きで，特に，相手に好意を示す

場合には，長時間視線を合わせ続けます。

日常的な会話では，5秒を超えるような「凝視」は，親しい間柄ではより強い好意の表現になりますが，相手との関係によっては，不快感を与える場合も出てきます。視線でも，特に凝視は，親交をもたらすとともに，戦いのはじまりを示すという2面性を持っていると言われます（高木，2006）。

2.10. 顔・表情・視線を認識するしくみ

私たちがどのようにして「他者の意図」「傾向」「行動」を知覚して理解するかにおいて，「顔」が伝達する情報は極めて重要です（Ward, 2019: 435）。ここでは，社会脳インタラクションに大きく影響する「顔の表情（facial expression）」や「視線（gaze）」の読み取りについて，誰の顔かという「顔アイデンティティ（facial identity）」の認識とともに，どのような脳内処理が関わっているか，検討したいと思います。

● 顔アイデンティティの認識

まずは顔アイデンティティの認識ですが，人の脳内ではどういった領域が関係しているのでしょうか。目で見た映像は，まず後頭葉の一次視覚野で受容され，この一次視覚情報をもとにさらに高次の視覚機能を果たすのが後頭連合野（＝視覚連合野）です（コラム①内の表1 p. 35を参照）。

例えば，視覚的に捉えた対象（例：納豆）でも，この後頭連合野が損傷を受けていると，その対象を知覚することはできても，それが何なのかわからないということになります。視覚連合野は，視覚情報を統合・分析して，何をみているか判断するという機能を担っているところで，知覚した視覚情報を活用するための領域です。

この後頭連合野で，他者の目や鼻など，顔のパーツに関する情報を受け取り，全体的構造に関する特徴にもとづいて「誰の顔であるか」という顔アイデンティティを認識する領域が，紡錘状回顔領域（fusiform face area: FFA）です（コラム④）。この領域に損傷を受けると，見ているものが顔であることは理解できても，一体誰の顔であるか認識できないという「相貌失認」の症状

が出てきます。

● 表情の認識

これに対して，顔の表情や視線など，時間の経過とともに変化する (time-variant)，顔の動きに関わる領域として，上側頭溝，特にその後部に位置する後部上側頭溝（posterior superior temporal sulcus: pSTS）の存在が確認されています（コラム④）。すなわち，顔の表情などの動的な顔情報に反応する領域です。さらに，後部上側頭溝による表情の分析には，大脳辺縁系に位置する扁桃体（amygdala），島皮質（insula）など情動に関わるしくみとも関わっていることが分かってきました。

要は，一口に顔の認識といっても，①顔アイデンティティの認識を受け持つ部位と，②動的な特徴にもとづいた，顔の表情を認識する部位の 2 つの領域が別個に活動していることが分かります（山口，2016: 26–29）。

● 表情の脳内処理

Sato ほか（2019）は，51 人の参加者を対象に，怒りや幸福の表情動画を，モザイクでその表情を消した動画と比較した fMRI 実験を実施しました。結果的に，他者の動的表情は，見ている人の上側頭溝（STS）を含む左右両半球後方領域の活動が顕著であることが明らかにされています。

さらに，加藤（2011）は，後部上側頭溝を含む領域に損傷を持つ患者を対象に，顔の表情の認知能力の検討を行いました。研究では，Ekman and Friesen（1976）などをもとに人の顔表情写真を計 36 枚用意し，ランダムに視覚提示しました。その上で，それぞれの写真が，情動をどの程度うまく表しているかについて，6 段階（「0：全く当てはまらない」～「5：ぴったり当てはまる」）で評定してもらいました。

左の図 13 に，平均評定値を，上側頭溝損傷患者と健常者で比較した結果を示しています。

情動レベルの評定値は，どの表情の場合でも，上側頭溝

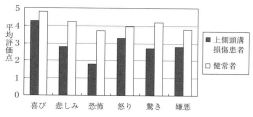

図13　顔写真が6種類の情動をどの程度うまく表しているかの平均評定値（加藤，2011: 48を参考に作成）

コラム❹　紡錘状回顔領域，上側頭溝，および他の関連脳領域

（ぼうすい）

　図 14 は，紡錘状回顔領域，上側頭溝，その他の脳領域の位置関係を示したものである（山口，2016）。また次の図 14 に，Sato ほか（2019）による fMRI 実験で，表情の認識に関わることが示された大脳皮質上の領域を示す。

　結果は，図 14 で示された上側頭溝とともに，扁桃体や内側前頭前野などの大脳辺縁系，さらには右下前頭回なども強く活動させるというものであった。これらから，顔表情の認識は，本章および第 3 章，第 4 章で解説する社会脳ネットワークの活動に大きく関与していることが分かる。

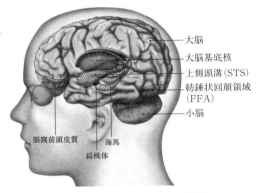

- 大脳
- 大脳基底核
- 上側頭溝（STS）
- 紡錘状回顔領域（FFA）
- 小脳
- 眼窩前頭皮質
- 海馬
- 扁桃体

図14　紡錘状回顔領域,その他の位置関係
（山口，2016：27より）

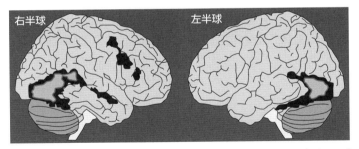

右半球　　　　　左半球

図15　表情の認識に関わることが明らかになった大脳皮質領域で，黒い部分およびその中のグレーの部分が活性化している領域（Sato ほか，2019を参考に作成）

損傷患者の場合，健常者と比較して，有意に下回ることが分かりました。このことから，顔表情の認識能力が，上側頭溝（STS）損傷により，障害を受け

ることが分かります。

● 情動を司る部位と視線の共有

　次に，扁桃体 (図8 p. 39) です。大脳辺縁系内にあって，しばしば情動との関わりが指摘されているこの領域が，視線の知覚にいかに関わっているのかを調べた実験を紹介しましょう (加藤，2011)。ここでは，他者の視線の方向を手がかりに，自分自身の注意を同じ方向に向けることができるかどうかを調べました。一般に，他者の視線の方向にターゲットが現れると，そのターゲットは認知しやすく，他者の視線と反対方向にターゲットが現れると，その認知までの時間は長くなります。この実験には扁桃体損傷患者 5 人と健常者 15 人が参加しました。

　実験では，楕円の目や顔の絵を PC 画面に視覚提示し (注視画面)，その後実験参加者の注意の方向を，顔や楕円の目の視線あるいは矢印を使って，誘導しました (誘導画面)。そして，画面の左右どちらかに出る×印を見つけてできるだけ速くボタンを押すように求められました (ターゲット画面)。次ページの図 16 は楕円の目や顔の絵と矢印の例を示しています。

　次ページの図 17 では，楕円の目・顔の絵，さらに線分 (矢印あり・なし) で参加者の注意の方向を誘導したときと誘導しなかったときで，ボタンを押すまでの反応時間がどの程度違っていたかを示しています。

　主な結果は次の通りでした。

①矢印付線分を使って注意の方向を誘導した場合は，扁桃体損傷群も健常群も同様に反応時間が速くなり，視線誘導の効果に差はなかった。
②楕円の目や顔の絵で視線誘導したときは，健常群では反応時間が速くなったが，扁桃体損傷群では反応時間差はほとんどなく視線誘導の効果はなかった。

　以上の結果から，扁桃体損傷患者の場合，矢印で視線 (注意方向) を誘導することができるものの，具体的な楕円の目や顔の絵では誘導されないことがわかります。このことは，大脳辺縁系内の扁桃体が，他者の顔や目の動きをもとにしてその視線の方向を知覚する機能を持っており，この視線の知覚は，情動脳を刺激し，その活動と密接に関連していることが示唆されます。

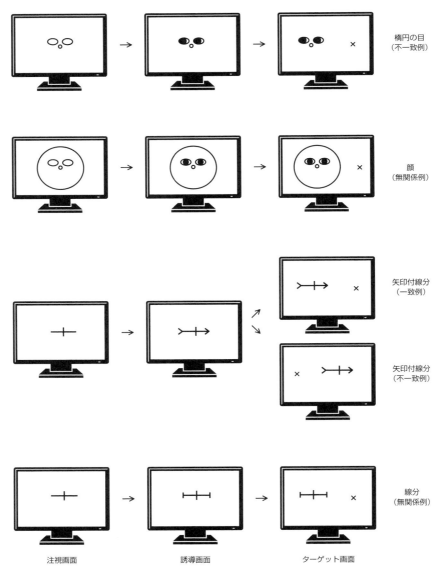

楕円の目
（不一致例）

顔
（無関係例）

矢印付線分
（一致例）

矢印付線分
（不一致例）

線分
（無関係例）

注視画面　　　　　　　　　　誘導画面　　　　　　　　ターゲット画面

図16　注視, 誘導, ターゲット画面に提示された, 楕円の目・顔の絵と線分（矢印あり・なし）（加藤, 2011 を参考に作成）

実は，このように他者と視線を共有し，その視線を誘導できることは，言語も含め私たち人の学習に極めて重要である「共同注意（joint attention）」という社会認知システム（social-cognitive system）のもとになるしくみに深く関与しています。これについては，次章で詳しく検討したいと思います。

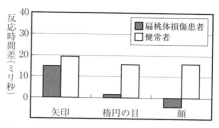

図17　注意の方向を誘導したときとしなかったときの反応時間差（加藤，2011を参考に作成）

まとめ

（1）他者の心の中を推し量る「メンタライジング」について，サリーとアン問題やディレクタータスクを用いた研究成果から，大人になってもこのメンタライジングの習得は困難であり，ほぼ年齢とともに発達を遂げる IQ とは，SQ は異質の能力であることがわかる。

（2）認知脳ネットワークが大脳の外側部に位置するのに対し，社会脳ネットワークを支える脳内のしくみには，内側前頭前野と眼窩前頭皮質が関わっていることが明らかにされている。

（3）誰の顔かという顔アイデンティティの認識は，右半球の紡錘状回顔領域が関係する。これに対し，顔の表情，視線の読み取りでは，上側頭溝（後部上側頭溝）と扁桃体が関わっていることが明らかになった。特に，扁桃体は，他者の視線の方向を知覚する機能を持っており，人の学習に重要な共同注意機能に関与している。顔の表情，視線が与える情報は，社会脳インタラクションにおいて特別な意味を持ち，他者の意図や心理状態を読み取ったり，伝えたりする極めて重要な役割を果たす。

第

3 社会脳ネットワーク②：
社会認知システムと共同注意

章

本章の概要

人の生得的な学習システムである「社会認知システム」について取り上げ，これをもとにした「用法基盤モデル」による言語（母語）習得理論について解説します。その上で，このモデルの前提となる共同注意が，こころの中のどのような神経基盤にもとづいて達成され，社会脳インタラクションにいかなる影響を及ぼすのかについて最近の研究成果を紹介します。最後に，社会脳ネットワークと密接に関わる情動脳について触れたいと思います。

▶ **キーワード** 社会認知システム，意図の読み取り，パターン発見，用法基盤モデル，共同注意，情動脳

3.1. 社会認知システムとは

Tomasello（2003 ほか）は「社会認知システム」という生得的な学習システムを提案しています。これは，他者に自身の思いを伝え，他者の思いを理解するという，社会脳ネットワークにもとづくインタラクションを通じて学習する汎用のしくみで，さまざまな能力の獲得に活用できるものです。そして，このしくみにもとづいて，幼児による母語獲得も可能になるというのです。序章で紹介した Kuhl による実験における，幼児の中国語の発音習得もこのしくみが関係していたと考えられます（p.3 参照）。すなわち，子供が他者とのインタラクションを実行することが，言語獲得のための前提条件になるのです。

社会認知システムでは，意図の読み取り（intention-reading）とパターン発見（pattern-finding）という 2 つの仕掛けが提案されています。

● 意図の読み取り

　他者の意図の読み取りを実現するためには，次の 3 ステップが必要だと考えられています（Tomasello, 2003 : 19–42）。

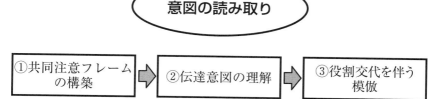

図1　意図の読み取りを実現する3ステップ（鈴木・白畑，2012 : 97の図をもとに作成）

①共同注意フレームの構築

　意図の読み取りにはまず，視線共有にもとづく共同注意の形成，すなわち視線やジェスチャにより，自身と他者で注意を向けている対象を共有することが必要です。次の 2 つがあります。

（1）共同注意への応答：対象となるもの，人，動物などを相手と共有するために，その相手の人の視線やジェスチャが示す方向を追従すること。

（2）共同注意の開始：視線やジェスチャを使って，相手の注意を，対象となる物，人，動物などに向けること。

　（1）（2）のような視線の活用には，その前提としてまず「アイコンタクト」（第 1 章 1.3 p. 24 参照）が必要になります。

　共同注意能力の獲得は，第 2 章で解説した，メンタライジングのための必須条件でもあります。その発達は主に次の 3 段階を経ます（Baron-Cohen, 1995）。

（1）他者の視線を検出し，自分自身と相手という自他を区別する 2 項関係（dyad）を築く段階：生後 9 か月頃まで。

（2）他者との注意の共有が可能になり，共通の対象に注意を向けることが

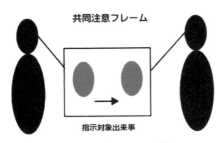

共同注意フレーム

指示対象出来事

図2　共同注意フレームの構築
（門田・玉井, 2017: 25）

できるようになる段階：生後 9 か月から 18 か月頃まで。

この（2）の段階で，生後 9 か月から 12 か月頃までに，他者（養育者など大人）と同じ方向を見る「視線追従」や，大人と同様の方法で対象にはたらきかけを行おうとする「模倣」が生じます。その際重要なのが，(a) 自分（幼児）自身，(b) 他者（大人），(c) 自身と他者が共有して見ている対象という 3 項関係（triad）の確立です。これにより，図 2 のような共同注意フレーム（joint attentional frame）が形成されます（門田・玉井，2017: 25）。

（3）メンタライジングの段階：生後 48 か月位まで

以上（1）（2）を経て，他者が心の中でどう考えているかを推測することができるようになるのです。

以上のような共同注意フレームの構築は，何もメンタライジングを可能にするだけではありません。幼児が他者（大人）の発話時にその対象物を共有するという，人以外の霊長類の 2 項的な信号伝達とは異なり，自他以外の対象に関連づけるという 3 項的，つまり指示対象を示す（referential）機能を持つ人間言語の習得につながる社会的認知システムの基礎になると考えられています（Tomasello, 2003: 11-12）。

②伝達意図の理解

上記の 3 項関係の確立により，幼児には，徐々に自分自身とは異なる他者の意図を推測する能力が芽生えてきます。その中で，自身に向けられた他者の発話の「伝達意図」を理解します。つまり，自分とは異なる他者（大人）が，何らかの意図をもつ存在として理解できるようになることで，それから何かを学び取ろうとするようになるのです。

③役割交代を伴う模倣

伝達意図の理解の結果，他者がやっている行動を観察しその中で意図をも

った行動について，他者に代わって幼児自身が模倣し，実演するようになります。これを，役割交代を伴う模倣と呼んでいます。このような模倣は，他者と同様の方法で共同注意フレーム内の対象にはたらきかけを行おうとする学習行為であると言えます（Baron-Cohen, 1995）。

　以上のような「共同注意から，伝達意図の理解を経て，模倣する能力」の形成には，第 4 章で検討するミラーシステムが大いに関与していると考えられます。このように「意図の読み取り」は，私たち人に与えられたきわめて本質的な学習のしくみであり，幼児が言語獲得を行う基盤を説明できると Tomasello は述べています。このしくみが発達する生後 9 か月という時期は，子どもの世界認識を一変させる大変革期であり，一般に「9 か月革命」と表現される時期でもあります。第 2 章で解説した発音に関する臨界期で「世界市民」から「文化に縛られた市民」へと変貌を遂げる時期とも一致しています。

● パターン発見

　「意図の読み取り」とともに，インタラクションを通じて学習するしくみとして想定されているのが，インプットデータの統計的分析にもとづく「パターン発見」能力です。これが，子供の言語獲得にも活用されると考えられます。この統計的分析ですが，言語学の世界では，従来から共起分布分析と呼ばれてきました。すなわち，個々の語が子供（学習者）に対するインプットの中でどのような分布状態を示しているかを子供が分析して，ことばの意味と形式のパターン（構文）を獲得するというのです。

　例えば，Marcus ほか（1999）は，発音の習得に関連して，wi・di・di や de・li・li といった ABB のパターンをもつ 3 音節無意味語を 3 分以上にわたって生後 7 か月の幼児に繰り返し聞かせました。その後流れるのは，含まれる音節が，ba・po・po のようにまったく異なる音節なのですが，異なるパターンである AAB 型の ba・ba・po や ABA 型の ba・po・ba などよりも，同じパターンである ABB 型の音節構造をもつ他の 3 音節無意味語が流れてくる方向を好んで見るようになったと報告しています。

　これを受けて，Tomasello（2003）は，幼児も含めて人にはもともと，インプット音声の統計分析能力が備わっており，これが認知的スキルとしての

ことばの文法（統語）獲得の必須要件として，1歳前後の頃に活用されるようになると指摘しています。この統計分析の能力は，音節構造パターンだけでなく，単語の機能面の学習にも活用されるようになると考えられています。つまり，単語の使い方を学習する際にも，子どもはさまざまな用例の中に，大人がどの場面で，どんな語を共通して用いているかについてのパターンを発見するようになるというのです。

　次の図3は，"The dog wants X" のパターン（構文）を発見していくしくみを具体的にイメージ化したものです。"〜 wants X" という言語形式とそれが表す意味・機能とのマッピング（mapping）を習得する「連合学習（association learning）」が言語習得の基本だという考え方です。

図3　母語獲得のためのパターン発見のイメージ（Ibbotson and Tomasello, 2016: 71-75をもとに作成した門田, 2018: 52より）

　パターン発見による，単語の機能面の習得から，さらに複雑な構文力の習得には4つの段階を経ることが示唆されています。

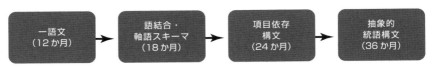

図4　文法発達の4段階（鈴木・白畑, 2012: 99にもとづいて作成）

　一語文は1歳頃から出現する，"milk"のような単語1つで多様な意味内容を表す発話段階です。"milk"だけで「ミルク欲しい」「ミルクどこ？」「ミルクいや」など色々な内容を養育者が理解します。

　やがて，語結合による軸語スキーマ（pivot schema）段階に入っていきます。これは，繰り返し使用される2～3語の結合のパターンを発見し，その中に他の語と入れ替えることのできるスロットを用意し（例えば，"all X"：all broken, all clean, all done；"X there"：up on there, hot in there など）（Tomasello, 2003：116），そこにさまざまな要素（語）を入れていくものです。

　このような軸語スキーマに特定の動詞（例：give）が使われると，"gimme X"（X ちょうだい）のようなスキーマが形成され，いよいよ「項目依存構文（item-based construction）」段階に進むようになります。これは，特定の動詞に依存した構文をもとに発話するようになるもので「動詞島仮説（verb island hypothesis）」と呼ばれる，動詞ごとに固有の構文を作ろうとする段階です（早瀬ほか，2018：149）。例えば，"X fall down""X kick Y""X give Y Z"といった項目依存構文は，特定の動詞ごとに構文ができており，どのように使用するかという場面とともに習得されていきます。

　ただ，生後36か月（3歳）頃までは，以上のような島動詞をもとにした構文を他の動詞にまで適用したり，一般化したりすることはまだできません。従って，"X send Y Z"などは"X give Y Z"と同様の構文であっても，別々の構文として処理されます。しかしやがて「抽象的統語構文（abstract syntactic construction）」段階に入ると，動詞はもはや別個の島ではなくなり，他の動詞との関係を把握した構文ネットワークを構築するようになり，さまざまな構文で多様な動詞が使用できるようになります。すると，子どもの構文力は応用範囲の広いものに変貌して飛躍的に発達し，やがてメッセージを表現

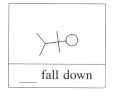 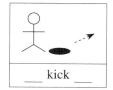 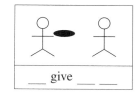

図5　項目依存構文のイメージ："X fall down""X kick Y""X give Y Z"（Tomasello, 2003：120，および早瀬ほか，2018）

するのに必要なさまざまな文の産出が可能になっていくのです。

● 用法基盤モデル

　学習のための汎用のしくみである「社会認知システム」をもとに，これまで解説したような形で言語（母語）獲得を説明しようとする理論は，しばしば「用法基盤モデル（usage-based model）」と呼ばれます。ではこのモデルでは，獲得済のことば，これをどのようにして頭の中に蓄えて，私たちは普段使用しているのでしょうか。

　言語研究において，かつて Chomsky が提唱した生成文法は，初めて聞く文でも，初めて発する文でも，それを正しく解釈し産出するためのルール（文法規則）を，人は蓄えていると仮定しました。そしてそのルールに従って単語を処理・配列することが，ことばを使う能力だと考えてきました。つまりことばを「規則が支配する体系（rule-governed system）」だと捉えてきたのです。

　これに対し，Tomasello は，大人の母語話者が頭の中に蓄えていることばを使う能力は，文法規則の体系ではなく「構造的な構文目録（a structured inventory of linguistic constructions）」であると述べています（Tomasello, 2003: 7）。つまり，正しく文を解釈したり生み出したりするためのルールを保持しているのではなく，よく使う高頻度のものからあまり使わない低頻度のものまで，さまざまな構文ネットワークを脳内に格納していて，それらを文理解や文産出の際に使っていると考えているのです。そしてこの構文の知識は，意識的にあれこれ考えて取り出すようなものではなく，無意識のうちに検索して活用できる，膨大な容量の潜在的記憶であると考えます。ちょうど私たちが，母語である日本語で言語処理をするときに，動詞の活用変化など文法知識を意識して利用することがないのと同様の状態です。そして，以上のような構文目録が，社会認知システムにもとづく言語獲得理論である「用法基盤モデル」を通じて得た言語能力の最終到達点であると言うのです。

　本書で展開しています社会脳インタラクションは「社会認知システム」を支える社会脳ネットワークにより実現されるものであり，同時に Tomasello が標榜する母語（第一言語）習得理論である，「用法基盤モデル」を具現化す

る基礎になると考えることができます。また，以上の用法基盤の考え方は，母語獲得の後で展開される第二言語習得研究にも，取り入れられています。そして，私たち日本人学習者が英語など外国語を学習・教育する場合においても，このようなアプローチを導入することの意義・重要性について示唆されています（門田，2020: 141-143）。これについては，第 5 章で詳しく扱うことにしたいと思います。

3.2. 共同注意の神経基盤

　社会認知システムの活用に，その前提として重要な役割を果たす共同注意は，他者との社会脳インタラクションに対してどのような影響を及ぼすのでしょうか。本節では，この点に関し，共同注意の果たす役割に関する最近の研究成果を紹介します。

　まず，共同注意そのものの神経基盤について，Redcay ほか（2013）は，ビデオによる視線誘導をもとにした共同注意実験を，2 台の fMRI を使って実施し，その際の脳活動データを報告しています。その結果，第 2 章で解説しました，他者の心の中を推し量ろうとするメンタライジングに関わる内側前頭前野（MPFC）と，顔の表情の認識に関わる後部上側頭溝（pSTS）が，共同注意において主に活動する領域であったと報告しています。言い換えると，インタラクションの相手と別の対象への注意を共有する時には，その相手の伝達意図を推測すると同時に，その視線をもとに顔の表情分析をするという，2 種類のプロセスが同時に進行しているのではないかと考えられます。そうすることで，他者の「意図の読み取り」を実現しているのです。

　Sadato（2017）は，共同注意を実施することで，他者との社会的関係がどのように変化するかについて，個人間のインタラクションをリアルタイムで捉える 2 日間の実験を実施した Koike ほか（2016）の実験研究について報告しています。すなわち，初対面の同性の 2 人の実験参加者が，2 台の fMRI 装置に別々に入り，2 日間に渡ってビデオカメラ越しに互いに視線共有タスクを実施したのです。

　1 日目には，まず数分間みつめあう視線共有タスクを行い，その後互いの視線を同じ対象に誘導しあう共同注意タスク（次ページ図 6）を 50 分間実施し

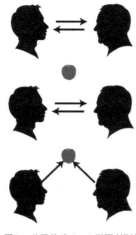

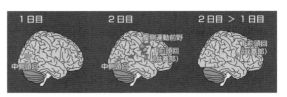

図7　視線共有タスク時の参加者の同期活動領域と両日間の差分活動領域（生理学研究所）

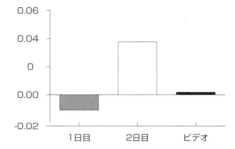

図8　まばたきの同期の程度（相関値：生理学研究所）

図6　共同注意タスク概要（視線の共有から誘導：生理学研究所）

ました。そして2日目には，同じ参加者に再度 fMRI 内で視線共有タスクを行ってもらいました。同時に，注意の切れ目に生じると考えられるまばたきついても，2日間の視線共有時に測定しました[7]。

　上の図7に，2日間の視線共有タスクにおいて，両参加者で同期して活動した脳領域を示します。さらに，2人の参加者間で，まばたきがどの程度同期して生じたかの相関値を測定した結果を，別に録画された顔画像とみつめ合いをした場合（ビデオ）と比べたのが図8です。

　主な結果は次の通りでした。

①1日目の視線共有タスクでは，右中側頭回（middle temporal gyrus: MTG）において同期した脳活動，すなわち時間的な変動が両参加者間で高い相関を示した。

②共同注意タスクを経た後の2日目の視線共有タスクでは，新たな腹側運動前野の活動とともに，さらに前頭前野内の右下前頭回（right inferior frontal gyrus: IFG）において特に，1日目と比べ大きな脳活動の同期がみられた。

7）　図6〜図8はすべて，https://www.nips.ac.jp/release/2015/11/_fmri.html より転載。

③ビデオおよび1日目では，まばたきの同期はみられなかったものの，2日目には両参加者のまばたきを行うタイミングにも，有意な相関関係が観察され同期現象が確認された。

以上の結果から，参加者らは共同注意タスクを実行することにより，まばたきを互いに同期させながら，視線共有にもとづく注意の共有を，無意識のうちに行うようになったのです。そして，このとき右中側頭回に加えて，右下前頭回での脳活動が大幅に同期するという現象が観察されました。また，Koike ほか（2016）は，共同注意を実行した後，その相手を別のパートナーに代えて視線共有をしても，何ら同期の増大は生じないことを確認しています。

まとめると，視線誘導をもとにした共同注意を実行することで，当初の視線共有時には見られなかった右下前頭回の脳活動が，視線共有時に新たに出現することが分かります。言い換えれば，新たな脳領域の活動を巻き込んだ社会脳インタラクションが進展することを示唆する研究成果です。

さらに，この右下前頭回は，右半球のブローカ野相当領域，すなわち言語野として知られる左半球ブローカ野と対称的に位置する右脳領域に当たります。このことは通常のインタラクティブ・コミュニケーションにおいて，言語処理と連動した形で，脳内処理の同期（神経同期）（第6章6.4 p.124）を含む共同注意が同時並行的に行われている可能性を示唆する結果であると言えます。

いかがでしょうか。Tomasello が提案した汎用のしくみである社会認知システムは，子供の言語獲得に活用されるだけでなく，私たち大人のインタラクティブ・コミュニケーションでもまったく無意識のうちに活用されている可能性があるのです。

3.3. 社会脳と密接に関わる情動脳

社会脳ネットワークは，実は，私たちの情動システムとは不可分の関係にあります。Ward（2012: 78-99）は，人の情動には次のような特質があると述べています。

①情動は手に入れたいと願う報酬や，避けたいと思う罰と密接に関連している。

②情動は本質的に一時的なものであり，その状態が一定時間継続されるムード（mood）とは異なる。

③情動的な刺激インプットはそれに直ちに注意が向き，即時的な反応が生じるものである。

④情動は主観的なものである。

⑤情動は，汗をかいたり，心臓がドキドキする，ホルモンを分泌するなど，特定の体内反応を伴う。

⑥情動は顔や体の反応として出現することが多い。

　このような情動を喚起することで，他者に戦う姿勢を示したりするといったことができます。

コラム❺　　　　　情動脳

　情動脳として知られる脳領域（情動関連領域）は次の通りである（Ward, 2012；小野瀬，2000；岩田，1998；寺沢，2009）。大脳辺縁系内の位置については第 2 章コラム③を参照。

（1）扁桃体（amygdala）：

　　　生命維持にはなくてはならない，血圧，心拍数，空腹など自律神経の調節をしている視床下部（hypothalamus）と太い神経線維で結ばれている。喜怒哀楽を表す情動の中核的な神経基盤で，本能的な快不快，好き嫌いの判断をする領域である。社会脳インタラクションとの関連では，他者の顔表情の認知や視線の方向の読み取りなどの神経基盤で（第 2 章参照），その結果として視線共有から共同注意形成に関わっている（本章での議論）。記憶を固定（＝安定した長期記憶を形成）させる機能を持つ海馬と隣接し，太い線維で結ばれていることから，学習に極めて重要な影響をおよぼすことが知られている（第 2 章コラム③）。また，次章で詳しく解説するミラーシステムも扁桃体との関わりが大きい。

（2）島皮質（insula）：

　　　眼窩前頭皮質，辺縁系構造，大脳基底核と相互接続する皮質である。

一般に，心拍の検出などや身体的感情に関与し，嫌悪感の認識などにも関係していると言われる（第 2 章コラム③）。

（3）帯状皮質（cingulate cortex）

快・不快にもとづく，行動意欲（＝動機付け）と強い関連がある皮質である。大脳皮質と広く接していて，扁桃体が行った情動判断をもとに，視床下部から出てきた欲求を大脳皮質に伝達して行動を起こすためのやる気をつくりだす。

（4）眼窩前頭皮質（orbitofrontal cortex）

大脳皮質と，扁桃体など大脳辺縁系を結びつけている，メンタライジングの中心領域であるが，情動脳としても重要な位置を占めている。行動に伴う対価や利益を値踏みし，得られる報酬を予測し，どれだけの動機付けを設定するかを決定する。

（5）線条体（striatum）

尾状核と被殻から成る。大脳基底核に位置し，大脳皮質にある運動野から各種の情報を入力し，それを主に前頭葉大脳皮質に送り届ける役割を果たす。運動のための筋肉の動きを調整する働きが確認されている。

　脳内処理においても，このような情動の発露には，社会脳ネットワークの多くがそのまま関わっていることが分かります。このことは，私たちが社会生活でどのように振る舞うかをかなりの程度指南してくれるのが，実は情動脳であることを示唆しています。

　ただ，人は情動にすべて左右されるわけでは，もちろんありません。感情によらない，理性的行動をとることももちろん可能です。例えば，他者の意図や願望を，その人の立場に立って推測するメンタライジングは，情動とは異なる脳内ネットワークである内側前頭前野と主に結びついています。

　以上やや詳しくお話ししましたように，汎用の学習システムである「社会認知システム」は，認知脳だけでは決してなく，社会脳，さらには情動脳とも密接に絡み合って形成されていることが，よく理解できるかと思います。

まとめ

（1）社会認知システムでは，意図の読み取りのしくみと，インプットデータからパターンを発見するしくみが提案されている。「用法基盤モデル」は，この社会認知システムをもとに，言語（母語）獲得を説明しようとする理論である。

（2）社会認知システムか仮定する，視線共有にもとづく共同注意の神経基盤は，内側前頭前野と後部上側頭溝である。これを継続して実施することで，新たに右下前頭回の脳活動が視線共有に出現することから，共同注意には新たな脳領域を巻き込んだ社会脳インタラクションを進展させる働きがあることが分かる。

（3）社会脳と情動脳は不可分の関係にあり，人が社会生活でどのように振る舞うかを大きく左右するのが情動であることが示唆される。

第
4
章

社会脳ネットワーク③：
ミラーシステム

本章の概要

メンタライジングと並んで，社会脳インタラクションを支えるミラー（ニューロン）システムについて解説します。視覚的に受け取った他者の運動を，ミラーリングして鏡のように再現して自ら体験することで，他人事ではなく自分のこととして深く認識し，その結果，共感・模倣が生まれるしくみです。最後に，人類における言語の系統発生について，人の言語使用はミラーシステムから生まれたという仮説を紹介します。

キーワード ミラー（ニューロン）システム，ミラーシステムの特性，共感，模倣，言語起源

4.1. ミラーシステムとは：その発見から今日まで

　第2章では「メンタライジング」について解説し，他者の心的状態を推測する，社会脳インタラクションのしくみの獲得は大人になっても完結しないとお話ししました。これに対して，意識的な推論を必要とせず，直接的，直感的に他者の心的状態を把握するのに関わっていると考えられるのが，運動感覚をベースにしたミラーシステム（mirroring system）です。

　イタリア，パルマ大学のリッツォラッティ（G. Rizzolatti）の研究グループは，対象物をつかむ行動に特化した神経細胞を特定するために，マカクザルの前頭葉を研究していました。そのとき偶然，実験者（人間）がエサを拾い上げるのを見たときに，サルみずからがエサを取るときと同じ活動を示すニューロン（神経細胞）を前頭葉内の運動前野（PM：premotor area）[8]であるF5に発見しました。すなわち，他者の行為を見ただけで，自分自身がその行為

8）　前運動野と呼ぶこともある。

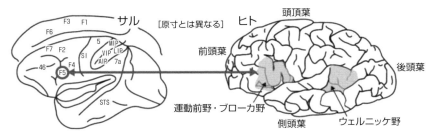

図1　マカクザルのF5と人の運動前野・ブローカ野（BA6, BA44・BA45）の対応：左半球（Arbib, 2012：88および門田, 2018：50より）

をするときと同様の反応をするニューロンです。

　一般に，運動前野というのは，その名の通りさまざまな運動を制御している脳領域です。自分自身が運動をするときに活動するのは当然ですが，自身が運動をしていなくても，他者の運動を見ただけで活動するニューロンがあることは，非常にセンセーショナルな発見でありました（嶋田, 2019：132など）。

　他者の行為を，そのまま脳内で鏡のように映し出すこのニューロンを，リッツォラッティらはミラーニューロン（mirror neuron）と名付けました。さらに，人間が行う同じ行為をそのサルが見ているときにも活動するニューロンであることから，他者の行為の知覚（perception）は，自身がその行為を再現するための運動システムを脳内（運動前野）で作動させることで可能になることが示唆されました。言い換えると，他者の行為を自身の行為として再現するしくみが脳内にそなわっており，それによりその他者の行為を知覚し，理解することが，簡単に直ちにできるのだと考えたのです。

　他者が運動をしているのを見た瞬間に自身もその運動を再現して脳内でシュミレーションするというこのミラーニューロンは，サルだけでなく，人間にもあると考えられるようになりました。人の場合，サルのF5に相当する脳領域は，前頭葉・運動前野（BA6）であり，さらにその隣りに位置する言語野として知られる下前頭回ブローカ野（BA44, BA45）に，まず他者運動の視覚情報をもとにその運動を再現するミラーニューロンが位置しているのではないかと考えられました。ここで，BAとは，Brodmann's Area（ブロードマン皮質領野番号）の省略記号で，脳の外側部と内側部に番号をふった脳地図を

指しています（コラム⑦ p. 82 参照）。

　図 1 は，マカクザルの F5 と，人の左半球前頭葉における運動前野・ブローカ野の対応を，大脳の他の脳葉とともに，示したものです（Arbib, 2012 および門田，2018）。

　fMRI や脳波計，さらに外側から脳を局所的に磁気刺激する経頭蓋磁気刺激法（TMS [9]）といった手法を活用した研究の結果，人の場合，サルの F5 に相当する前頭葉領域（BA6 の一部，BA44，BA45）だけでなく，脳内の他の領域も巻き込んだ神経ネットワークが形成されていることが明らかにされてきました。このため，人の場合「ミラーニューロン」ではなく「ミラーシステム」や「ミラーネットワーク」と表現されることが多くなりました。さらに，他者行為の視覚的知覚のみならず，他者の発する音声の知覚にも随伴して活動することが示唆されています [10]。

コラム❻　　　ミラーシステム

　ミラーシステムに活用される脳領域は，運動前野（BA6），下前頭回（BA44，BA45）だけでなく，同じ BA6 に入る補足運動野（SMA: supplementary motor area），下頭頂小葉（IPL: inferior parietal lobule）にも広がっており，総括的に「ミラーシステム」と呼ばれる。

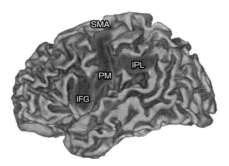

図2　ミラーシステムを支える脳領域：運動前野（PM），補足運動野（SMA），下頭頂小葉（IPL），下前頭回（IFG）（Ward, 2017：93）

9)　transcranial magnetic stimulation
10)　音声の知覚に，話し手の口もとの動きの視覚情報が影響するというマガーク効果（第6章6.1 p. 115）もこれと類似した，受け手の側のミラーシステムによる再現が関与していると考えられる（門田，2014; Kadota, 2019参照）。

4.2. ミラーシステムの特性

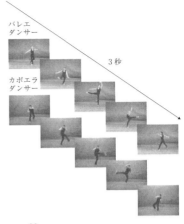

　さらに，その後の研究により，このミラーシステムは，鏡のように他者の運動を単に映し出すだけのものではないことが分かってきました。すなわち，人の社会性（社会脳）を支える神経基盤として，ミラーシステムには運動選択性，目標指向性という特性が備わっていると考えられています（嶋田，2019）。

● 運動選択性

　Calvo-Merino ほか（2005）は，クラシックバレエ専門のダンサーと，カポエラを専門とするダンサーに，バレエとダンス，2 種類の動画を観てもらい，その時の fMRI データを計測しました。この研究では，これら 2 種類のダンスをカラービデオで提示しました。

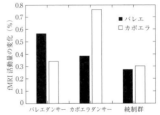

図3　バレエとカポエラをそれぞれの専門ダンサーが観ているときのfMRI活動量（嶋田，2019：135およびCalvo-Merino *et al.*，2005：1247）

　その結果，バレエを専門とするダンサーはバレエを観ているときに，カポエラを専門とするダンサーはカポエラを観ているときに，専門以外のダンスを観ているときよりもミラーシステムの活動量がはっきりと大きくなることが分かりました（図3参照）。

　また，Cross ほか（2006）による fMRI 計測でも，バレエダンサーは自分がリハーサル済みで踊れるバレエ演技を観ているときのほうが，新規の踊れないバレエ演技を観ているときよりも，ミラーシステムの活動量が増えることを報告しています。これらの結果は，自身で実行できる種類の運動を観ているときは，自身で実行できない運動を観ているときよりも，ミラーシステムが強く反応すること，言い換えますと，私たちのミラーシステムは，どんな運動でもそれを観れば同じように活動するわけではなく，その運動を自身で実際にできるものに対して強く反応することが分かります。

● 目標指向性

　ミラーシステムのもうひとつの特性が，目標指向性です。これは，ミラーシステムは，他者の動きという視覚インプットそのものではなく，他者の運動の目的（＝意図）に反応していることを示唆しています。これについては，Rizzolatti ほか（2006）の実験が有名です。実験では，次の 4 条件でミラーニューロンの活動を記録しました。

①まず，サルにテーブルに置いてある物体に手を伸ばしてつかむ運動を見せると，それを見たサルのミラーニューロンは活動しました。

②しかし，何も置いていないテーブルの上でつかむ運動だけ（パントマイム）をして見せても，ミラーニューロンの活動はあまりありませんでした。

③さらに，テーブルの上に物体があることを示した後で，スクリーンを置いて，サルから直接物体が見えないようにして，この状態で実験者がつかむ運動を行うと，つかむところは見えなかったにもかかわらず，ミラーニューロンは活動しました。

④しかし，スクリーンの裏に何もないことを見せた後では，同じつかむ運動を見せてもミラーニューロンは活動しませんでした。

　以上①②の結果からミラーニューロンは，手の運動そのものに対してではなく，物体をつかむという特定の意図を持った運動に対して，反応することが分かります。さらに，③④の結果は，ミラーニューロンが，単に他者の運動そのものに対してではなく，何らかの目的（意図）を持った他者の運動に対して反応することを示しています。

　また，その後の研究では，サルのミラーニューロンは，運動を観たときだけでなく，ピーナッツの殻を手で割っている音など，耳で聞いたときでも，反応することが報告されています（Kohler ほか，2002 および嶋田，2019: 137）。このことは，視覚インプットだけでなく，音声，ひいては音声言語インプットに対しても，その再現（シミュレーション）を通じて，それに対する知覚が生じている可能性を示唆しています。

　他者の運動を自身の脳内で「再現（シミュレーション）」するミラーシステム

が以上お話しした2つの特性を持つことで，私たち人間は，他者運動がどのようなもので，またそれがいかなる意図をもって実行されているのかより深く理解できるようになるというのです（Rizzolatti and Sinigaglia, 2006）。他者がどういった運動を，なぜ行っているのか，そのときにどのような気持ち（感情）を持っているかなど，単なる視覚的な分析ではない，インタラクションのための「深いレベルでの体験」を可能にしてくれるのが，ミラーシステムの役割だと考えられます。

　さらに，人が何かを認識・理解する際に直接自ら体験した内容は，いつまでも忘れることがない強力な痕跡を長期記憶に残し，抽象的な「言語」による説明よりもはるかに学習効果が高いことが，従来より明らかにされています。かつての視聴覚教育の提案から，近年のマルチモーダルなインプット教材の提示，さらにはアクティブ・ラーニングに至る教育の流れは，私たちのこの学習特性に立脚したものです。ミラーシステムは，他者の体験でも自身の体験のように脳内で再現することで，直接実行していなくてもそれと同等の深い理解をもたらすことが可能になります。ミラーシステムによる視覚インプットのシミュレーションを伴う理解は，直接体験による学習が最も効果的であるという私たちの特性を反映したものだと言えるでしょう。

4.3. 痛みへの共感とミラーシステム

　本章の主たるテーマであるミラーシステムは，他者の痛みの知覚にも関わっています。例えば，図4のように他者が誤ってハンマーを指に命中させたとか，それ以外にも足裏に釘が刺さったといった状況になったところの写真を見たとします。

　そのときには，これらの視覚画像インプットとともに，軽い身震いなどを伴いつつ，あたかも自身が同一の体験をしたように，実感として伝わってくる，こんな体験をすると思います。これには，ミラーシステムによる行為の再現ともとに，実際に自身の痛みを感じる脳領域が関わってきます。

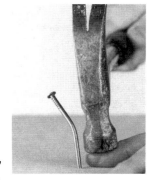

図4　他者の身体的痛みの写真
例（Ward, 2010: 351）

　身体に受けた痛みをどのように処理するかについては，第一に，触覚，痛覚，温度感覚などの情報を受け取る体性感覚野（BA1，BA2：本章コラム⑦ p. 82）が関与します。さらに痛みに伴う情動については，大脳辺縁系に位置する帯状皮質前部，並びに脳の外側部の側頭葉と頭頂葉下部を分ける外側溝の内側に位置する島皮質（第 2 章コラム③ p. 39）の前方領域で感じています。言い換えますと，体性感覚野で物理的な痛みをとらえるとともに，島皮質前部と帯状皮質前部で，痛みの情動的な側面を反映した主観的な不快さを感じ取っているのです。

　このような痛みの主観的感覚を島皮質前部と帯状皮質前部は，他者の痛みを自分事のように捉えた際にもそのまま活動します。また，痛みだけでなく，他者があらわにする嫌悪や不安などを察知するときも，これらの部位が活動すると言われています。例えば，他者が嫌な臭いを嗅いだときの表情を見たときと，自身が同様の臭いを嗅いだときなどです（嶋田，2019: 210）。また，現代社会でしばしば経験する疎外感，理不尽さ・不公平感など「社会的痛み」についても，島皮質前部と帯状皮質前部による情動処理が密接に関わっています。

　他者行為の再現をミラーシステムで達成することは，他者と自己の行為の共有を意味します。そして，この共有というミラーリングの第 1 ステップがもとになって，島皮質前部と帯状皮質前などの大脳辺縁系に連結する第 2 ステップが存在し，このリンクにより不快に関する情動的な痛みを共感できるようになるのです。行為の再現から情動にもとづく共感へというこのリンクは，痛みだけでなく，笑い，幸福など喜・怒・哀・楽のさまざまな共感（sympathy あるいは empathy）を促し，結果的に他者行為の模倣による学習（imitative learning）につながっていると考えられます。

4.4.　共感

　痛みへの共感については，島皮質前部と帯状皮質前部が関わることをお話ししましたが，その他の共感では，他者の顔表情や視線方向の分析に関わる大脳辺縁系内の扁桃体（第 2 章 2.10 p. 49）とのリンクも見つかっています。このように，他者の喜怒哀楽に共感できるという能力は，感情的・主観的な情

動処理と大いに関わっているのです（嶋田，2019: 210）。

　Carr ほか（2003）は，fMRI を用いて，ミラーシステムと共感を支える情動領域とのリンクを明らかにする実験結果を報告しています。そこでは，実験参加者に，喜び，哀しみ，怒り，驚き，不快，恐怖の表情を持った，顔全体，目元，口元の写真を視覚提示し，その表情を意識的に模倣する条件と観察する条件を設けました。

　模倣・観察条件における運動前野（上）と，扁桃体・島皮質（下）における fMRI データを，3 種類の写真ごとに示したのが，次の図 5 です。

　主要な結果は次の通りです。

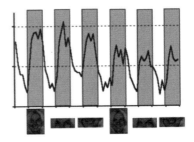

模倣条件　　　観察条件

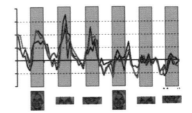

模倣条件　　　観察条件

図5　模倣・観察条件における運動前野（上）と，扁桃体・島皮質（下）の脳活動量（Carr ほか，2003: 5500-5501）

①ミラーシステムの中心的な領域である，運動前野の活動が，模倣条件で観察条件よりもややその程度は大きいものの，両条件で観察できる。

②情動に関わる大脳辺縁系の扁桃体，島皮質における活動も同様に，模倣条件で観察条件よりもややその程度は大きいものの，両条件で観察できる。

　以上のように，他者の顔表情の知覚においては，活性化の程度は異なるものの，ミラーシステムによる脳内でのシミュレーション（観察）時も，実際に模倣を実行するのと同じ脳領域の活動を含み，さらにそれに伴う喜び，哀しみなどの情動も同時に扁桃体・島皮質で喚起されることを示しています。

　読者の皆さんは，笑っている人を見ると自然と顔がほころぶ，悲しんでいる人の顔を見ると自分も思わず悲しい顔をしてしまうといった経験はないでしょうか。他者の表情と一致した表情が，そうしようと意図しなくても自然に生じるという現象は，しばしば「表情同調（congruent facial expression）」と

か「表情模倣 (facial mimicry)」と呼ばれます。これも基本的には，ミラーシステムによる運動のシミュレーションが関わっていると同時に，扁桃体・島皮質における情動の再現が行われているのです。

4.5. 情動的共感と認知的共感

これまで，他者行為のミラーリングが他者との行為の共有を可能にし，さらに大脳辺縁系に伝達されることで情動を伴った感情の共有（共感）が生じることをお話ししました。この共感ですが，実は 2 つの異なる脳内のしくみが存在することが報告されています。ひとつは，情動的共感 (emotional empathy) で，もうひとつは，認知的共感 (cognitive empathy) と呼ばれます。

情動的共感は，顔表情を含む他者行為の知覚が，認知的な高次プロセスを経由しないで，直接受け手の脳内に同じ情動を活性化させるもので，既に本章 4.1 で述べた，ミラーシステムによるシミュレーションと情動に関する辺縁系が深く関わっている共感のしくみです。

他方，認知的共感は，観察者が他者の行為に意識的に自己を投入することによって引き起こされる共感です。このような共感は，第 2 章で報告しました，他者の立場を理解するメンタライジングをもとにした，他者視点の取得という高次の認知プロセスを意識的に活用するものです。情動的共感が，どちらかというと，自動的，無意識的に生じるのと対照的であると言えます（嶋田，2019: 213）。

このように，私たちは，以上 2 種類の共感を，常時使い分けていると考えられます。Shamay-Tsoory ほか（2009）は，次の 3 種類の脳損傷患者を含む計 4 群を対象に共感力をテストする調査を実施しました。

①ミラーシステムを支える下前頭回を損傷した患者 8 人
②メンタライジングの主要領域である内側前頭前野を損傷した患者 11 人
③情動的・認知的な共感と直接関係しない，前頭葉以外の後部領域を損傷した患者 11 人
④健常者 34 人

他者への共感の測定には，対人反応指標 (Interpersonal Reactivity Index: IRI)

が用いられました。ここで，IRIとは「共感的関心」「個人的苦痛」「視点取得」「想像性」の４つの構成尺度から成る，計28項目（各項目A〜Eの５段階評定）の指標です。以下に各構成尺度のサンプルを１つずつ示します。

情動的共感：
共感的関心：自分より不運な人たちを心配し，気にかけることが多い。 　個人的苦痛：非常事態では，不安で落ち着かなくなる。
認知的共感：
視点取得：他の人の視点から物事を見るのは難しいと感じることがある。 　想像性：自分の身に起こりそうな出来事について，空想にふけることが多い。

　結果の概要を，次の図６に示します。

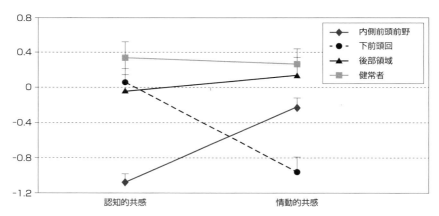

図6　認知的共感と情動的共感に関する評定結果：①〜④群間の比較（Shamay-Tsooryほか，2009：7を参考に作図）

　主な結果は，次の通りでした。

（1）認知的共感では，内側前頭前野の損傷患者の方が下前頭回損傷患者よりも評定値が低い。
（2）逆に，情動的共感では，下前頭回損傷患者が，内側前頭前野の損傷患者よりも評定値が低い。
（3）後部領域損傷患者と健常者では，認知的・情動的共感の評定値に差がない。

　上記のように，損傷群と共感の種類の間には交互作用が見られ，内側前頭

前野を損傷すると認知的な共感能力が，下前頭回を損傷すると情動的な共感能力が失われることが判明したのです。これらの結果から，内側前頭前野は，メンタライジングを経由した認知的共感を，下前頭回は，ミラーシステムにもとづく情動的共感を，それぞれ別個に支えていることを示しています。

　さらに，日本人の健常成人女性を対象に，情動的な顔写真を知覚する情動的共感に関わる課題を与え，その際の脳活動を，fMRI を用いて検討した山口・宮本（2018）では，ミラーシステムの一部である下頭頂小葉の活動がみられることが報告されています。

　以上のように，一口に共感と言っても，認知的・理知的なものと情動的・感情的なものという 2 種類が備わっているのです。

4.6.　模倣のしくみ

　これまで本章で検討してきました，行為のミラーリングから（情動的な）共感へというリンクは，その結果として，他者行為の模倣学習につながると考えられます。

　模倣については，かねてよりよく知られた現象があります。Meltzoff and Moore（1977）が報告した「新生児模倣（neonatal imitation）」です。これは，生後平均 32.1 時間の新生児を対象に，大人の舌出しや口の開閉をみせると，それを注視したうえで模倣する傾向がみられるというものです。次の図 7 に，この大人と新生児のやり取りの典型例（写真）を掲載します。

　大人の舌出しには舌出しをする，大人が口を開くポーズをとったらやはり口を開けるという具合に，新生児がモデルを観察して自発的に再現している様子がよくわかります。このことから，人には生まれながらにして，他者を模倣する能力が備わっており，これにより

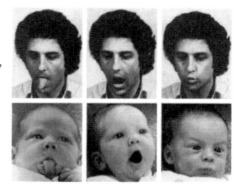

図7　新生児模倣のようす（Meltzoff and Decety, 2003: 492および門田2012: 147）

行動を共有する学習が可能になっているのではないかと，Meltzoffらは指摘しました。

　さらに，これまで2種類の模倣がしばしば区別されてきました（Ward, 2010: 164）。

（1）表面的な浅いレベルの分析にもとづく模倣（mimicry）：

　　これは，他者の行為を感覚運動（sensory-motor）レベルで再現するもので，行為者の目的や意図などはまったく考えない模倣です。

（2）目的・意図を理解した上で行う深いレベルの模倣（imitation）：

　　これは，他者の行為を，その目的・意図を理解しながら観察し，それらを意識しつつ，他者行為を再現しようとする模倣です。これが，Tomaselloをはじめ多くの研究者によって定義されている「模倣」で，処理水準（level of processing）の深い，認知的負荷の高い処理操作が必要になってきます。

　Ward（2010）は，これらは神経科学の観点からも区別でき，（2）が一般に人が行う模倣行動であると報告しています。そして，この目標指向性を持った模倣を実は幼児も既に実行していることを示す研究があります（Gergelyほか，2002）。この実験では，大人がおでこを使ってテーブル上のボタンを押している2枚の写真を幼児に見せました。その結果，手が使える状況の写真を見せると幼児はおでこを使ってボタンを押すのですが，手が自由に使えない状況の写真を見ると，幼児はおでこを使うのではなく，手でボタンを押すことが有意に多くなるのです。このことは，他者の大人の行為の意図（目的）がおでこを使うこと，ボタンを押すことのどちらであるかを理解した上で，幼児が他者行為を模倣していることを示しています。

　人は一般に，模倣をする際には，行為者の意図を理解した上で行うことが明らかにされています[11]。例えば，他者の行為（e.g. カップにものを入れる行為）を模倣する場合，左右どちらの手を使ったかといったことは模倣せず，他者の意図を理解してその行為を実行します。このような模倣は，既に幼児の段階で行うことができるのです。

　また，既に本章4.2.において，ミラーシステムの運動選択性との関連で

11）　他者の意図理解を含む模倣における認知的なプロセスについては，門田（2012: 151–152）にも簡潔な記述がある。

検討しましたが，自分でこれまでに実行したことのある他者行為の模倣と，そうではなくて初めてみる他者行為の模倣とは，かなり異なるしくみであると考えられます（Rizzolatti ほか，2006）。すなわち，次の 2 つです。

（1）これまで自らもしたことのある行為が，他者によって実行されるのを見た後，その行為を再現する模倣。
（2）他者の行為を観察して新たな行動パターンを学習しようとする模倣。この場合，模倣の後も詳細にその行動を記憶にとどめ，いつでも再現できるようにしておこうと努めます。

　このように既知の行動を模倣する場合と，未知の行動を模倣する場合とはかなり異なる模倣になるのです。では，上記の（2）のような，新たな学習のための模倣では，ミラーシステムの活動は見られないのでしょうか。
　例えば，ギターを弾いた経験のない成人を対象に，ギター演奏の模倣を求めた実験があります（Buccino ほか，2004）。ギター演奏を習得していない学習者に対し，いくつかコードを弾く先生の演奏ビデオを，次の 2 つの条件で，提示しました。

条件（a）：先生の演奏ビデオを視聴して，短い休憩をとり，その後，先生の演奏を真似て演奏するように指示
条件（b）：先生の演奏ビデオを視聴して，短い休憩をとり，その後ギター演奏は求めず，演奏とはまったく異なる手の動きを行うよう指示

　条件（a）と条件（b）における，演奏ビデオ視聴時と与えられた課題を実施する前の短い休憩時における学習者の脳活動を，fMRI を使って計測しました。主な結果は次の通りでした。

①近い将来学習者が，ギター演奏することが予定されている条件（a）では，前頭葉の運動前野（BA6）などミラーシステムによるシミュレーションを活発に行いつつ他者の行為を観察した。
②近い将来演奏する予定がなく，受動的に先生のギター演奏をみている条件（b）でも，活動量の程度差こそあれ，条件（a）と同様のミラーシステムの活動がみられた。

③ビデオ視聴後の休憩時には，条件（a）の学習者は，ミラーシステムとともに，背外側前頭前野（BA46）において強い脳活動がみられた。

④これに対し，条件（b）の休憩時は，ギター演奏はと全く無関係な手の動きを行うだけであったので，ミラーシステムはおろか，ほとんど有意な脳活動がみられなかった。

実際に模倣する前提がある場合も，模倣の予定がない場合も，他者行為の観察にはミラーシステムの活性化が生じることが分かります。また，模倣演奏を実行に移す直前には，ミラーシステムを活用した再現だけでなく，背外側前頭前野なども活用しながら，コードを弾くのに必要な指運動の再現をして，観察した演奏行為のリハーサルをしている様子がよく分かります。

新たな未知の行為であっても，模倣を前提とする場合もしない場合も，既に自分自身が知っている行動を真似るのと同様に，ミラーリングによるシミュレーションは生じているのです。

4.7.　ミラーシステムが示唆する言語起源説

ミラーニューロンの発見以来，現在までの議論の中で「人間言語はミラーシステムから生まれたのではないか」という仮説があります。すなわち，言語を支える脳のしくみは，ミラーシステムのメカニズムをもとにして進化したのではないかというのです。

既に第 3 章で解説しましたが，Tomasello（2003）は，人の言語習得（＝言語の個体発生）のしくみとして，社会認知システムにもとづく用法基盤モデル

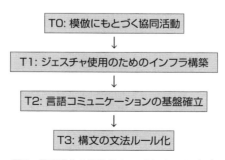

図8　言語進化の過程（Arbib, 2012: 198より）

を提唱しています。そして，言語進化（＝言語の系統発生）については，前ページ図 8 の T0–T3 の 4 つのステージを経て現在の姿に到達したと考察しています（Tomasello, 2008；Arbib, 2012）。

T0 における模倣は，チンパンジーにも見られますが，人の場合は，ミラーシステムを発達

図9　狩猟においてジェスチャを使用しながら，獲物に対して共同注意を構築しようとしているイメージ（Elinecicka／Shutterstock.com）

させたことにより，他者の意図理解を伴う模倣を伴う協同作業が，言語の系統発生の前段階になったというのです。この協同作業は，主として生存に関わる狩猟のために不可欠であったと考えられます。

また T1 のジェスチャの使用は，T0 の協同作業を実行する中で，徐々に整備されていったと考えられます。ジェスチャによって他者の注意を引いて，共同注意による 3 項関係を確立すること（第 3 章 3.1 p. 52）が，人の言語使用の起源としてとらえられているのです。チンパンジーのジェスチャは，他者に何かをさせようとするだけで，このようなコミュニケーションのためのジェスチャ使用はみられません。図 9 は，狩猟において，ジェスチャを使用しながら他者の注意を引いて，獲物に対して共同注意を構築しようとする，この T1 におけるジェスチャ使用を伴う狩猟（協同作業）の様子をイメージしたものです。

T2 は，すでに構築されたジェスチャ使用のためのインフラにもとづいて，やや抽象的なパントマイムを使用するようになり，記号としての言語音声によるコミュニケーションが出現してきた段階です（Arbib, 2012: 198）。この段階で，コミュニケーションの共通基盤は既にできあがっており，現在の私たちの言語使用はその基盤を活用しているのにすぎないということになります。このように，私たちの祖先はジェスチャにもとづくボディランゲージをまず身に付け，その後，このジェスチャを行うとともに，それと同期する形で発声（音声）を付与することで音声言語が発達したと考えられます。そして，やがて，

（a）昼だけでなく夜も使用可能である

（b）ジェスチャよりも比較的遠くまで声は聞こえる

などのメリットがあり，私たち人のコミュニケーションでは，より便利な音声言語が主になったのではないかと考えられます。

　他者に何かを「知らせる」ためのコミュニケーションでは，他者と自己が共有する「今ここ（here and now）」には存在しない事柄を伝える必要が出てきます。その場にない内容について語るには，発話の構造化（ルール化）が必要で，次の T3 になると，コミュニケーションにおける発話内容の構造化が徐々に慣習化され，文法的構文につながったのではないかと推察されています。

　人の脳内で言語をサポートするメカニズムは，起源的にコミュニケーションとは直接関連のないミラーリングによる模倣の結果生じたもので，ジェスチャによる協同作業がそれを進化させたという「ミラーシステム仮説」を最も鮮明に主張している Arbib は，次の 3 点を強調しています（Arbib, 2012: vii）。

　①人のみが言語を持ち，他の生き物は持たない。
　②言語は，生物としての進化と文化的な進化の結果である。
　③人の言語を可能にする脳は，他の生き物の脳とは異なる。

　以上のようなミラーシステム仮説の根拠として，Arbib（2012: 88）は，マカクザルの運動前野（F5）と，人のミラーシステム関連領域内の下前頭回に位置するブローカ野（BA44, BA45）が，対応している（本章 4.1 および図 1 参照）ことを指摘しています。つまり，ミラーシステムによる，他者行為の再現（シミュレーション）能力が，サルにおいては成立しなかったものの，人類における言語能力誕生の契機になっているのではないかと考えているのです。

4.8.　ミラーシステムとメンタライジング

　社会脳インタラクションをささえる脳内のしくみについては，第 2 章で見たメンタライジングと，本章で見たミラーシステムによるシミュレーションという 2 つのモデルに大別できます。

　本章 4.5 では，情動的・認知的共感を区別し，下前頭回の損傷により情動

的な共感能力が，内側前頭前野の損傷により認知的な共感能力が，それぞれ障害を受けることをお話ししました。

　下前頭回がミラーシステムを，内側前頭前野がメンタライジングを担う領域であることから，両者は，別個のメカニズムではないかと考えることができます。事実，社会脳インタラクションのこれら 2 つのモデルは，現在の 2 大潮流であると言えるでしょう。要は，社会脳インタラクションには，

　　（1）ミラーシステムにもとづく直感的なものと，
　　（2）メンタライジングによる熟慮を伴うもの

の 2 種類が区別できるのです。

　（1）の例としては，本章図 4 のような他者の身体的痛みを運動イメージとして脳内でシミュレーションして体験し，その後大脳辺縁系の帯状皮質や島皮質を介して，あたかも自身が痛みを感じているかのような共感を得るものがあげられます。

　また，（2）については，どんなプレゼントをしたら海外から来た旧友が喜ぶかを思い巡らすといった，他者のこころの中を推測・理解しようとする例などがあげられます。

　脳内領域の面からみて，これら 2 つの領野はほとんど重なっていないので，それぞれ異なる心的機能であると言えるでしょう（Keysers and Gazzola, 2007；嶋田，2011 など）。今後の課題としては，これら 2 つの脳内ネットワークがどのようにして切り替えられるのか，その相互作用のしくみを明らかにすることが考えられます。例えば，一般に，他者の行為を見ると，まずはミラーシステムを活用したシミュレーションによる直感的な体験的理解が先に来ることは容易に想像できます。しかし，もしこの直感的なミラーリングが何らかの理由で得られないときには，メンタライジングによる他者行為の熟慮的な推測はどのようにして生じるのでしょうか。2 つのモデルを検討し，両者の橋渡しをいかに行っていくかは，今後の社会脳ネットワーク研究の重要な課題を示唆するものであると考えられます。

> **コラム⑦**　　ブロードマンの脳地図

　ブロードマンは，解剖学や細胞構築学的な観点から，大脳の外側部と内側部を区分し，区分したそれぞれの領域の組織構造が均一である部分をひとまとまりとして1から52までの番号づけを行った。こうしてできたのが「ブロードマンの脳地図（皮質領野）」（Brodmann's brain map）で，次の図10はその脳の外側部を示すものである[12]。

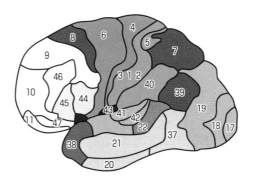

図10　ブロードマンの脳地図（外側部）

　ブロードマンの外側部の皮質領野（Brodmann's Area: BA）番号とその関連機能の対応を主要なもののみ掲載する。

　3, 1, 2：一次体性感覚野（Somatosensory cortex）

　4：一次運動野（Primary motor cortex）

　6：運動前野・補足運動野（Pre-motor and Supplementary motor cortex）

　9：背外側前頭前野（Dorsolateral prefrontal cortex）

　10：前頭極（Anterior prefrontal cortex）（most rostral part of superior and middle frontal gyri）

　11：眼窩前頭野（Orbitofrontal area）（orbital and rectus gyri, plus part of the rostral part of the superior frontal gyrus）

　17：一次視覚野（Primary visual cortex）

　22：上側頭回（Superior temporal gyrus, of which the caudal part is usually considered to contain the Wernicke's area）

　37：紡錘状回（Fusiform gyrus）

　39：角回（Angular gyrus, part of Wernicke's area）

12）　http://spot.colorado.edu/~dubin/talks/brodmann/brodmann.html にもとづく門田（2015: 314）より。

40：縁上回（Supramarginal gyrus）part of Wernicke's area（cf. area for the conduction aphasia）

38：中側頭回（Temporopolar area most rostral part of the superior and mid-dle temporal gyri）

44：下前頭回弁蓋部（pars opercularis, part of Broca's area）

45：下前頭回三角部（pars triangularis Broca's area）

41, 42：一次および高次聴覚野（Primary and auditory association cortex）

46：背外側前頭前野（Dorsolateral prefrontal cortex）

　なお図 10 より，BA6 については，頭頂から下前頭回ブローカ野（BA44，BA45）の隣接部位まで長く伸長した領域であることがわかる。この脳地図は，本書の各所に出てくる，大脳皮質および辺縁系のさまざまな領域を指し示すときに，しばしば利用されるものである。

　脳の内側部に関する皮質領野については，図・番号の掲載はしていないが，次の 3 つが主要機能である。

背内側前頭前野（Dorsomedial prefrontal cortex：DMPFC）

内側前頭前野（Medial prefrontal cortex：MPFC）

腹内側前頭前野（Ventomedial prefrontal cortex：VMPFC）

まとめ

（1）マカクザルの運動前野に偶然発見されたミラーニューロンは，人間にも運動前野や下前頭回ブローカ野などにミラーシステムとして存在すると考えられている。自身で実施できる他者行為に強く反応するという運動選択性や，他者行為の目的に反応するという目標指向性などの特性がある。視覚だけでなく，音声インプットも含めて，あたかも自身の行為のように再現することで，深い理解が得られ，島皮質前部，帯状皮質前部，扁桃体といった情動脳と関係づけることで共感が得られる。

（2）共感には，ミラーシステムによるシミュレーションにもとづく情動的共感と，前頭前野内側部によるメンタライジング経由の認知的共感があるが，前者の情動的共感は，そのまま他者行為の模倣学習につなが

っていく。人が行う模倣は，他者行為の目的・意図を理解した上で行う能力で，幼児にも見られ，模倣学習を意図した場合もその予定がない場合も，ミラーリングは生じる。

(3) 人間言語は，ミラーシステムをもとに，ジェスチャによる協同作業を行う中で，共同注意による 3 項関係の形成を通じて出現したと考えられる。

第

2

部

応用編

社会脳インタラクションに
もとづく外国語学習

　第 2 部では，応用編として，社会脳インタラクションが第二言語習
得にいかに関係するか，その応用のための枠組みを，次の点を中心に，
検討します。

①社会脳インタラクション実現のための第二言語能力とは
②社会脳インタラクションを促進するシャドーイング
③社会脳インタラクション能力とプラクティス

社会脳インタラクション実現の
ための第二言語能力とは

本章の概要

社会脳インタラクション能力を身に付ける必要条件となるのが，言語運用に含まれる認知プロセスの同時処理能力で，その前提となるのが各プロセスの自動性の獲得です。本章では，認知脳ネットワークによる認知的流暢性の概念，すなわち，語彙・構文などの顕在的知識がどの程度自動化，さらには手続き化しているかという心理言語学的能力の獲得が，社会脳インタラクション能力のための必須要件であることを解説します。その上で，第二言語運用の同時性と自動性の神経基盤について，さらに社会脳ネットワークを活用した外国語の語彙学習について，最新の脳科学の研究成果を報告します。

キーワード 言語運用の同時性・自動性，顕在記憶と潜在記憶，インターフェイス論，自動化・手続き化，社会脳インタラクションと語彙学習

5.1. 第二言語の顕在・潜在記憶とインターフェイス

　第1章1.2.(p.19)では，人の記憶システムとして「感覚記憶」「短期記憶」「長期記憶」が区別され，さらにその中で，知識としての「長期記憶」も，エピソード記憶と意味記憶から成る「顕在記憶」と，手続き記憶と知覚表象システムから構成される「潜在記憶」の2種類に大別できると述べました。その上で，顕在記憶が，ワーキングメモリを経て意識的に長期記憶に転送された知識であるのに対し，潜在記憶は，覚えることを意図した意識的なリハーサルなしに，いつの間にか覚えた知識であること，また，長期記憶中から必要な情報を取り出してくる際にも，顕在記憶は，思い出そうとして意識的にワーキングメモリに検索されるのに対し，潜在記憶は，ワーキングメモリを経由することなく，無意識のうちにアウトプット反応が行われることを解説しました[13]。

● インターフェイス論

　これまで第二言語習得の研究において繰り返し行われてきた議論に，インターフェイス（interface）論があります。これは，長期記憶中の顕在記憶と潜在記憶は互いに別個に独立しており，何ら関連性がないのか，それとも互いに影響し合うようなインターフェイス（接点）を持っているのかについての議論です。

　第二言語習得について初めてその理論化・モデル化を行ったクラシェン（S. Krashen）による第二言語習得理論の基本的なモデルに「習得・学習」（acquisition and learning）説があります。この考え方は当時の主流の言語理論であった生成文法の影響を受け，第二言語習得も生得的な言語能力を反映して，第一言語（母語）と同様に「習得」されるものであり「学習」とは無関係であるという前提に立ち，「習得」と「学習」は互いに非連続的，すなわちいっさいのインターフェイスは存在しないことを強く主張しました。言い換えると，意識的に顕在的に学習により取得した知識は，実際のコミュニケーションにおいてはほとんど役立たず，自ら産出した発話が，正しかったか誤っていたかの判定に役立つモニターの機能しか持たないと考えました。これを一般に「ノンインターフェイス（non-interface）」の立場と呼んでいます。

　この立場に対し，教室内で学習した，意識的な第二言語の知識は，それを得た授業内の文脈情報とともにエピソード記憶として，あるいは当初から脱文脈的な意味記憶として長期記憶中に顕在知識として保存されるが，その後，数多くのインプット処理や数多くのアウトプット活動を繰り返し実行する中で，何度も長期記憶中からの情報検索を行う反復プライミング（repetition priming）を通じて，無意識的，潜在的な知識に変貌すると考える立場があります。この立場は，第二言語習得も，他の運動や技能の習得と同様に，特定の領域を前提としない領域一般の学習メカニズムが機能していると考えるものです。これが「インターフェイスの立場（interface position）」と呼ばれる考え方です（門田，2012: 47-163 など）。

　なお，この反復プライミングは，直接プライミング（direct priming）と呼ば

---

13)　第1章図4 p. 21参照。

れることもあり，認知心理学におけるこれまでの学習・記憶研究の基本的パ
ラダイムであるプライミング（priming）の一種であるとみなされています。
先行刺激（プライム）と同一の項目を，後続刺激（ターゲット）として反復提示し
た場合の，刺激へのアクセスを促進させる効果を指しています（門田，2012:
255-261）。

　実は，上記の Krashen も，はじめはノンインターフェイスの立場を主張
していましたが，やがて潜在的知識に変化することもありうるという「弱い
インターフェイス の立場（weak interface position）」をとるようになったと言わ
れています。

　一般に，ダンスやピアノなどの楽器演奏を習得しようとするとき，「イン
ターフェイス」があるのはむしろ当然のことだと考えられます。当初はひと
つひとつ個々の操作を意識して行っていたものが，繰り返し実行するうちに，
意識しなくても気楽にできる，半自動化や自動化が，少しずつ達成できるよ
うになっていくと考えられます。このような技能は，プライミングにもとづ
く「反復学習としてのプラクティス」を通じて自動化・無意識化を達成しな
いと，楽しんで行うことはできません。

　次の図1は，第1章1.2で説明しました長期記憶の形成について，イン
プットした情報について，最初はエピソード記憶としてインテイクされ，や
がて記憶した状況（文脈）から独立した意味記憶として記憶中に蓄えられた
り，最初から脱文脈化した意味記憶を形成されたり，また無意識的に潜在記
憶を形成されたりする3つの経路があることを示したものです。その中で，
意識的・顕在的な意味記憶から潜在記憶への矢印が，上記のインターフェイ

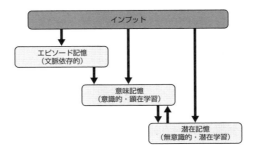

図1　インプット情報とエピソード記憶，意味記憶，潜在記憶の関係：インターフェイスの位置づけ（門田，
2018: 65をもとに作図）。

スの存在を示しています。

　なお，潜在記憶から意味記憶への逆向きの矢印は，次のような場合が典型例です。一般に，一流のスポーツ選手が必ずしも一流のコーチ，監督になれるとは限りません。選手時代に無意識に体で覚えた潜在記憶をコーチ・監督として選手に伝える際には，このように潜在記憶を意識的な意味記憶に戻すことが不可欠になります。そうしないと，優れたコーチ・監督にはなれないのです。

　ただ，以上お話ししたような技能獲得とは異なり，言語（第二言語）の場合は，基本的に上記のようなダンス，楽器演奏の習得よりもはるかに複雑な体系を身に付ける必要があり，何らかの生得的な能力を仮定しなければならないという考え方も根強く，その結果上記のようなインターフェイスの有無が盛んに議論されてきたのではないかと考えられます。

● 脳科学からみたインターフェイス論

　では次にやや見方を変えて，脳内処理の観点からはこのインターフェイスについて，どのような知見が得られているのでしょうか。

　顕在記憶にしろ，潜在記憶にしろ，大脳皮質のシナプス結合として記憶は貯蔵されていると言われます（門田，2012: 79–88）。その中で，両者の記憶を結びつけるインターフェイスに関する脳内ルートは，大脳辺縁系に位置する「海馬」と「大脳基底核」が関係しています（第 2 章コラム③ p. 39）。

　海馬は，長期記憶に入った情報，特にエピソード記憶を固定（consolidation）し，ほぼ永久に保持できる顕在記憶（意味記憶）を形成するという学習プロセスに重要な役割を果たしています（第 3 章コラム⑤ p. 62）。このことが最初に明らかになったのは次のケースです（Corkin, 2013）。

　1950 年代に，カナダ在住でてんかん症患者であった HM さんは，その治療のために当時の主治医の判断で，海馬を含む内側側頭葉の切除手術を受

図2　海馬（顕在記憶）と大脳基底核（潜在記憶）と結びつけるインターフェイス（Lee, 2004: 68を参考に作成）

けました。それでてんかん症は治癒したのですが，新しい記憶が入らないという深刻な副作用に悩まされました。すなわち，次のような状況に遭遇したのです。

①切除手術以前の古い記憶は，まったく問題なく，健常者と変わりがない。
②新たに入手した情報を，ワーキングメモリ内の音韻ループで一時的に保持することは，普通にできるが，新たに知り得た情報を，長期記憶に転送することができない。

例えば，話をしているときは誰としゃべっているのかちゃんとわかっているのですが，会話の相手が，別室に行って15分ほどして戻ってくると，もう一切その人が誰か，会話をしていたということも記憶になく，まるではじめて会ったかのように応対してしまうのです。

記憶について，神経心理学的な脳機能障害研究では，そのインプット（記銘）から検索（想起）までの保持時間によって，即時記憶（immediate memory），近時記憶（recent memory），遠隔記憶（remote memory）という区分けをしています。即時記憶は短期的なワーキングメモリに相当しますが，長期記憶は，覚えたばかりでまだ固定されていない近時記憶と，既に安定した状態にある遠隔記憶に分類されています（門田，2014: 54）。HM さんの症例から，海馬は，近時記憶を遠隔記憶に固定する働きがあることが推察できます。事実，近年の fMRI 研究からも，この長期記憶の質的変化における海馬の役割について，さまざまな実証データが集められています（神原ほか，2011; Ward, 2010: 187–193, 門田，2014: 150–151）。

次に，大脳基底核は，大脳辺縁系の内部に位置し，これまで運動機能を担うと言われてきました（「第 2 章コラム③」p. 39）。広範囲の大脳皮質からの入力情報を受け取って，その出力情報を主に大脳前頭葉に送り返す役割を果たしていることが知られています。特に，刺激に対して自動的にどのような反応をするかといったことを記憶している箇所であるとされ，言語との関係では，自動化された処理を支える領域であると考えられます。この自動性との関連から大脳基底核は，無意識的な手続き記憶の活用に関わっていると言えます（Ullman, 2020; 門田，2015: 272–275）[14]。

武田・猪苗代・三宅（2012）は，手足が震える，筋肉がこわばる，動作が

遅くなる，歩きづらくなるなどの症状を伴う，50歳以降に発症することが多いパーキンソン病について，その原因が大脳基底核の黒質部の変性により，ドーパミンという神経伝達物質が減少した結果生じることから，大脳基底核は「意志を行動に変換する機能を果たしている」と述べています（武田・猪苗代・三宅，2012: 181-236）。要は，パーキンソン病患者は，運動を開始するのに困難を覚え，言語処理との関連では，発話を自発的に円滑に開始する際に障害が見られ，自動的な文や句の切り出しができなくなることが指摘されています。大脳基底核はこのように，言語を使う際の手続き記憶に関与していることが示唆されているのです（門田，2014: 157-158）。

では，顕在的な記憶（知識）形成の仲介役を果たす海馬と，潜在記憶としての手続き記憶の活用に関わる大脳基底核を結ぶ脳内インターフェイスは，実際にどのような形で存在するのでしょうか。Lee（2004）およびSchumann（2010, 1997）は，上記のインターフェイスに関連して，動機付けを実際の行動に変容させるしくみが大いに参考になると述べています。

他者から高い評価を受けるなどプラスの体験をしたときに，大脳基底核にある黒質部からドーパミンが分泌され，大脳辺縁系内の情動に関わる扁桃体（第3章コラム⑤ p.62）を活動させ，心地よい，楽しいといった情動が発露します。その状態を保有しつつ隣接する海馬内の顕在記憶に情報検索のためにアクセスすると，扁桃体からの心地よいとか楽しいといった評価結果をもとに，海馬と大脳基底核の間の情報伝達ルートが活動します。その後，大脳基底核内，とりわけ手続き記憶を媒体する尾状核や被殻との連携が強化され，それらの活動がキーポイントになって，最終的に，意識的な顕在記憶の手続き化が推進されるのではないかと考察しています（Schumann, 2010: 248-249）。ここでも，脳内で海馬と非常に近い位置にあり，密接な線維連絡がある扁桃体にもとづくプラス情動の働きかけが，海馬における顕在記憶の自動化，手続き化を促進し，大脳基底核の手続き記憶とのインターフェイスがつくられると考えられているのです。

他者から称賛されたり，高い評価を受けたりすることによって生じる扁桃体のプラス情動が強い動機付けになることが理解できるかと思いますが，こ

14）　第二言語処理との関連では，本章後半のSuzuki and Jeong（2020）を参照。

のような動機付けを維持しつつプラクティス（反復練習）を積んでいくことで，潜在記憶形成が知らず知らずのうちになし遂げられていくのです。このように情動が脳の各部位に与える影響は非常に大きく，その結果さまざまな領域が互いに作用しあい，複合的に処理を行っている様子が分かります（北原，2020: 187）。

　以上の考察は第二言語習得も，ダンス・ピアノなど他の技能習得や学習と同様に，最初は意識的に覚えて，その後繰り返し練習を積むことで，意識しなくてもいつの間にかできるようになる，そんな脳内のしくみがあることを示唆しています。

　ただ，第二言語のプラクティスを経ても，そのまま顕在的な記憶（知識）が直接，潜在的記憶（知識）に変貌するとは考えにくいと考える研究者もいます。例えば，DeKeyser は，その著書の中で，プラクティスの重要性を主張すると同時に，顕在的知識と潜在的知識とは別に，両者の間に「自動化された顕在知識（automotized explicit knowledge）」を仮定しています（DeKeyser，2007: 288）。彼の主張では，第二言語学習者にとって，直接目指すべきは潜在性ではなく顕在知識の自動性を達成することであるというのです。このように，第二言語習得研究の積年のテーマであった，顕在知識（記憶）と潜在知識（記憶）間のインターフェイスの有無に関して，自動化された顕在知識の存在を仮定することで，比較的に楽に達成できる目標を設定できるのではないかと考えられます。知識の顕在性と潜在性は，意識にのぼるものはのぼる，のぼらないものはのぼらないという，二項対立的な性質を持っています。これに対し，自動性の概念は，非自動的から自動的までの間に注意資源（認知的負荷）をどれだけかけるかという程度，すなわち「段階性」が想定できる問題ではないかと考えられるのです。

　このように第二言語の熟達化については，①次節 5.2 で解説する潜在的な学習を積むとともに，②意識的な顕在的知識を得て，それをもとに可能な限り自動化し，さらに手続き化（潜在化）を目指すプラクティス（反復プライミング）を繰り返すという，2 つの側面からアプローチすることの重要性が指摘できるのです。

5.2. インタラクティブ・コミュニケーションを支える心理言語学的能力

　序章 2 では，私たちが普段実行しているインタラクティブ・コミュニケーションにおいて，「理解・概念化・発話」という 3 重処理をこなす「同時性：simultaneity」を獲得することの重要性について，解説しました。そして，この 3 重処理に対応するためのポイントは，①理解，③発話の遂行に必要な認知的負荷を可能な限り軽減させて「自動性：automaticity」を担保し，その上で②の概念化にもっぱら注意を向けることができるようになることだと指摘しました。

　では，このような「多重処理がこなせる自動的な言語運用能力」を獲得するには，どうすればよいのでしょうか。そのために筆者は，言語コミュニケーション能力を構成する極めて重要な要因として「心理言語学的能力（psycholinguistic competence）」を身に付けることを提案しています（門田，2018: 18 ほか）。

　第二言語におけるコミュニケーション能力（communicative competence）の獲得には，これまで次の 4 つの能力が必要だと考えられてきました（Canale and Swain, 1980 など）。

①**文法能力**（grammatical competence）：文法知識にもとづいて，正しく文を理解し，正しく文を産出する能力。
②**社会言語学的能力**（sociolinguistic competence）：状況や文脈に合致したことばを使用する能力。
③**談話能力**（discourse competence）：一貫した文章（テキスト）を生み出すために，指示詞（代名詞），言い換え，省略などを駆使できる能力。
④**方略的能力**（strategic competence）：例えば，適切な単語が思い出せないときに，それに何とか対処するために，言い換え，繰り返しなどのストラテジー（方略）を使ってその場を切り抜ける能力。

　門田（2009）は，以上の①〜④に加えて，次の⑤を，コミュニケーション能力として含めることが必要だと強調しました。

⑤**心理言語学的能力** (psycholinguistic competence)：コミュニケーションに支障をきたさないための認知的な流暢性を伴った処理能力。

　この「流暢性」については，一定の時間内（最大限 1 秒以内，通常は 400 〜 500 ミリ秒程度）に素早く，しかも安定して反応する，自動化した処理を行う能力だと規定しています。

　この心理言語学的能力は，Segalowitz（2010）による「認知的 流 暢 性 (cognitive fluency)」をもとに考案したもので，語彙・文法などの顕在的な知識（顕在記憶）が，どの程度自動化しているかの程度を示す指標であると言えます。本章の議論に即して言うと，言語コミュニケーションに含まれる同時性を支える言語運用能力の自動化の度合いであると規定することができます。

　この心理言語学的能力は，英語の語彙や文法の知識が豊富で，読解力や作文力をある程度身に付けた人でも，なかなか達成できていない能力であると言えます。

5.3.　インプットとアウトプットをつなぐプラクティス

　では，上記のような心理言語学的能力はいかにしたら獲得できるのでしょうか。

　門田（2018, 2020）および Kadota（2019）は，第二言語習得を成功に導く 4 つのポイントとして，「インプット処理（I：input processing）」「プラクティス（P：practice）」「アウトプット産出（O：output production）」「メタ認知的モニタリング（M：metacognitive monitoring）」を提案しています。すなわち，次の 4 つです。

① Krashen（1985）が提唱した「インプット理論（input theory）」が示すように，学習者の学力レベルよりも若干上回る i+1 のレベルのインプット処理（特にリスニング）が外国語習得の必要条件である。

②しかし，Swain（1995）の「アウトプット理論（output theory）」が明らかにしているように，インプットの理解だけでは第二言語習得の十分条件ではなく（聞いて理解できても正確に話せない），話す・書くなどのアウトプッ

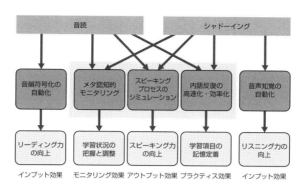

図3　音読・シャドーイングの学習効果：まとめ（門田，2020：22をもとに作図）

ト活動が不可欠である。

③さらに①②をつなぐ，流暢性の向上を目指したプラクティス（反復練習）による自動化，手続き化がその前提であり，特に日本人学習者のように，学習ターゲットである英語と母語の日本語の言語間距離が大きい場合に必須である。

④自身の学習状況を観察して調整するメタ認知的活動（モニタリングなど）による学習プロセスの自己制御が重要である。

そして，これらの I.P.O.M. を促進するトレーニングとして，音読とシャドーイングのトレーニング効果について理論的・実証的研究の成果を報告しています。上の図 3 に，両タスクの学習効果の全体像を，門田（2020）より，引用しておきます。

「インプット効果」としては，音読はリーディング（読解）力を，シャドーイングはリスニング（聴解）力を鍛えるというように効果の対象は異なりますが，他の「プラクティス効果」「アウトプット効果」「モニタリング効果については，同様に効果があると考えられています。

これらの中で「プラクティス効果」については，図 3 に記載の通り，音韻ループ内での「内語反復（サブボーカルリハーサル）」（第 1 章 p. 18）を高速化・効率化することによる学習内容の記憶・定着の促進効果を指しています。これは，音読・シャドーイングが，内語反復という音声反復能力を鍛えることから，学習項目を意識的・顕在的に，また無意識的・潜在的に長期記憶に転

送できるようにする効果です。

　このように言語インプットの内語反復を繰り返し実行することは，同時に，覚えたばかりの語彙・構文などの顕在知識（記憶）を自動化したり，手続き化して潜在記憶に変換したりする「インターフェイス」を活性化することにつながります。そうです，長期記憶中の情報を，繰り返し検索して取り出して利用する「反復（直接）プライミング」の効果を持つことになるのです。こうして，第二言語処理の認知負荷を徐々に軽減することができるようになり，認知的流暢性を備えた「心理言語学能力」の獲得が可能になります（門田，2018: 188-189）。

　「インプット処理（I）」と「アウトプット産出（O）」をつなぐプラクティスとして，シャドーイング・音読が，さらには大量のインプット処理を保証する多読・多聴（序章2 p. 8）がなぜ効果的であるかについては，それらが，文法・構文などの「言語形式と意味・機能とのマッピング」（第3章 p. 56）を伴うトレーニングだからではないかと考えられます。そして，Kadota（2019: 160-170）は，後者の多読・多聴によるプラクティスを「インプット駆動型プラクティス（input-driven practice）」，前者のシャドーイング・音読プラクティスを，「アウトプット駆動型プラクティス（output-driven practice）」と名付け，区別しています。すなわち，英語など第二言語習得において，インプット処理との関連で，形式と意味・機能のマッピングを繰り返し行う多読・多読によるインプット駆動型プラクティスと，アウトプット産出との関連で，スピーキングにつながる形式と意味・機能のマッピングを何度も実行するアウトプット駆動型プラクティスの両方があるというモデルを提案しているのです。

　主として，Graded Readers（GR）や Leveled Readers（LR）を活用した多読学習法について，日本多読学会は，次のような学習法を規定しています。

> ①辞書をできるだけ引かずに，
> ②もとの英文を日本語に訳すことなく，
> ③理解度100%にこだわらず，理解度80-90%で，
> ④大量に，長時間にわたって，英語の本を読む。

図4　日本多読学会が提唱する多読学習法（日本多読学会，2020: 1）

　多読が標榜するこれらの学習法は，大量のインプット（読書）にもとづく

形で進む母語獲得の方法を，ほぼそのまま第二言語に具体化しようとした方法だと言えるでしょう。言い換えると，多読による第二言語学習は，母語獲得と同様の潜在学習プロセスを，そのまままもちこんだものであると考えることができます。

　多読による言語学習は，それを通じて，特定の単語や構文に幾度も出会い，それらを何度も何度も繰り返し処理するチャンス（機会）を学習者に与えてくれるものです。大量のインプット処理（input processing）を保証することで，さまざまな異なる文脈の中で，同じ単語や構文を，繰り返し遭遇・処理するというマッピングの機会を数多く与えられることがその効果の源泉になっていると考えられます。同様の学習のしくみは，多聴にも当てはまります。

　以上やや詳しくお話ししましたように，音読・シャドーイングは，言語産出（スピーキング）のための，多読・多聴は言語の意味理解のための，形式と意味・機能のマッピングを，それぞれ実際のテキスト文脈の中で数多く経験するプラクティスです。

　これら 2 種類のプラクティスはまた，学習者個人内で完結するトレーニングから，他者とのインタラクションが含まれるように工夫することで，第 3 章 p. 58 で解説した，人の「社会認知システム」にもとづく「用法基盤モデル」を，実際の言語使用に依拠した形で実践することにつながります。今後，人の社会脳ネットワークにもとづく学習法に，これらのプラクティスをいかにして変貌させるか，そのための方法論を蓄積していくことが必須でしょう。本書第 3 部実践編ではこういったノウハウのいくつかを検討したいと思います。

5.4. 第二言語運用の同時性の神経基盤

　社会脳インタラクション能力を身に付ける前提条件となるのが，認知的な言語運用の同時性と自動性の獲得です。本節および次節では，これら同時性と自動性を支える神経（脳内）基盤についての研究成果を報告したいと思います。近年の第二言語習得研究は，このような方面にも研究が進展しつつあります。

　まずは，第二言語運用の同時性，すなわち同時に多重の処理を実行するプ

ロセスの最たるものに同時通訳（simultaneous interpretation）があります。この同時通訳においては「理解・概念化・発話」の同時処理過程を，通訳元と通訳先言語の切り替えをしながら実行するという離れ業が求められます。

　また，第二言語習得のポイントである I.P.O.M. を促進するトレーニングとしてのシャドーイングにおいても，2 言語間を切り替えて往復する作業はないものの「音声知覚」「文法意味処理」「発音（発声）」「聴覚フィードバック」の多重同時処理に専念することになります（門田，2020）。

　以上の同時通訳とシャドーイングを実行している時の脳内処理プロセスを研究したものに，Hervais-Adelman ほか（2015）があります。この実験参加者は，英語またはフランス語を流暢に話す 50 人で，多言語を日常的に使っている人たちでした。彼らに対して，fMRI 内で脳内活動の計測をしつつ，英仏 2 言語の，①同時通訳，②シャドーイング，③リスニングのタスクを課しました。素材は，

　　　The cargo ship has been found several weeks after disappearing
　　at sea.（貨物船は海で姿を消してから数週間後に発見された）

などの 156 文を用いて，上記 3 つのいずれかのタスクを実行して貰いました。実験後の録音を確認すると，①②のタスクを正しく実施した割合（%）は，90 〜 95 ％で，非常に高い精度でタスクが実行されたことが分かります。

　実験終了後，次の 2 つの結果が得られました。

結果 1）：3 タスクの実行時の大脳全体の活動

　詳細な活動領域の報告は省きますが，全体的に③リスニング時と比較して，①同時通訳，②シャドーイング時の方が，両側側頭葉から，下前頭回，下頭頂葉，運動領域，大脳皮質下，さらには大脳基底核という多岐にわたる領域において，大きな活動が見られました。これに対して，②シャドーイングよりも①同時通訳の方がより強い活動を呈したのは，一部の領域に限られていました。①同時通訳も②シャドーイングも，③リスニングに比べると，大脳全体を広範囲に活性化させる課題であることが明らかになったのです。

結果2）：①②実行時の大脳基底核の活動

　　大脳基底核の活動は，結果 1）においても示されていましたが，この結果 2）では，基底核内の活動を同時通訳とシャドーイングに絞って検討しました。図 5 では，同時通訳のみで活動した領域（グレー）と同時通訳とシャドーイング

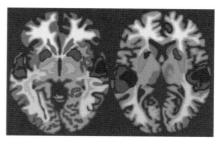

図5　同時通訳，シャドーイング時に活動した大脳基底核領域：（Hervais-Adelmanほか，2015: 4734および門田，2022: 88をもとに作成）

グの両方で活動した領域（黒）を表示しています。

　　分析の結果，同時通訳実行時の方がシャドーイング実行時よりもやや広範囲の活動があることが確認されました。この結果は，同時通訳では 2 つの言語を常に意識しながら区別・選択する必要があるのに対して，シャドーイングでは 1 つの言語内のみで処理が完結することに起因していると考えられます。

　　本章 5.1 で解説しましたが，大脳基底核は，しばしば無意識的な手続き記憶の活用に関わっていると言われます（Ullman, 2020; 門田, 2015: 272-275）。そして中でも，尾状核・被殻から成る線条体は，広範囲の大脳皮質からの情報を受け取って，その出力を主に前頭葉に送り返すという，認知的な行動をコントロールするセンターの役割を果たしています（第 2 章コラム③ p. 39）。

　　以上のように，大脳の奥深くに位置する大脳基底核，その中でも尾状核と被殻から成る線条体は，言語も含め学習，記憶，注意や実行機能などさまざまな多重処理に関わる認知機能を支えている領域です。例えば，バイリンガルなど多重言語使用に関わる神経基盤を担っている領域でもあります。事実，多言語使用話者が，線条体に損傷を受けると，無自覚のうちに言語の混用や切り替えをおこしてしまうという報告もあります

図6　シャドーイングにおける同時処理プロセス（門田，2020: 27をもとに作成）

(Segalozitz, 2010: 136-146；門田，2012: 310-315)。

このように上記の研究成果は，シャドーイングには，同時通訳よりはやや劣るものの，それに匹敵するほどの同時性の実行が含まれていることを明らかにしている点で特筆すべきものです。門田（2020）が理論的に考察した前ページの図 6 のような，シャドーイングにおける「音声知覚」「文法・意味処理」「発音（発声）」「聴覚フィードバック」という 4 重の同時処理タスクが培う学習効果が，脳内処理の観点から明らかにされていると言えます。

5.5. 第二言語運用の自動性の神経基盤

これまでお話しした同時性，すなわち同時多重処理の前提となるのは，言語運用プロセスの諸段階，上記シャドーイングで言えば，音声知覚から聴覚フィードバックの各々の処理プロセスの自動化になります。この自動化の脳内基盤の一端を，第二言語の文処理において検討した研究成果（Suzuki and Jeong, 2020）をご紹介しましょう。

● ワード・モニタリングテスト

母語話者にとっては，文の統語処理，そしてその結果として統語表象を形成することは，ほぼ自動的で，手続き化（潜在化）が完了した操作です。しかし外国語は，顕在的知識をもとにした意識的な制限処理の対象で，自動化を推し進めることは容易ではありません。この文法処理の手続き化の程度を測

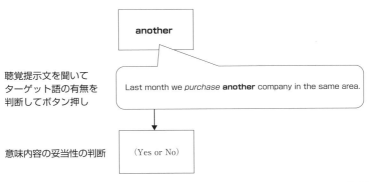

図7　ワード・モニタリングのテスト例：英語（Suzukiほか，2022：13のイメージをもとに作成）

定するテストに，Granena（2020）が提唱する「ワード・モニタリング
（word monitoring）」テストがあります。

　このテストは，主として，文法，特に単語の形態統語的な逸脱に対して，
実験参加者がどれだけ無意識のうちに反応できるかを測定しようとするもの
です。すなわち，意味理解をしながら比較的高速の文を聞いて，予め指定さ
れた特定の語（ターゲット語）の出現に気づいたらできるだけ速くボタン押し
をするというテストです。例えば，'another' がターゲット語であるとき，
"Last month we *purchase / purchased **another** company in the same
area." の purchase のように非文法的項目の後に出てきたときは，pur-
chased のような文法的項目の後に比べて，無意識のうちにボタン押しが遅
れます。この遅れが実際に存在するか，またどの程度遅れるかをミリ秒単位
で測定することで，文法知識の手続き的な運用能力を評価するのです[15]。

　また，ワード・モニタリングテストとは別に，Ellis ほか（2009）が開発し
た潜在的文法知識の運用テストとして「誘発オーラル・イミテーション
（Elicited Oral Imitation）」も盛んに活用されています。このテストは，第二言
語学習者の注意が主に文の意味内容に向いている状態で，意識していない潜
在的な文法知識を活用できるかという観点から考案された音声提示文の復唱
テストです（Ellis, 2005; Ellis ほか，2009: 38; Kadota ほか，2020 参照）。受験者は与
えられた文を聞いてその意味について理解した内容にもとづき，自分自身が
賛成か反対か素早く判断して Yes-No いずれかのボタンを押します。そして，
その後すぐに先に聞いた英文を復唱します。このとき，提示された音声イン
プット文には，文法的に正しい文と誤った文の両方がありますが，特に指示
されなくても，誤った文を無意識のうちに，正しく修正して繰り返せるかど
うかがテストされます。

　Suzuki and Jeong（2020）および Suzuki ほか（2022）は，上記のワー
ド・モニタリングテストと，オーラル・イミテーションテストを受けた時の
学習者の脳内処理を比較するという fMRI 実験の結果を報告しています。参
加者は，第二言語として日本語を学ぶ中国人の上級学習者 25 人でした。実

15）　この非文法的・文法的項目の後のターゲット語のモニタリング時の反応時間差（Grammatical Sensitivity In-
dex: GSIと呼ばれる）は，母語話者の場合，101ミリ秒位であるが，非母語話者の場合は非文法性に気づかないことも
多く，この時間差がはるかに小さい（16ミリ秒位）ことが報告されている（Suzuki and Dekeyser, 2015: 880）。

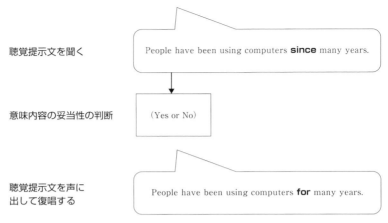

聴覚提示文を聞く　　　People have been using computers **since** many years.

意味内容の妥当性の判断　（Yes or No）

聴覚提示文を声に
出して復唱する　　　People have been using computers **for** many years.

図8　オーラル・イミテーションのテスト例：英語（Suzukiほか，2022：13のイメージをもとに作図）

験仮説としては，ワード・モニタリングテストの場合は，ブローカ領域に当たる左下前頭回や言語処理の手続き化・同時処理に関係する大脳基底核の活性化を，またオーラル・イミテーションテストの場合は，言語知識顕在的知識の固定化に重要な役割を果たす海馬や，側頭葉言語野の活性化を，それぞれ想定しました。実際に得られた主な結果は，実験参加者の活動脳領域については，ワード・モニタリングテストでは，左尾状核（left caudate）などの大脳基底核の活動が非文法的な文の処理で最も強くなったのに対し，オーラル・イミテーションテストでは，左右の海馬の活動が非文法的文の処理で増幅されることが分かったというものでした。

　以上の結果は，第二言語コミュニケーションにおいて活用できる手続き的な文法知識の活用は大脳基底核が関与する自動化されたプロセスで，オーラル・イミテーションでの文法的処理は，手続き的な知識ではなく海馬における顕在的な文法知識にもとづいて行われることを示唆しています。

5.6.　社会脳インタラクションにもとづく第二言語習得

　本章ではここまで，社会脳インタラクション能力を身に付ける前提条件である，第二言語運用の認知的言語運用の同時性，自動性とその神経基盤について概観しました。これを受けて，第 2 章～第 4 章を通じて検討してきた，

他者とのインタラクティブ・コミュニケーションを可能にする社会脳ネットワークは，どのように第二言語習得に関係するのでしょうか。言い換えれば，これまで一人一人の学習者内で完結すると考えられてきた第二言語学習を，他者とのインタラクションをもとにした「社会認知システム」を活用した方法に転換することで，どのような効果が見込めるのでしょうか。ここでは，第二言語習得を社会脳インタラクションにもとづいて実施するアプローチがどのようなものになるか考察し，その上で実際に韓国語の語彙学習における効果について最新の研究成果を紹介したいと思います。

● 社会認知システムと第二言語習得

　私たちのインタラクションの原型は，幼児の前の新生児の段階で，既に解説した「新生児模倣」（第 4 章 p. 75）にみられる養育者（大人）との双方向的なコミュニケーションに端を発していると言われます。このようなインタラクションは，その後幼児と大人が交互に行う相互行為へと発達していきます。例えば，赤ちゃんへの授乳や哺乳の際に，赤ちゃんによるサッキング[16]（sucking）と母親によるジグリング[17]（jiggling）は交互に生じるという報告があります（Ward, 2012）。

　ジグリングとサッキングは，それぞれ他者への働きかけとして相互に交替ターンの交換を行っていることが明らかになってきました（正高，1993）。そしてこのターン交換という 2 項関係にもとづくインタラクション（第 3 章 3.1 p. 53）は，人以外の霊長類から，人が受け継いできたしくみであると言えます。同時に私たちがコミュニケーションにおける相互作用性や相互交流の基本原理を獲得し，他者とのことばによるインタラクティブ・コミュニケーションを発達させる源泉になるものだと考えられます。

　以上のようなインタラクションは，共同注意フレームにもとづく 3 項関係の確立とともに「社会認知システム」を構成し，これがことば（母語）習得の前提になることは，既に解説しました（第 3 章 3.1 p. 53）。そしてこのシステムは，何も母語習得に働くだけでなく，私たち日本人が英語を学習する場合など大人の第二言語（外国語）の習得にも重要な仕掛けになることは想像

16）　乳児による吸引行動。
17）　乳児の身体，あるいは哺乳ビンを軽く揺する行動。

に難くありません。

　一般に，第二言語習得の公理とでも言うべきいくつかの基礎事実が，多く
の研究者によって共有されています（VanPatten and Williams, 2015: 9）。中でも
特に重要なものとして，次の 2 点があります。

（1）言語インプットに接することが第二言語習得の必要条件である。
（2）第二言語習得は，その多くが教師による指導によらず，無意識の
　　　うちに偶発的，潜在的に生じる。

　（1）は，言語インプットの理解が，第二言語習得の必要条件で，大量の
インプットに接することが，意味と言語形式のマッピングに不可欠だという
考え方です。ただ，母語習得では大量の言語インプットがあればそれだけで
ほぼ達成可能だと言われますが，第二言語習得の場合には必要条件であって
も，それだけでは第二言語習得の十分条件ではありません。

　（2）は，本章 5.1 で議論しました，無意識のうちに学習項目が記憶され
る潜在学習が，第二言語習得の多くの部分を占めているという考え方です。

　これら（1）（2）はともに「社会認知システム」にもとづいた用法基盤ア
プローチの第二言語版とも言える「連合・認知（Associative-Cognitive）モデ
ル」の中心的な考え方になるものです。

　そのうえで，このモデルでは，次のような学習コンセプトを提案していま
す（Ellis, N., 2007）。

①**構文ベースの学習**：言語学習で多くを占めるのは文法の習得よりは，さ
　まざまな意味内容を表現するための言語形式（構文）の習得であるとい
　う言語観を表しています。ただし，ここで「構文」という用語は，
　Nick made Stela a sandwich. のような S-V-O-O といった統語構造か
　ら，playing, going, dancing などにおける -ing 形のような形態素ま
　で含む，広い概念で使っています。

②**連合学習が基本**：第 3 章 3.1（p. 56）で検討した言語形式と意味のマッ
　ピングをする連合学習が言語習得のポイントだという考え方です。そし
　て，1 対 1 の対応で済ませられる単純なもの（/sanwItf/）という言語形式

と「パンに肉片やチーズなどを挟んだ食べ物」という意味内容とのマッピングもあれば，形式と意味が 1 対多数のマッピング関係，すなわち分詞・動名詞の両方の機能を持つ -ing 形態素や a (an, the) といった冠詞のように，前後の文脈によりさまざまな意味・機能を持つ，習得困難なマッピングもあります。

③**事例にもとづく学習**：意識的に文法ルールの学習をしなくても，いつの間にか記憶・内在化している潜在学習に準拠した学習法です。すなわち，インプットとしての言語事例が，どれだけ頻繁に出現するか，またどのような語句と一緒に共起するかといった，統計的分析にもとづくパターン発見を，学習者が行うと考えています（第 3 章 p. 55）。

　この第二言語の学習モデルでは，母語習得同様，最終的に目指すのは，文法規則体系の習得ではなく，組織的に蓄えられた，ことばの「構文目録」（第 3 章 p. 58）の獲得であると考えています。要するに，ひとつひとつの意味内容をどのような言語形式で表現したらよいかを，実際の言語使用にもとづいて，脳内に無意識的，潜在的に蓄積して形成した上記目録をもとに実際の文理解や文産出を行う能力を獲得することになります。

　かつて一世を風靡し，極めて有力な言語理論として脚光を浴びた，チョムスキー（Chomsky）の生成文法理論では，言語を使う能力は，私たちの生得的な本能にもとづいていると仮定しました。この理論では，言語習得においては，現実に使用されるすべての文を聞いて覚えるわけではなく，非常に限られた発話にしか接しないのに，どうしてすべての子どもが同一の言語能力を獲得できるのかがうまく説明できないと主張しました。そして，あらゆる言語に共通した普遍文法（UG: universal grammar）を持つ言語獲得装置（LAD: language acquisition device）が，人に遺伝的に備わっていると考えました。こうして，言語は人の本能として脳の中に存在するという「言語本能（language instinct）」説が提唱されたのです（Pinker, 1994）。

　これに対し「社会認知システム」にもとづく用法基盤モデルでは，私たち人間に備わっているのは言語本能ではなく「相互交流本能（interactional instinct）」であり，言語は普遍文法をもとに発達するのではなく，社会的・文化的に獲得されるものとして，人と人とのインタラクションの中で出現（創

発）するという考え方をしています。そしてこの考え方は，言語習得におけ
る生得性を一切否定する Elman ほか（1996）によるコネクショニストの学
習観とも共通項があると言えるでしょう（門田ほか，2003：311-312）。近年盛ん
に取り沙汰されている，ディープラーニング（deep learning）にもとづく AI
（人工知能：Artificial Intelligence）技術とも近いものです。そして，この習得モデ
ルこそが，本書の中心的テーマである社会脳ネットワークにもとづくインタ
ラクションにもとづく言語学習であると考えられます。

5.7. 外国語の語彙学習：翻訳にもとづく方法 vs. 社会脳インタラクションによる方法

　前節 5.6 では，第二言語習得との関連で，社会認知システムにもとづく考
え方（モデル）について検討しました。また，ミラーシステム（第 4 章 p. 65）は，
私たちの社会脳ネットワークのコアとなる神経基盤で，他者行為の再現（シ
ミュレーション）をもとにした情動的共感を伴う社会脳インタラクションです。
　では実際に，第二言語学習において，ミラーシステムを含む社会脳ネット
ワークの活用の効果が認められるのでしょうか。この点について，行動デー
タと脳内処理データの両面から，社会脳インタラクションの学習効果に関す
る研究成果が報告されるようになっています。ここでは，第二言語としての
韓国語の語彙学習で，対面による直接的なインタラクションではありません
が，ビデオの中でインタラクション場面とともに学習語彙の提示をすること
の有効性を示した，Jeong（鄭）氏による研究成果を紹介します。
　まず，鄭（2013），鄭・川島（2013）は，日本語母語話者 44 人に，未知の
言語である韓国語の語彙を，（a）テキストから母語への翻訳を介して覚え
る方法と，（b）その語が使用されているコミュニケーション場面から学習
する方法の 2 通りで，実行してもらいました。学習後のテスト結果（行動デー
タ）と，学習時の fMRI データの分析から，主に次のような結果が得られま
した。

　①翻訳を介して学習した単語は，翻訳を求めるテストではよい成績であっ

たが，現実のコミュニケーション場面では，うまく思い出して使えない。

②場面とともに覚えた単語は，実際のコミュニケーションでも，翻訳を課したテストでも，同じように思い出すことができる。

③翻訳を介して覚えた単語の意味を思い出すときは，情報の保持・処理を担うワーキングメモリ関連脳領域が活動するのに対し，コミュニケーション場面で覚えた語の場合は，右側縁上回（BA40：p. 83 第 4 章コラム⑦）など頭頂葉領域の活動が認められる。

さらに脳科学の観点から検討した研究成果が，Jeong ほか（2021）です。実験参加者は，韓国語学習歴のない 36 人の日本人学習者で，彼らに韓国語の 24 の未知語の学習を次の 2 つの方法で実施して貰いました。

（a）社会的学習条件《SL2》：現実のコミュニケーションで，未知語が使われている場面をビデオで視聴して覚える

（b）翻訳学習条件《TL2》：未知語音声録音を，日本語訳を見ながら聴いて覚える

実験の手順としては，fMRI 計測を 2 回にわたって実施し，2 回の計測の間に fMRI の外で，fMRI 内で行ったのと同様の韓国語の語彙学習を同じ 2 条件で 12 回，PC を使って 4 時間かけて繰り返し学習しました。これが第 1 日目で，次の日には，覚えた単語の意味を，ビデオを見ながら想起した社会的テストと訳語をもとに想起した翻訳テストを，fMRI 外で実施しました。

2 日目の想起テストの行動実験結果を韓国語について，次の表 1 にまとめています。

表1　韓国語の社会的学習と翻訳学習をもとにした学習成果（想起テスト結果）：（Jeong ほか, 2021 : 5）

	テストの種類	社会的学習条件《SL2》	翻訳学習条件《TL2》
正答率（%）	社会的テスト	90.44	82.92
	翻訳テスト	93.80	94.03
反応時間（秒）	社会的テスト	3.29	3.70
	翻訳テスト	1.21	1.17

結果は，次の通りでした。

① SL2（社会的条件）で学習した韓国語の単語は，TL2（翻訳条件）で学習した場合と比べて，翻訳テストを課してもほぼ同様の想起率を示し（93.80% vs. 94.03%），さらに現実の場面を視聴しつつ思い出す社会的テストでは，大きく翻訳学習条件を上回っている（90.44% vs. 82.92%）。

② また，想起までの反応時間も，SL2 の方が，TL2 よりもさらに速い傾向がみられる（3.29 秒 vs. 3.70 秒）。

　これらの結果から，未知語が使われている場面をビデオで視聴して覚える社会的学習が，従来型の翻訳にもとづく学習よりも，新たに設定された現実のコミュニケーション場面で使える語彙力の習得に，優れた効果を持つことが分かります。

　次の図9は，2 回計測した fMRI データにもとづいて，SL2（社会的条件）が TL2（翻訳条件）よりも，脳内活動が有意に大きかった（SL2 > TL2）脳領域を，右・左半球別に示したものです。

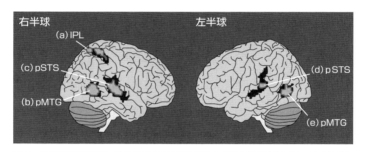

図9　単語の学習時に，社会的条件が翻訳条件より脳内活動が大きかった（SL2 > TL2）脳領域（Jeong ほか，2021：7 をもとに作図）

すなわち，次の（a）〜（e）の領域でした。

右半球：
　（a）IPL：下頭頂小葉（inferior parietal lobule）：ミラーシステムを支える脳領域の 1 つ（第 4 章コラム⑥ p. 67）
　（b）pMTG：中側頭回（middle temporal gyrus）後部：初対面でも視線を共有するだけで互いに脳活動同期が生じる領域（第 3 章 3.2 p. 59）
　（c）pSTS：上側頭溝（posterior superior temporal sulcus）後部：顔の表情の認識に関わる領域（第 2 章 p. 47 および「コラム④」p. 48）

左半球：

　（d）pSTS：上記（c）の左半球相当領域

　（e）pMTG：上記（b）の左半球相当領域

　以上は，行動データおよび脳内処理データの両方の観点から，社会的学習条件，言い換えれば社会脳インタラクションにもとづく学習が，従来型の日本語訳ベースの学習よりも，第二言語の語彙習得に優れた効果を持つことが明らかにされた重要な研究成果です。中でも，社会脳ネットワークにもとづく学習では，インタラクション場面をビデオ視聴するだけでも，顔表情を認知したり視線共有したりする脳領域や，ミラーシステムに関わる脳領域が活動することが明らかになりました。社会脳インタラクションによるこのような学習効果は，第二言語の語彙習得だけに留まるものではなく，今後の研究がさらに必要ではありますが，第二言語習得の多岐にわたる側面で観察できるのではないかと予想できます。

まとめ

（1）本章ではまず，言語運用の「同時性」とその前提となる「自動性」の獲得について扱った。その上で，第二言語運用の同時性と自動性の神経基盤について最新の研究成果を報告し，認知脳ネットワークによる認知的 流 暢 性の概念，言い換えれば，語彙・構文などの顕在的知識がどの程度自動化，手続き化（潜在記憶化）しているかという「心理言語学的能力」の獲得が，社会脳インタラクションの能力を身に付ける前提条件になることを指摘した。

（2）社会脳ネットワークを活用した学習にシフトすることの有効性を示す，韓国語の語彙学習に関する脳科学の研究成果について報告した。

第
章

6

社会脳インタラクションを促進するシャドーイング

本章の概要

前章 5.3 で導入したアウトプット駆動型のプラクティスであるシャドーイングを，自己完結型から対話型の社会脳シャドーイングに変えて実行することは，第二言語の用法基盤モデルに準拠した学習プロセスを実現し，具体化するすぐれた方法です。認知脳シャドーイングを，社会脳インタラクション能力獲得のためのシャドーイングに変容する方法として，顔動画シャドーイング，およびインタラクティブ・シャドーイングを提案し，それらの理論的背景について考察します。

▶ **キーワード**　認知脳シャドーイング，社会脳シャドーイング，ダイアローグ文法，インタラクション仮説，神経同期

　前章でご紹介した Jeong ほか（2021）は，社会脳インタラクションにもとづく場面をビデオ視聴した学習法が，和訳ベースの学習よりも，第二言語の語彙習得に有効であることを明らかにしています。

　では，第二言語習得を成功に導く 4 つのポイントである I.P.O.M.（第 5 章 5.3 p. 94）を促進するアウトプット駆動型プラクティスとしてのシャドーイングを通じて，このような社会脳インタラクション能力の習得を促進するには，どうすればよいでしょうか。

　これまで音声シャドーイングは，ワーキングメモリを中心とする認知的システム（認知脳ネットワーク）を鍛える，自己完結型のプラクティスであると捉えられてきました。それに対して，次の図 1 のように社会脳ネットワーク

認知脳シャドーイング：自己完結型の個別学習
↓
社会脳シャドーイング：他者との相互交流学習

図1　認知脳シャドーイングから社会脳シャドーイングへ

をベースに，他者とのインタラクティブ・コミュニケーション能力を伸ばすシャドーイング学習法にシフトするにはどうすればよいかという問題です。

　本章では，次の2つの方法を提案します。

①話し手の発話音声を，その人の顔動画を見ながら行うシャドーイング
②他者との発話のやり取りを含む対話型のインタラクティブ・シャドーイング

6.1. 社会脳シャドーイング①：話者の顔動画を見ながらの音声シャドーイング

　コミュニケーションをしている相手の顔，とりわけその視線や表情など顔の動き（動的表情）は，上側頭溝や扁桃体，内側前頭前野，右下前頭回など私たちの社会脳ネットワークで活発に処理されます（第2章コラム④ p. 48）。言語によるメッセージ交換が生じる前に，顔の動的表情などの処理を含むノンバーバルコミュニケーションが，既にはじまっていることが実は多いのです。これは読者の皆さんも体験から頷かれるのではないでしょうか。

　これまで，顔の動的表情など，ノンバーバル情報の理解については，異文化コミュニケーション研究などの分野で，研究されてきました。従って，このような動的表情の処理が，外国語コミュニケーション能力の発達にどのように寄与しているかについての研究成果は，ほとんど皆無です。

　Kadota（2019）や門田（2018, 2020）は，第二言語のリスニング力をのばすシャドーイングのインプット効果について，学習者の発音能力を高めることで，聴覚インプットの知覚能力が向上することを明らかにしています。この前提には，発話音声は，聞き手がリスニング時に実際に頭の中で発音（調音運動）することにより知覚しているという「音声知覚の運動理論」があります（Liberman and Mattingly, 1989 など）。もともと1960年代に打ち立てられた学説ですが，近年では2004年になって，音声の知覚の際に，脳内のBA4（運動野）およびBA6（運動前野）（第4章コラム⑦ p. 82）の活動という聞き手の調音運動に関する脳内処理が報告され，明確に立証されることになりました（Wilson ほか，2004）。さらに，音声知覚には，インプット音声を分析して，ど

のような発音が含まれているか分析する脳内の音響処理を担う腹側ルートとともに，実際に脳内で行う調音運動の準備をする背側系の運動ルートが関係しているというモデルによっても支持されています（Ward, 2010: 228; 門田, 2014: 69）。

　このような音声知覚のしくみには，私たちのミラーシステムによるシミュレーションが関係していると考えられます（第4章4.1 p.65 および第4章コラム⑥ p.67）。そうすると，シャドーイングによるインプット音声の復唱は，この音声を模倣・再現する活動であり，その結果として，リスニング能力が向上するのです。シャドーイングができることはいわば，脳内におけるミラーリングができること（shadowability = mirrorability）であると言っても過言ではないでしょう。

　また Arbib（2012: 88）は，ミラーシステムの中心領域である運動前野（BA6）が，下前頭回ブローカ野（BA44，BA45）と隣接している（第4章コラム⑦ p.82）ことから，狩猟などにおけるインタラクションの必要から，人がことばを誕生させる源になっているという仮説（第4章4.7 p.78）を提出しています。そうすると，ミラーシステムの活用を促すシャドーイングの学習タスクは，実はブローカの言語中枢を活性化させ，第二言語習得を育む原動力になると考えることもできます。事実，シャドーイング時の大脳皮質の活性化の状態を，NIRS（near-infrared spectroscopy：近赤外線分光法測定装置）を使って計測した，筆者を含む共同研究では，ブローカ領域の有意な活動が確認されています（Kadota, 2019: 36 など）。今後，モデル話者の動的表情を含む顔動画を，音声シャドーイングとともに呈示することが，学習者の社会脳ネットワークの活動にどのような効果があるかについて，fMRI などを駆使して詳細に検討することが必要ですが，ここではその前段として既に実施した，シャドーイング学習者の眼球運動の分析を行った実験の成果について報告したいと思います（門田ほか，2019 および Hase and Kadota, 2021）。

　実験参加者は，英語力において中級の日本人英語学習者26名（大学生）でした。そして，約100語から成る異なる英文テキストを計20種類用意し，英語母語話者（男性）がその英文を発話しているときの顔動画，顔静止画を用意し，発話音声とともに提示ました。この顔動画の作成に際しては，話し手（英語母語話者）の目の動きや表情が，何か特別なメッセージを学習者に与

えることを防ぐため，可能な限り感情を表出しないで，淡々と前方を見ながら発話してもらうように留意しました。特に視線が，他の方向に向かうことなく，前方のカメラを見続けることができるように，ご自身で行った音声録音をイヤホンでみずから聞いてもらいながら，それをシャドーイングするという方法を採用しました。

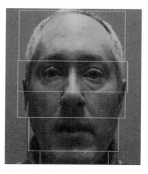

図2　話し手の顔動画と顔静止画への眼球停留分析のための5つのRegions（領域）(Hase and Kadota: 2021)

　実験の実施においては，上記の素材を「動画＋音声」「静止画＋音声」の 2 条件で学習者に提示しました。そして，計 20 の発話音声を，その長さ（語数・時間），難易度などが等しくなるように，上記 2 条件に割り振りました。実験参加者は，課題実施前にはこれまでの英語学習履歴に関するアンケートに答え，眼球運動実験の直後には，英語力測定のために，Oxford Quick Placement Test ver.2 という CEFR [18] の指標となるテスト（60 点満点）を受けました。

　眼球運動データの収集は，アイカメラ [19] を導入して，話し手の顔動画や顔静止画のどこを見ているかについてのデータを，(a) 額 (Region 1)，(b) 目 (Region 2)，(c) 鼻 (Region 3)，(d) 口元 (Region 4)，(e) あご (Region 5) に分割して，それぞれの Region（領域）における眼球停留（注視）時間を集計し，さらにシャドーイングタスクの精度（再生率）について分析しました。なお，音声インプットの意味理解に集中してもらう必要から，シャドーイングタスクの実施後には，内容に関する二者択一問題を視覚提示し，解答してもらいました。

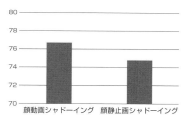

図3　正しくシャドーイングされた単語数の割合（再生率：％）：顔動画と顔静止画の比較 (Hase and Kadota: 2021)

18)　CEFRとは，2001年に欧州評議会が発表した「外国語の学習，教授，評価のための欧州共通参照枠(Common European Framework of Reference for Languages: Learning, teaching, assessment)」。https://www.mext.go.jp/b_menu/houdou/30/03/__icsFiles/afieldfile/2019/01/15/1402610_1.pdfほかを参照。
19)　急速眼球運動解析装置(EyeLink Base Unitおよび一式)を利用した。

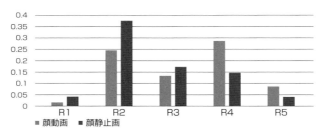

図4　各Regionにおける眼球の停留時間（単位：秒）：顔動画（■）と顔静止画（■）の比較

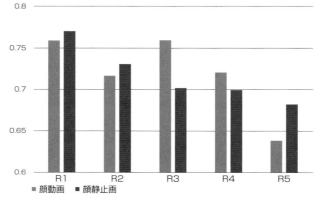

図5　各Regionに眼球が停留していたときのシャドーイング再生率：顔動画（■）と顔静止画（■）の比較

　前ページ図3は，参加者に提示したインプット音声に含まれる全体の語数のうち，正しくシャドーイングされた単語数の割合（再生率）を，動画と静止画で比較した結果です。

　その結果，シャドーイングの精度について，大きな開きがあったわけではありませんが，音声＋顔動画提示が音声＋顔静止画提示よりも，シャドーイングの再生率がやや上回っていることがわかり，統計的にも有意な結果でした。

　また，Hase and Kadota（2021）では，眼球の停留時間を上記の5つのRegion（領域）間で比較し（図4），さらに各Regionに眼球が停留していたときのシャドーイング再生率を分析しました（図5）。

　以上の図4，図5から，次の3点が明らかになりました。

（1）顔静止画シャドーイングでは，Region 2（目もと）が他の Region よりも，眼球停留時間が長い。

（2）顔動画を見ながらのシャドーイングでは，Region 2（目もと），Region 4（口もと）への眼球停留が，他の顔領域よりも時間が長い。ただし，目もとと口もととの間には，停留時間に差ない。

（3）眼球停留 Region とシャドーイング再生率との関係については，Region 3（鼻付近）を見ている時に，顔動画の方が顔静止画よりも，シャドーイング再生率が向上する傾向があるが，Region 3 以外では，両提示方法間に再生率の差はない。

　これらのうち，（1）について，人は人の顔（静止画）を見るときは，まず目をみることがわかります。一般に「目は口ほどにものを言う」と古来言われる通りの結果です。しかしながら，動きを伴う顔動画を見ながら，インプット音声のシャドーイングを行うときは，結果（2）の通り，目と同様に音声知覚の手がかりを求めて，口元にも注意が向くことが分かります。これは「マガーク効果（McGurk effect）」が示す，調音方法についての視覚情報が影響したと考えることができます。

　例えば，ある人が /ba/ という発音をしているのを聞くと当然，そのまま /ba/ と聞こえます。しかし，同じ人が /ga/ と発音している口元を動画ビデオで見ながら，同じ音声 /ba/ を聞くと，実は /ba/ には聞こえず，不思議なことに /da/ と聞こえたり，ときには /ga/ に聞こえたりします。一種の

口の形は /ga/，
発音は /ba/

図6　マガーク効果のイメージ（McGurk and MacDonald, 1976：746-748を参考に作成した門田，2014：66より）

幻聴ということになるのですが，私たちの耳は音の知覚において，純粋に音声だけを聞いて知覚しているのではなく，映像（視覚）情報など，音声以外の他の情報も巧みに使って，音の処理をしています。この現象が，マガーク効果です。

　さらに，上記（3）について，鼻付近を見ている時に，顔動画＋音声が，顔静止画＋音声よりも，シャドーイング再生率が上がる傾向があると聞くと「なぜ鼻が？」と一見不思議に思われるかと思います。しかし，Region 3（鼻）に目の焦点である眼球中心窩（fovea）をもってくることで，実は，隣接する目と口元の両方を同時に傍中心窩（parafovea）で視覚処理できる（門田ほか，2021: 7）という利点があるからではないからではないでしょうか。そしてこれが，最もシャドーイングに効果的であることを，実験参加者が感知し，利用できる手がかりを可能な限り求めることを実践した結果ではないかと推測できます。

　インプット音声にもとづくシャドーイング学習時に，外国語として英語を学ぶ日本人学習者が，話し手の顔をどのように注視しているかの分析や，それがシャドーイングの成否にいかに関わっているかについての検討は，これまでにまず例がありません。それだけでなく，本成果は，シャドーイング学習に，本書で展開してきた，社会脳インタラクションを取り込むにはどうすればよいか，また，人の社会認知システムやミラーシステムをベースにしたインタラクティブ・コミュニケーションを伸ばすための社会脳シャドーイングとはどのようなものかについても今後の展望を示していると言えるでしょう。

6.2. 社会脳シャドーイング②：インタラクティブ・シャドーイング

　第二言語（外国語）のインプット音声を，そのまま直後にひたすら復唱する，通常の音声シャドーイングは，いわば自己完結型のプラクティスです。これに対して，顔動画を観ながらインプット音声を繰り返すシャドーイングは，話し手の顔動画を目前にした双方的な対話型のシャドーイングをバーチャルに再現したものと言えます。さらに，実際に他者（他の学習者や教師）の発する

インプット音声をもとにしたリアルな対話型シャドーイングも，実は既に提案されています。Murphey（2001）による「会話的シャドーイング（conversational shadowing）」です。これは，本書がめざす社会脳インタラクションを実現し，本章 6.4 で検討します「神経同期（カップリング）」にもとづく「情動的共感」（第 4 章 4.5 p. 73）を達成するシャドーイング学習でもあります。

　Murphey（2001 : 129）は，会話的シャドーイングとして，次の 3 形態を提案しています。

（1）完全シャドーイング（complete shadowing）：

　　シャドーイングをコミュニケーション形式で行う方法で，パートナーが発話した英語を，聞き手がそのまま全て復唱します。そうすると，会話としてはとても不自然ですが，対話型のシャドーイングに慣れるための導入タスクとしての意味があります。またペアで行うシャドーイングですので，楽しさや解放感を味わうことができるものです（古田，2013）。

　　（例）

| Terri: | Boston is in America, | in the north east | | part of America. |
| Aki: | | Boston is in America | in the north east | part of America. |

（2）選択的シャドーイング（selective shadowing）：

　　相手の発話の一部，特にキーワードとなる語句を繰り返す活動です。相手の英語をしっかり聞いて，その中からキーワードを見つけて一時的に記憶し，ポーズの間に繰り返すことで，よりインタラクティブ・コミュニケーションに近づいたトレーニングです。

　　（例）

Terri:	I'd like to tell you about two places.		The first one is Boston.
Eriko:		Two places.	Boston.
Terri:	Do you know where the Boston is? Boston is in the north east north east
Eriko:			north east

（3）相互的シャドーイング（interactive shadowing）：

　　選択的シャドーイングと類似のタスクですが，異なる点は，選択的シ

ャドーイングの直後に聞き手が簡単なコメントや質問などを加える点です。この方法は，かなりの程度インタラクティブ・コミュニケーションに近似した活動で，このタスクを通して聞き手は，話し手との社会脳インタラクションを実感することで，双方的なコミュニケーションにもっていける活動ではないかと考えられます。

（例）

Eriko:	They　um？they ah he is a member of basket club.　yes
Wanda:	ah really basketball club
Eriko: basketball club　So he is tired in home　yes so in home　at home
Wanda:	aha　okay　　oh really at home aha
Eriko:	ah　yeah there is no sound　yes　it's quiet, so
Wanda:	oh, really? It's very quiet?

　（3）の前段階として，（1）（2）の活動を行うようになっているわけですが，話し手は，教科書など学習済の素材をもとに聞き手に向かって発話し，それを（1）〜（3）のいずれかの方法で復唱するというもので，いずれもペアを組んだ2人の協同作業による双方型の活動です。後にご紹介しますが「リード・アンド・ルックアップ」の方法とも通じるものです。本章ではこれら3つを併せて，社会脳シャドーイングの一環として「インタラクティブ・シャドーイング（interactive shadowing）」と呼びたいと思います。

　なお，門田（2018）では，上記（2）（3）について，話し手が，自発話の代わりに，インプット音声のシャドーイングをしたり，音声を聞きながら音読（パラレル・リーディング）したりして，それにもとづいて聞き手が，選択的シャドーイングや相互的シャドーイングを行う方法もあることを提案しています。このような対話型の社会脳シャドーイングを工夫することで，インタラクティブなコミュニケーション能力を促進させる活動になると考えられます。

6.3. 社会脳シャドーイングの理論的背景

　これまで解説しました，インタラクティブ・シャドーイングは，第一言語（母語）習得においても，第二言語習得においても，そのコミュニケーション

のための能力を身に付けるのに必要な，社会脳インタラクションを促進する学習法であると言えます。ここではこのインタラクティブ・シャドーイングの効果を考える上で重要な 2 つの理論背景として「ダイアローグ文法（dialogic syntax）」と「インタラクション仮説（Interaction Hypothesis）」に関する研究成果を取り上げて検討します。

● ダイアローグ文法

　言語研究，特に社会言語学のひとつの分野として，会話参加者の間で頻繁に生じるターン交換（第 5 章 5.6 p. 103），すなわち「話者交替」のしくみの解明など，共同作業としての会話の構造を明らかにしようとする会話分析（第 7 章 7.1 p. 130）があります。この会話分析の知見と方法論を活用して，特定の言語形式が，私たちの普段のインタラクティブ・コミュニケーションにおいてどのような役割を果たしているかに関する研究を，一般に「相互行為言語学」と呼んでいます（鈴木・秦・横森, 2017）。この相互行為言語学の観点から，Du Bois（2014a）は，会話の参加者同士が，直前の先行発話と発音（音韻），語の形態，文法（統語）などさまざまな点で類似した繰り返しをすること，とりわけ以下に述べる，反響現象が頻繁に生じることに着目しつつ，対話者間で成立することばのしくみについて検討しました。これが「ダイアローグ文法（dialogic syntax）」です（Du Bois, 2014a）。そして，この反響的繰り返しが，母語習得における文法発達のかなりの部分を支えているのではないかと考えました。

　英語母語話者の日常的な会話の中でも，このような対話者間の反響的な繰り返しはしばしば見られます。次の 2 例は，Du Bois からの引用です[20]。

(a)

| (*Deadly Diseases* SBC015: 870.750–874.220) |
| 1　JOANNE;　　　(H) It's kind of like ^you Ken. |
| 2　　　　　　　　(0.8) |
| 3　KEN;　　　　　 That.:'s: not at ^all like me Joanne. (Du Bois, 2014a) |

---

20)　(a)はDu Bois（2014a），(b)はDu Bois（2014b）より。

> (b)
> [LAMBADA 1269]
> PETE：Without even telling Harold？
> HAROLD：.. Without telling me？（Du Bois, 2014b）

（a）では明らかに Ken の That：'s：not at ^all like me Joanne. は，直前の It's kind of like ^you Ken. の発話を否定した正反対の発話で is と like のみが共通しているだけですが，しかし両者の間には反響的な反復が観察できます。

また，（b）の例では，Harold と代名詞 me という変更がありますが，他は反響的に繰り返しているだけです。

堀内（2018）は，英語を母語として習得途上の子供が，英語の前置詞 over [21] の使い方を母親との対話の中でいかにして習得するかそのプロセスを探るために，CHILDES [22] 所収のアメリカ人親子の会話のコーパス [23] を使用して，その中の男児（Alex）による over の産出事例を抽出した分析を実施しています。（1）は母親がさまざまな数字の形をした玩具を床に広げ，数字を言ってその形の玩具を探させている場面です。Alex が "over there" を初めて発話したのは 1 歳 8 か月ですが，母親の "It's over there." という定型句に対する反響的な繰り返しであることがわかります。

（1）
> 1 MOT: Do you see the eight?
> 2 MOT: It's over there.
> 3 CHI: yyy.
> 4 MOT: You found it, very good.
> 　　　　　　　（中略）
> 16 MOT: Eight.
> 17 CHI: xxx yyy.
> 18 CHI: ‹**Over** [?]› ‹there [?]›.　　（Alex 1；8）

21）　不変化詞と呼ぶこともある。

22）　Child Language Data Exchange System の略。母語獲得の発話コーパスの集積を目的として，Brian MacWhinney と Catherine Snow によって 1984 年にスタートしたプロジェクトである。なお，MacWhinney によって始められた子供以外の発話コーパスに Talkbank がある。

23）　6 名の子供の 1 時間程度の家庭内会話が，1 歳～3 歳 6 か月前後の期間，約 2 週間～1 か月おきに採録されている，映像データ付きの会話の書き起こしコーパスである Providence Corpus（Demuth et al. 2006）が使用された。

　堀内（2018）はさらに，Alex の 1 歳 4 か月〜 3 歳 5 か月までの ‘over’ の使用について計 181 例を分析して，次のように結論づけています。

①上例のように，単語と単語の連なりである定型句（チャンク）[24] をもとにして発話しはじめる。そして，月齢が進んでも，（a）‘over there’ や（b）‘over here’ といった定型句で使用し，計 181 例中，（a）が 143 例（79%），（b）が 19 例（10%）を占めている。

②新たな表現・構文の産出は，直前の発話の表現・構文の形式や機能にもとづいて反響的に生じる傾向が強い。

③以上のような反響的繰り返しとして出現した表現・構文（ダイアローグ文法）が，やがて月齢が進むと自身の発話内で独立して生じるようになる。

　また，同一コーパス内の，Alex 以外の他の子供 4 名の ‘over’ の初出例を見ても，2 名が ‘over there’，1 名が ‘over here’，さらに 1 名が ‘all over’ という，やはり定型句とともに ‘over’ を発話していると報告しています。

　以上をまとめて，幼児の母語習得について，ダイアローグ文法が明らかにした点は次の 2 点です。

（1）子供は，定型句をもとに発話するようになり，高頻度でそれらを使用する。

　言語表現を 1 語よりも大きな複数の語から成る連鎖を基本単位として発話を認識し，頭の中に蓄積します。このように，実際の言語使用の中で繰り返し出現する言語要素を，チャンク化して，言語産出するようになります。このチャンク化された定型句は，音声的にも切れ目なく 1 語のように発話され，その内部の構造的分析をすることなく，丸ごと覚えてしまう傾向が強いと言われます（Tomasello, 2003 など）。

（2）‘over there / here’ など多くの表現は，母親など対話者と同じ場所にいて「共同注意フレーム」（第 3 章 3.1 p. 53）の構築が完了している状態で，伝達意図の理解とともに，模倣の必要性が子供に伝わる「社会認知

24）　単語と単語の連なりやチャンクを，一般にフォーミュラとか定型句（定型表現）と呼ぶ（門田，2018：96-99 などを参照）。

　システム」（第 3 章 3.1 p. 52）が機能するようになる。

　このように，上記（1）のようなチャンクの抽出は，他者とのインタラクティブなやり取りの中で，繰り返し出現することから可能になります。Du Bois（2014a, b）によるダイアローグ文法の視点からは，このように，子供が直前の発話と音韻・形態・意味・統語などあらゆる面で類似した，模倣による「反響的繰り返し発話」をすることで，ことばの文法（統語）の習得が達成されるのです。この反響的模倣こそが，言語構造が実際の言語使用からどのように創発するかそのプロセスを具体的に示したダイアローグ文法の好例であると言えるでしょう（Tomasello, 2014）。

　以上が，ダイアローグ文法が明らかにした，母語獲得の用法基盤モデルのしくみです。そして，この反響的模倣によるインタラクションは，英語など第二言語の習得にも多大な示唆を与えてくれるものです。本章 6.3 の対話型の社会脳シャドーイング，特に選択的・相互的シャドーイングは，まさに以上の反響的繰り返しを，第二言語において再現する活動であると言えます。ここでも 1 語よりも大きな複数の語から成るチャンクが，シャドーイングによる反響的模倣のための基本単位になり，母語獲得と同様の第二言語の学習方法が展開されるのです。

● インタラクション仮説

　第二言語習得において，他者との相互交流の重要性を説いた考え方としては，Long（1996）による「インタラクション仮説」が有名です。話しことばや書きことばなどの理解可能な言語インプットの処理が第二言語習得の必要・十分条件であると主張したのは，Krashen（1985）によるインプット理論ですが，それだけでなく学習者が他者とのインタラクションで「意味の交渉をする」ことにより，インプット処理が大いに促進されると Long は主張しました（Long, 1996: 451–452）。第二言語におけるインタラクションは，インプット理解の機会だけでなく，話し手・聞き手の間で意味を紡ぎ出す場を提供してくれるというのです。

　次に「意味交渉」のためのインタラクションの代表例を，英語学習者間，および英語学習者と英語母語話者間で示します（Gass ほか，2013; Gass, 2014）。

《NNS：英語学習者（非母語話者）, NS：英語母語話者》

（1）理解確認

　　NNS1: And your family have some ingress（家族も入場できるんだ）

　　NNS2: yes ah, OK OK（はい, あー, OK です）

　　NS1: more or less OK?（だいたい OK ということね？）

（2）明確化要求

　　NNS1: ... research.（研究です）

　　NNS2: Research, I don't know the meaning.（研究って, 意味不明です）

（3）精緻化質問（elaborated question）

　　NS: Where did you relax?（どこでくつろでたの？）

　　Silence

　　NS: Did you relax out of town or in East Lansing?（町から出てくつろいだ
　　　　の？　それともイースト・ランシングで？）

　　NNS: East Lansing.（イースト・ランシングです）

（4）語彙フィードバック

　　NNS: There is a library.（図書館があるよ）

　　NS: A what?（えっ, 何？）

　　NNS: A place where you put books.（本を置くところ）

　　NS: A bookshelf?（本棚のこと？）

　　NNS: Bok?（本ー？）

　　NS: Shelf.（棚）

　　NNS: Bookshelf.（本棚）

（5）トピック限定化

　　NS: Do you like California?（カリフォルニアは気に入った？）

　　NNS: Huh?（はぁ？）

　　NS: Do you like Los Angeles?（ロサンゼルスは？）

　　NNS: Uhm ...（ええっと...）

　　NS: Do you like California?（カリフォルニアは気に入った？）

　　NNS: Yeah, I like it.（ええ, 気に入った）

（6）トピックの変更

　　NNS1: Are you going to attend today's party?（今日のパーティに出る？）

NNS2: I don't know yet, but probably I'll attend, (まだわからないけど，たぶん出るよ。) [hm（ふぅん）を挟んで長いポーズ] So when will you go back to Japan？（それで，いつ日本に戻るの？）

以上の例では，他者への意味伝達をしようとした際に，さまざまな意味交渉が行われ，その結果，意味内容と言語形式とのマッピングがインタラクションを通じて形成されていくようすが見て取れます。

本節で解説した，Du Bois の提案した反響的繰り返しによるダイアローグ文法は，母語の文法発達のしくみを説明しようとする用法基盤モデルを具現化した好例です。また，第二言語習得における意味交渉の重要性を説いた Long のインタラクション仮説も，同様の考え方に立脚していると言えます。そうすると，上記 6.3 の選択的・相互的な会話型シャドーイングは，社会認知システムをもとにした用法基盤モデルを，第二言語（外国語）習得において可能にするものと考えられるのではないでしょうか。母語，第二言語，いずれの場合も，習得される文法など言語知識は，コミュニケーションのための社会脳インタラクションがもとになって出現「創発」される（Tomasello, 2014）のですから……。

6.4.　神経同期

　第 4 章では，視覚的，さらには聴覚的に，受け取ったインプット刺激を，鏡のように再現して自ら体験するミラーシステムについて詳しく解説しました。このミラーリングによるシミュレーションは，他者行為を，他人事ではなく自分のことのように深く共感し，その結果，模倣学習（imitative learning）を生み出すメカニズムです。

　これまで，スピーキング中の話し手と，その発話のリスニングをしている聞き手の脳活動は，それぞれ

図7　物理同期（MVIWA／Shutterstock.com）

別々に単独で脳内言語処理をしていると考えて，両者の認知プロセスを研究してきました。しかし，コミュニケーションのプロセスは，実は「神経同期 (neural entrainment) [25]」という脳活動の連携（カップリング）によって支えられていることを示唆する研究が出てきました。

　本節では，ミラーシステムが生み出す「神経同期」という，脳内処理における他者との一体化に関する最近の知見をご紹介しましょう。

　読者の皆さんは「物理同期」という現象をご存じでしょうか。神経科学者の Hasson (2016) [26] は，"This is your brain on communication" と題する TED Talk の中で，この現象について解説しています。2 台のシリンダーの上に板を置き，その上に 5 台のメトロノームを乗せます。ひとつひとつばらばらに動いていたメトロノームは，しばらくすると，不思議なことに，互いに作用しあって全く同じリズムを刻むようになります。これが物理同期です。

　実は，このような同期現象は私たち人の脳にもみられ，これを Hasson は「神経同期」と呼んでいます（Hasson, 2010; Hasson and Frith, 2016）。

　心理言語学や神経言語学のこれまでの研究では，話し手と聞き手は，それぞれ別個にその心的・脳内メカニズムを実行しているという前提で研究を行ってきました。これに対し Hasson は，コミュニケーションを両者の協同作業と捉えずに別個の認知プロセスとして研究するのはおかしいのではないかと疑問を持ちました。そして，次のようなさまざまなケースを設定して，複数の人の脳活動を同時に捉えるという方法で fMRI 実験を行いました。

①録音した音声を逆再生して 2 人の人間に聞いてもらう：
　普段のことばとは似ても似つかないようなものになります。このとき 2 人の聞き手の脳は，言語として音声を処理していませんが，それでも音に反応する聴覚野（BA41，BA42：第 4 章コラム⑦ p. 82）はともに活動します。
②単語を音声再生して 2 人に聞いてもらう：
　聴覚による語の意味をともなう理解では，角回・縁上回（BA39，BA40：第 4 章コラム⑦ p. 82）にあるウェルニッケ領域という音声言語言語中枢が

---

[25]　英語では, neural mirroring / alignment / coupling という用語も使用しているが, 日本語ではすべて神経同期で統一した。
[26]　https://www.ted.com/talks/uri_hasson_this_is_your_brain_on_communication

2 人とも活動します。

③単語ではなく，文や物語の意味を理解しながらリスニングしてもらう：

2 人とも，ウェルニッケ領域だけでなく，もっと広範囲にわたる領域で共通した脳活動がみられます。

④同じ意味を発信する文を，英語とロシア語などの異なる言語でのリスニングしてもらう：

同じ 1 つの言語でなく，異なる言語をリスニングしているときでも，2 人の聞き手がその意味が理解できる場合には，共通した脳活動が生じます。

これらの現象を捉えて，Hasson は 2 人の聞き手の間に神経同期が生じていると考えました。

しかしながら，上記の成果では，音声や音声言語の処理をしているときは，複数の聞き手の脳内で同様の領域が活動すること，すなわちことばのリスニングに共通した脳領域が存在することを示しているにすぎません。これだと，一人一人の聞き手ごとに，脳内処理プロセスを研究してきた結果と特に変わりません。

しかし，Hasson (2010: 32) はこれで終わらず，「人と人とのコミュニケーションは 2 つの脳が連携して活動する 1 つの認知プロセスではないか」という観点から，次の fMRI 実験をしたのです。

この実験では，社会的インタラクションにおける実際のコミュニケーションの実態を捉えるべく，複数の聞き手の脳活動ではなく，話し手と聞き手の脳活動の「参加者間相関分析」を実施しました。すなわち，参加したダンスパーティについてのストーリーテリングをしている話し手の脳活動をモデルとして，聞き手の脳活動を比較・照合して，聞き手の脳のミラーシステムの活性化が生じるのかどうか検討したのです。言い換えると，話し手の脳活動と聞き手の脳活動とが一貫して連携しているのかどうか，つまり，聞き手の脳内の神経活動が，一定の時間間隔を経て，話し手の脳内の神経活動と連携して生じているのかどうか，その実態を探ったのです。

結果は明瞭なものでした。ストーリーテリングをしている話し手の脳活動を fMRI で測定し，そのストーリーの録音音声を聞き手に音声提示したときの脳活動を，同様に fMRI で測定すると，両方の脳が連携して活動するというミラーリングの現象が，一貫して 3 秒の時間差を持って確認されました。

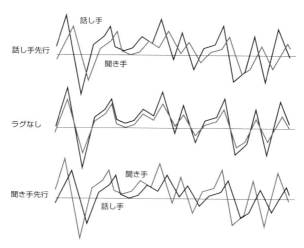

図8　話し手の脳活動が聞き手に先行する状態から，同時活性化を経て，聞き手の脳活動が先行するまでのようす（Hasson, 2010：33を参考に作図）

またこのミラーリングは，音声録音が不良のため，音声信号が途切れたときには，当然のことながら生じないということも分かりました。

　また，聞き手の脳活動は話し手の脳活動よりも，ストーリーテリングの当初は遅れていたのですが，その後同時活動を経て，話し手よりも先に進むようになることも分かりました。そして聞き手の脳活動が，話し手よりも先行するようになると，それだけ内容理解度も大幅に向上していることが分かりました。完璧に両者の脳活動が同期したあとは，聞き手は話し手のストーリーの中身を完全に予測して，発話を聞く前から脳活動が生じるようになったのです。

　このような「神経同期の動的モデル化」をすることで，聞き手と話し手の協同作業の脳内処理の実態が明らかになってきたのです。

　さらに Hasson（2016）は，話し手・聞き手の間のコミュニケーションだけでなく，

①自身がある映画の特定の場面を観たしたときの脳活動と，
②その後で，その映画を見たことのない他者に，その映画場面を頭の中で
　思い出しながらその場面について説明するときの脳活動と，

③さらにその他者が説明を聞きながらその場面を想像するときの脳活動の3つがほぼ同様の活動を示し，神経同期が見られることをfMRI実験により，明らかにしています。ミラーシステムにもとづく，以上のような神経同期を通じて，私たちは相互に社会脳インタラクションを行っていることが窺い知れるのです。

　第4章4.4 (p. 71) では，ミラーシステムによる他者表情の脳内シミュレーション時には，ミラーリングのための脳領域が活動するのと同時に，その際の喜び，哀しみなどの情動も，大脳辺縁系内の島皮質・扁桃体で同時に喚起され，その結果，共感（感情の共有）が生じることを解説しました。本節で解説した，ことばによるコミュニケーション時の脳内処理のカップリングという神経同期についても，それを通じて島皮質・扁桃体による情動処理と結びつけられ，他者との共感が生まれてくると考えられます。

まとめ

　第二言語習得の I.P.O.M（第5章5.3 p. 94）をささえる認知脳シャドーイングに，話し手の顔を見ながら行う顔動画シャドーイングおよびペアを組んで行う対話型のインタラクティブ・シャドーイングを導入することで，社会脳シャドーイングに転換する必要性を提案した。そうすることで，話し手と聞き手の「神経同期」を促進する学習法が展開できると考えられる。このような神経同期を達成することはまた，シャドーイングプラクティスを，自己完結型の学習タスクから，第二言語の用法基盤モデルに準拠した学習プロセスに変容させる，すぐれた方法であると言えよう。

社会脳インタラクション能力とプラクティス

本章の概要

Hymes による「伝達能力」の概念にもとづく「インタラクション能力（IC）」について，その問題点を提起し，新たに認知脳・社会脳ネットワークを統合した社会脳インタラクション能力（SBIC）を提案します。そしてこの能力獲得に必要なプラクティスとして，①メンタライジングによる認知的共感，②動的表情・視線（誘導）の認識と共同注意の形成，③ミラーリングによる情動的共感を伴うインタラクションの必要性について解説します。また，インタラクティブ・プラクティスとしてタスクベース学習や協調学習が効果的であることを指摘し，第二言語の社会脳インタラクション能力形成モデルを提案します。

> **キーワード** 社会脳インタラクション能力，インタラクティブ・プラクティス，タスクベース学習，協調学習，社会脳インタラクション能力形成モデル

　本書第 1 章 1.4（p. 26）では，脳全体に対する新皮質の割合と相関があったのは，集団のグループサイズで，集団生活による社会的環境への適応が，私たち人の大脳を飛躍的に大きくしたという，Dunber and Shultz（2007）による仮説を紹介しました。集団生活を基本とした社会環境が成立するにはその前提としてインタラクションの存在が必要になります。このように，社会脳インタラクションは，人の本能に根ざした営みであると言えるでしょう。インタラクションの際には，ミラーシステムによる他者行為の「シミュレーション」による知覚を通じ，その後社会脳にもとづく他者立場の理解を実現する「メンタライジング」をもとにして，他者との「情動的・認知的共感」を達成し，さらには「神経同期」を構築します。その帰結として，相手の意図を理解した上での「深い模倣」が生じるのです。

　社会脳インタラクションは，必ずしも以上の順序通りに展開するとはもちろん限りません。中には，スキップされるプロセスもあるでしょう。しかし，

こういったしくみが，集団内の社会脳インタラクションを構成し，私たちの社会的な行動の基盤になっているのです。

　本章では，言語コミュニケーションにおける「インタラクション能力（interactional competence: IC）」とは何か，第二言語においてその定着を図るにはどのようなプラクティスを実践することが必要かについて，Salaberry and Kunitz（2019）によるインタラクション能力の枠組みをもとに検討して，あらたな学習モデルである「社会脳インタラクション能力（SBIC: social-brain interactional competence）の形成モデル」を提示したいと思います。

7.1.　第二言語インタラクション能力（IC）

　Salaberry and Kunitz（2019）の提唱するインタラクション能力（IC）は，Hymes（1972）による「伝達能力（communicative competence: CC）」に端を発する考え方です。Hymes は，現実社会の中でことばを使用するためには，Chomsky が仮定した，初めて聞く文や初めて発する文を「正しく理解・産出する能力」である文法能力（第 5 章 5.6 p. 105）を身に付けるだけでは不十分で「社会的文脈において適切な言語使用能力[27]」が必須であると考えました。これが文法能力を中心とする言語能力（linguistic competence: LC）とはっきりと区別できる，伝達能力の概念です。インタラクション能力は，この伝達能力の概念をもとにして提唱されました。

　ただ，伝達能力が一人一人の言語使用者のコミュニケーション特性を指し，実際の会話によるインタラクションの実態からは切り離された個人内の能力だと規定しているのに対して，インタラクション能力は，より状況依存的で「会話を他者とともに作り上げ，他者とのインタラクションを構築していく能力[28]」だと捉えている点が異なります（Salaberry and Kunitz, 2019: 1–22）。つまり，序章で述べたような，コーヒーを飲みながらも，また窓口でチケットを購入する際でも，ジェスチャなどの動作の使用も含めて，互いに組織的で体系だった情報のやり取りを効果的に行う能力であると言えます。この IC がないと，会話を適切に開始することも，話者交替も，また相手の提案にう

---

27)　how to use language appropriately in social context
28)　co-constructed ability to interact with others

まく不賛成を伝達することもできません。このような IC を，英語などの外国語の学習者がいかにして習得できるようにするか，どのようにしてこの IC を評価するかについて検討するのが「第二言語 IC (L2 interactional competence) 研究」になります。ただ，そうすると，既に第6章6.3 p.118 で解説した「相互行為言語学」，特に共同作業としての会話の構造を解明しようとする「会話分析」とどのような関係にあるのかは，誰しもが抱く疑問でしょう。この点については，第二言語 IC 研究が抱える，解決が必要な今後の検討課題であると認識されているようです（Doehler, 2019: 26）。

　第二言語 IC 習得のパイオニア的な研究者である Hellermann は，第二言語としての英語学習者による会話の開始，終了，修復などにおける各種インタラクションについて，会話分析の手法を応用したさまざまな研究成果を出しています。その1つ，Hellermann (2008) は，教室内で割り当てられたペアの二人による会話を開始する方法が，英語の習熟度とともにどのように推移していくかについて報告しています。

　次の図1に，ペアの相手に，"happy, sad, tired or shy"のうち，今どの気分であるか尋ねる会話をして，相手の答えを書き留めるというタスクを与えた時のインタラクションを示します。

　ここでは，3行目で相手にからだを向けて，名前を呼んで，相手の気分を尋ねていますが，その際 Jo は，相手が会話を始められる状況にあるかどうかは全く気にしていません。

1　Jo:　（他の学習者を見ながら，自分のノートに Digna というペアの相手の名前を書く）

2　Jo:　（ポーズ：5秒）

3　Jo:　（身体を Digna の方に向けて）Digna. Es（ポーズ）

4　Jo:　tu tu estas（ポーズ）are you happy？

5　Digna: happy？ Yes.

6　Jo:　（ポーズ：3秒）（ノートに筆記）

図1　ペア・インタラクションの開始の様子：抜粋①
（Hellermann, 2008: 72にもとづいて簡略化）

　これに対して，次の図2は，その後英語熟達度がやや向上し中級学習者となった Jo のインタラクションの抜粋です。

1	Jo:（となりの机の学習者の方に身体を向けて）okay Julia,
2	Ju: okay（Julia は何かノートに書きながら）
3	Jo: are you ready？
4	Ju:（ポーズ：1 秒）（書くのをやめて，Jorge の方に身体を向けて）
5	Jo: okay（咳払いをして）（ポーズ：1 秒）
6	Jo: did you（ポーズ：2 秒）"okay"（ポーズ：2 秒）did you call tre-（ポ ー ズ：1 秒）did you call relatives yes-terday？
7	Ju: yes I（黒板の方をみて）yes I did.

図2　ペア・インタラクションの開始の様子：抜粋②
（Hellermann, 2008：74-75にもとづいて簡略化）

　ここでは 1 行目で，Jo はペアの相手の方に身体を向けて呼びかけ，それでもすぐにタスクを開始しないで，2，3 行目で反応を待って用意できたかどうかチェックし，4 行目で相手が自分の方に身体を向けたことを確認して，その後 5，6 行目で 2 回 "okay" を連発した上で，質問しています。

　このように，初級学習者は，5 秒といった長いポーズ（沈黙）の後，指示されたタスクを突然急に開始するのに対し，中級学習者になると，タスク前の開始のことば（pre-task opening talk）を用いて，相手の準備状況を確認して会話遂行のための素地（contextual grounds）を形成した上でタスクを始めています。また，ポーズも 1 ～ 2 秒と短くなっています。このように第二言語の学力が上がるにつれて，相手の準備状態をチェックするというように，学習初期とは異なる方法を用いるようになることが明らかにされています。

　以上簡単な例ですが，第二言語 IC 研究は，会話分析の手法を応用することで，生成文法の提案する「普遍文法にもとづく（UG-based）」アプローチとは正反対の考え方をしていることが分かります。すなわち，インタラクション能力を，第二言語学習者の頭の中にある「文脈から独立した言語能力」の延長線上で捉えるのではなく，社会的インタラクションを詳細なレベルで綿密に構築していく「協同作業」を遂行する能力で，この社会的インタラクションの積み重ねが必要であると考えています。このような IC の形成には，本書においてこれまで強調してきた「プライミングにもとづく反復学習とし

てのプラクティス」（第 5 章 5.1 p. 88）が，インタラクションの習得において
も不可欠であり，不十分なインタラクション能力を伸ばし，自動化，手続き
化するプラクティスの必要性が示唆されると言えます。

7.2. 第二言語 IC から第二言語 SBIC へ

　しかしながら，以上のような第二言語 IC の概念については，本書の観点
からは，次のような検討すべき課題があると考えます。

● 用法基盤モデルの活用

　これまでの第二言語の IC の理論化において，伝達能力や会話分析による
相互行為言語学の成果が応用されています（Salaberry and Kunitz, 2019; Doehler,
2019）。しかしそれだけでは十分であるとは言えません。特に，本書でこれ
まで詳しく検討してきた社会認知システムにもとづく用法基盤モデルの考え
方を組み込むことは，IC の理論化に必須であると考えます。例えば，既に
検討しましたダイアローグ文法（第 6 章 6.3 p. 119），さらには Iwasaki（2015）
や兼安・岩崎（2017）による「多重文法（a multiple grammar）」モデルを参照す
る必要があります。

　ここで多重文法とは，母語にせよ第二言語にせよ，言語ユーザーはさまざ
まな言語使用環境を通して，それぞれの文法を獲得するという理論を展開す
るものです。例えば，幼児が習得する文法は，当初はもっぱら「今（now）」
「ここ（here）」に直結した話しことばにもとづいています。やがて学齢期に
達して書きことばに接すると「今」「ここ」を超えた特性を持つ書きことば
の文法を習得し，話しことばと書きことばのそれぞれで文法構築が行われる
ようになります。これらが「用法基盤文法（usage-based grammar）」です。そ
の上で，話しことば・書きことばだけでなく，さまざまな言語使用環境に対
応した多様な用法基盤文法を形成するようになります。例えば，同じ話しこ
とばでも，①対面や電話での会話，②理工，人文，社会分野の学会講演，③
新聞社説などで「いいことがある（会話）」「長いこと取り組んでいる（講演）」
「たがが緩むこと（社説）」という，日本語の「〜すること」という言語表現
の出現頻度は大きく異なるという報告があります（兼安・岩崎, 2017）。これら

にもとづいて，上記3つの言語使用環境では異なる用法基盤文法が獲得されると主張しています。

　このように帰納的に創発された用法基盤文法は，それぞれの使用環境とともに存在し，そのため結果的に複数の文法システム，すなわち「多重文法」を持つに至ると考えられています。その上で最終的に，これら多重の用法基盤文法を統合した「抽象文法（conceptual grammar）」を構築していくのだと仮定しています。以上のような多重文法をイメージしたのが次の図3です。

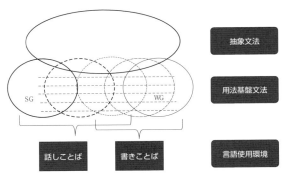

図3　多重文法モデルのイメージ：SG（Spoken Grammar），WG（Written Grammar）（Iwasaki, 2015: 171）

　このように，多重文法を支える枠組みは，実際の言語使用を通して，ボトムアップ式に積み上げることで構築されるという用法基盤モデルを反映したものになっています。ICの理論化においては，この多重文法システムなどの最近の言語学的知見も，参照し組み込んでいく必要があると考えられます。

● 会話データの書き起こしの精緻化

　現在までのところ，第二言語学習者のICに関する研究は，会話分析（第7章7.1 p.130）にもとづく書き起こしコーパスデータの検討という質的考察にもとづいています。

　しかしながら，これらの書き起こしデータでは，本書でこれまで扱ってきた社会脳インタラクションで非常に重要な働きをしている，視線，表情，共同注意の有無などは，一切記述されていません。またジェスチャ，身体動作の注記はあるものの，その詳細はほとんど無視した分析になってしまいます。

「(身体を Digna の方に向けて)」のような注記が施されていても，Jo の一般的な動作を表現しているだけで，その詳細までは判りません。例えば「どのような表情で話しかけたのか」「身体を向けても視線は下を見たままなのか」「身体を真横まで向けたのか」「全身ではなく上半身だけを向けたのか」などは不明です。また，第9章で検討する，発話に伴うスピーチ関連ジェスチャ (SRG: speech related gesture) なども，とても重要な役割を担っていますが，これらの情報を取り込まない，あるいはその詳細は分析対象から除外した，かなり大雑把な観察になっています。

　事実，同様の認識を共有しつつ，人の言語コミュニケーションの実態を蓄積しようとするコーパス化も，単に音声言語を書き起こすだけでなく，話し手・聞き手間の会話におけるジェスチャ，視線などの情報を取り込んだデータにしようとする試みが始まっています (坊農，2022)。すなわち「マルチモーダル記号論 (multimodal semiotics)」にもとづく，インタラクティブ・コーパスとして公開しようとするプロジェクトです。

● 認知脳・社会脳ネットワークに関する研究成果の融合

　さらに，本書をここまでお読みいただいた読者の皆様には既におわかりかと思いますが，会話分析などの言語学的枠組みからのアプローチでは，不十分であると言わざるを得ません。インタラクティブ・コミュニケーションのための「協同作業」を行う能力を捉えてモデル化するには，認知脳ネットワークおよび社会脳ネットワークの両面から検討し，2つの脳ネットワークを融合して理論化することが不可欠です。そのためには脳内両ネットワークについて，これまで蓄積されてきた，認知科学，神経科学の膨大な研究成果を活用することが必須です。こういった観点からのアプローチが全く欠如していると思われます。第1章で導入したポピュラー・サイコロジーとの関連で言えば「IQ：知能指数」と「EQ：情動指数」「SQ：社会指数」を総合した議論を展開することが必要ということになります。

● 仮説・検証にもとづく心理言語学・脳神経科学からのアプローチ

　第二言語 IC の探求において，仮説・検証を繰り返す実証研究の方法論を採用し，さらなる科学化・精緻化が不可欠です。例えば，第二言語の初級者

から中級・上級者になるにつれて，社会脳インタラクションがどのように向上していくかといった，IC の自動化，手続き化について検討するためには，話し手・聞き手の間にみられる発話生成における反応潜時（reaction latency）を心理言語学研究の手法を用いて綿密に測定したり，NIRS（近赤外線分光法測定装置）（Kadota, 2019: 31–36 など）や fMRI を 2 台駆使して，会話参加者同士の脳活動を計測したりすることで，インタラクション時の神経同期（第 6 章 6.4 p. 124）の実態を明らかにするといった脳神経科学からのアプローチが必要になります。そうすることで，第二言語学習者によるインタラクション時の認知的処理およびその発達のプロセスを詳細に検証することが可能になると考えます。

● 第二言語インタラクションの認知プロセスの検証

　かつて，第二言語ライティングの研究は出来上がった作文（プロダクト）の分析はするものの，ライティングプロセス自体の解明はなされませんでした。その後，ライティング時の認知プロセスの研究が進み，その結果，ライティングの作業が，単にプランニング（planning），組織化（organizing），ライティング（writing），改訂（revising）といった一連の定着した作業より成るとする機械的，線状的なものでは決してなく，その過程でしばしば新しい概念を見いだし，必要とあらば当初のプランでも大幅に修正するという発見，分析，統合のダイナミックな性質を備えたものであると成果が共有されるようになりました（門田, 2002: 50）。また，ライティング能力の低い書き手は，文法，つづりなど形式面の訂正に終始するのに対して，すぐれた書き手はプランニングに十分な時間を取り，いったん書いた草稿でも全体的内容という観点からしばしば修正し，作文の構成を大幅に変えるなど内容に着目した訂正作業をする傾向が強いということも明らかになっています（Krashen, 1984 など）。

　第二言語学習者の IC についても同様に，その会話時のインタラクションをコーパス化して，伝達能力や会話分析による相互行為言語学の成果を参照しつつ，質的に観察するというプロダクトの分析だけでは十分ではありません。この観点から，本章では「社会脳インタラクション能力（SBIC）」の提案をしたいと思います。そうすることで，インタラクションの「観察」のみに終わらずに，第二言語 IC の発達プロセスをつぶさに予測するような「説

明」力を持つことが可能になると思われます。

7.3. インタラクティブ・プラクティスの必要性

　社会脳インタラクション能力を，言語能力との関連で考えると，低い言語能力が，必ずしも低いインタラクション能力を意味するわけではないという指摘があります（Waring, 2019）。この指摘は重要であると考えられます。第9章で取り上げますが，肯定的・協力的なバーバル情報と否定的・拒絶的なノンバーバル情報が知覚されたとき，一般に後者のノンバーバルをむしろ信用する人が多いと言われます。例えば，ことばでは「提案に賛成」と言いつつも，それが本心ではないことを表す表情，視線などを見抜いて，どのように提案を変更しようかと考えるのも，社会脳システムを活用した社会脳インタラクションの賜物でしょう。

　このように認知脳システムによるバーバルコミュニケーションと，社会脳システムによるノンバーバルコミュニケーションをうまく併用できるようになるためには，やはりそのためのプラクティスが不可欠です。これを第二言語のインタラクション能力の習得プロセスに位置づけ，その方法を具体的に検討すること，これが，今後の第二言語の学習・教育では急務ではないかと考えられます。

　第5章5.3（p. 94）では，第二言語（外国語）習得のキーポイントとして，I.P.O.M.，すなわち「インプット処理」「プラクティス」「アウトプット」「（メタ認知的）モニタリング」の4つに集約できることをお話ししました。そして，インプットとアウトプットをつなぐ，反復プライミングとしてのプラクティスにも，多読・多聴による「インプット駆動型」とシャドーイングや音読という「アウトプット駆動型」の2つがあることを提唱しました。

　次の図4は，社会脳インタラクションのためのインタラクティブ・プラクティスを，バーバル・ノンバーバルのインプット知覚・処理とアウトプット産出を結びつけるトレーニングとして，イメージ化したものです。

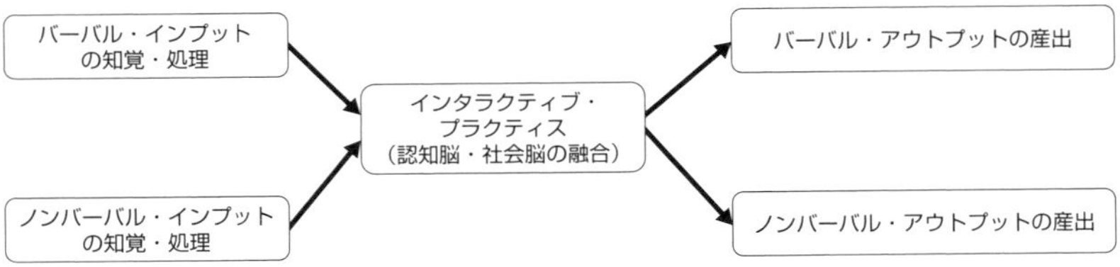

図4　インプット知覚・処理とアウトプット産出を結びつけるインタラクティブ・プラクティスのイメージ

7.4. インタラクティブ・プラクティスのための素材

英語授業で使われる，いろいろな英会話教材の中にも，インタラクティブ・プラクティスとして活用できるものがよくあります。一般に，Yes・No疑問文に対しては，Yes・Noで返答することが，当然のように教えられていますが，実際にはことばで表現されていない発話意図を読むことが必要な会話は，日常的に溢れています。

（1）Matt: Hey, what's up?
（2）Yuki: Nothing much, just hanging out.
（3）Matt: Cool. So, are you doing anything later tonight?
（4）Yuki: No. Not really, why do you ask?
（5）Matt: Well, I was thinking we could go out for some dinner or something.
（6）Yuki: Oh, that sounds nice.
（7）Matt: Great, let me know what you feel like having.
（8）Yuki: Actually, I just remembered that I have plans tonight with a friend. Maybe we can reschedule for another night?
（9）Matt: Yeah, of course. No worries.　（筆者の自作）

すぐにYukiを誘えないMattは，「最近どう？」ときっかけを摑み，その後（3）で今夜の予定を聞いてきます。（4）で「特にない」とNoと応答しましたが，続けて相手の発話意図が何か知るべく，「どうして？」と返しています。それに対し，（5）で「食事でも行かない？」と聞かれ，（6）「いいわね」と言いながらあまり気のない返事をしたのですが，（7）「何が食べた

いか教えてよ」と続けてくるので，（8）で前言を撤回し，「友達との今夜の予定を思い出した」とはっきり NO と相手が分かる返事をしています。

　また次例は，現在完了が学習ターゲットになっていますが，文法形式ばかりに目を奪われていると話し手の発話意図や気持ちを見過ごしてしまいます。

（10）Momoko : Have you seen my phone?
（11）Lisa : Sorry, I have not seen it.
（12）Momoko : Oh no, I think I lost it.　　　　　　　　　　（筆者の自作）

　単に言語形式の定着を図るだけでなく，なぜ（11）で「ごめん，見ていない」と詫びているのか，（12）で「なくしたんだ」と言った中に含まれる残念だと思う気持ちなどの発話意図の理解が，このような素材の学習に求められるのではないでしょうか。

　話し手の発話意図を理解するには，社会認知システム内に組み込まれた「意図の読み取り」（第 3 章 3.1 p. 52）が関与していると考えられます。例えば，"I'll be there tonight." という短い文をみても，それが単なる予測なのか，それとも約束なのか，脅迫なのかといった，これまで語用論の分野で扱われてきた，意図の読み取りが関係してくるのです。このように，言語的には 1 つの表現に過ぎないのに，伝える意図（意味）が異なるというような発話は，実は数多くみられ，社会脳ネットワークにもとづく意図理解が日常的に行われていることを教えてくれます。このような発話意図の理解を踏まえてインタラクティブ・プラクティスを実践することで，学習者の記憶への定着も確固たるものになってくると考えられます。

　また，会話では，Yes・No の意味を一切表現しなくても，発話の意図を瞬時に汲みとりながら，社会脳インタラクションを進めることも頻繁に生じます。例えば，次の対話例は通常，関連性理論（relevance theory）という言語学研究の枠組みで説明されることが多いのですが，本書でこれまで重点的に取り上げた，①メンタライジング，②顔の動的表情・視線・視線誘導・共同注意，③ミラーリングといった 3 種類の社会脳インタラクションがすべて関係していると捉えなおすこともできます。

（13）Peter : Do you want to go to the cinema?

（14）Mary: I'm tired. (Wilson and Sperber, 2012: 39)

　　Mary は，Peter の問いに Yes・No で答えていないので，この例は一見すると，まともなインタラクションになっていないともとれます。しかしながら，Peter は Mary の「疲れているので行けない」という意図が問題なく理解できているのではないでしょうか（赤松ほか，2018: 144-146）。この発話意図の理解には，バーバルな情報だけでなく，（14）の "I'm tired." と言っているときのノンバーバル情報の理解，すなわち下記①②③の社会脳インタラクション能力がポイントなってくると考えられます。

①メンタライジングをもとにした認知的共感：

　　これにより他者視点の取得ができるようになります。「ああ，Mary は昨日遅くまで残業をしていたな」と相手の立場・状態を推測することです。

②動的表情・視線（誘導）の認識および共同注意の形成：

　　自分に嘘をついて誰か別の人と食事に行こうと思っているわけではないし，ましてや冗談で言っているわけでもないという相手の真意を読み取ることができます。さらに，Mary と一緒に遅くまで仕事をしてやはり疲れたようすで椅子に腰掛けている同僚が隣にいたら，（14）の発話と同時にそちらに聞き手（Peter）の視線を誘導し，その同僚への共同注意を形成して，自分も同じなのよと訴える，そんな社会脳インタラクションも可能です。

③ミラーリングによる情動的共感：

　　Mary の（14）"I'm tired." という発話とその際の表情を，聞き手がミラーシステムにより脳内に再現（シミュレーション）することで，深いレベルの共感が生まれます。その結果，聞き手自身も話し手と類似の脳活動が同時に生じる「神経同期」の可能性も出てきます。

　　これら①〜③を伴うインタラクションを英語で実行することで，これまでの認知脳ベースの指導で教えられてきた，Yes・No で答えなければならないという呪縛から解放され，社会脳インタラクション能力のためのプラクティスを実体験することができるようになると考えます。

　　実際に教室内の学習者同士のペア練習でも，ことばによる認知脳的な対話だけではなく，以上のような社会脳インタラクションが必要な素材を活用す

ることが重要になってきます。

7.5. インタラクティブ・プラクティスとしての　タスクベース学習

　これまで，第二言語習得研究では，タスクにもとづく学習（task-based learning: TBLT）において，学習者同士のインタラクションを促すさまざまな方法が提案されてきました（松村，2017a; Mackey, 2007, 2020）。タスクを遂行する中では，ことばによるバーバルな情報伝達と同時に，実際にメンタライジングからミラーリングに至る社会脳インタラクションが重要になるため，インタラクティブなコミュニケーション能力の育成を目指すプラクティスにそのまま応用可能な実践が数多く含まれています。

　タスクベース学習では，次のように絵（写真，地図なども含む）を使った活動が多く利用されています（Mackey, 2020; Ross-Feldman, 2007; Adams, 2007）。

①絵の説明にもとづく描画で，一方の学習者が絵の内容を説明し，他方の学習者がその説明を聞いて絵をできるだけ忠実に再現する。

②一方の学習者が一連の動作や行為の内容を解説し，他方の学習者がその解説を聞いて，ばらばらの絵を並べ変える。

③ジグソー課題の一種で，2人の学習者が与えられた2枚の，一部異なる地図をもとに，特定の場所にどうやれば到着できるか，さらには街のどの通りが現在通行止めになっているかなど，自身の地図にもとづいて互いの情報を交換しながら考える。

④絵を見せ合わないで，2人の学習者が互いの絵の相違点を探し出す。例えば，2枚の少し異なる台所の絵から全く同じ台所をつくりだす。

⑤8枚の絵を協同で並べ替えて，1つの物語にして，その物語を創作する。

⑥パーティの座席を決める課題で，テーブルの配置図と各出席者の好みや人間関係を記した文章をもとに，最善の座席を互いに話し合って決定し，合意して配置図を作成する。

　Adams（2007）は，上記の④⑤⑥の方法にタスクベース学習を実践し，その定着効果を，次の2種類の独自の筆記テストを実施して検証しています。

（a）文法性判断を求める文法テスト（例：'Kim was pick up the bag yesterday'.）
（b）絵の内容を英語で言う語彙テスト（例：「掲示板」の絵→ bulletin board）

そしてその結果，

（1）第二言語学習者同士のタスクベースのインタラクションで，互いに
言語形式についてのフィードバックをすることの有効性，および
（2）母語話者がいない状況で，第二言語学習者同士でインタラクション
することの効果，

が明らかになったと報告しています。

　松村（2017a, 2017b）は，タスクベース学習でこれまで実践されてきた主な
タスクを次のようなタイプに区分けしています。

（1）ジグソー（情報合成）：
　　ペアの学習者に半数ずつ絵を渡し，互いに情報を提供しあって元の順序
を復元するなど，それぞれが持つ部分的な情報を合成して全体像を作り上
げようとするタスク。

（2）情報伝達：
　　話し手が思い描いた品物や出来事などについて少しずつその情報を述べ，
聞き手は，意図されている内容をできる限り素早く特定したり，正しい情
報と誤った情報を混ぜた自己紹介をして，聞き手が話された内容の真偽を
判定したりするなど，他者から提供された情報を理解・分析してその内容
を評価するタスク。

（3）ナレーション：
　　一連の絵で表されたストーリーの内容を他者が理解できるようにことば
で説明したり，動画の展開を同時進行で説明したりするタスク。

（4）問題解決：
　　論理的分析や推論が求められる問題の答えを学習者が協力して考えたり，
物語や記事の前半を読んでその続きを，あるいはタイトルと写真・イラス
トからその内容を考えたりするタスク。

（5）意思決定：
　　互いに話し合って，与えられた条件下で最善の選択や優先順位を導き

出したり，人の悩みや相談事に対する最良の解決策を考えたりするタスク。
（6）意見交換：

今日の重要な社会問題や映画・文学作品に対して，学習者がそれぞれ自分の意見を述べて議論するタスク。

松村（2017b）は，以上のような学習者によるタスクを，情報の推移やその配置，ゴール設定との関連から次のようなイメージ（図5）にまとめています。

各タスクによって，必要な情報がどのように学習者に共有され伝達されるか，さらに学習者間で合意・同意を得ることと正答・正確さを追求することのいずれがゴールになるかといった観点から分類された興味深いイメージ図です。

これらのタスクは社会脳インタラクションのためのプラクティスにも取り込める有用な活動例です。このような活動では，言語能力（LC）と社会脳インタラクション能力（SBIC）とは必ずしもそのまま 1 対 1 の対応をしているわけではありません。限られた認知脳ベースの言語知識しか持っていなくても，効果的な社会脳インタラクション能力を発揮する人も存在します。上記の各タスクを実行していく上では，言語的・認知的な情報伝達に終わらずに，メンタライジングからミラーリングといった社会脳インタラクションをうまく活用することが必須です。認知脳ベースの言語能力のみを念頭に置いて，自身の英語能力不足を嘆く多くの日本人学習者にとって，タスクベース学習はコミュニケーションすることの喜び・楽しさを再認識させ，その中でインタラクションを何度も経験することで第二言語のスキルを自動化しようとす

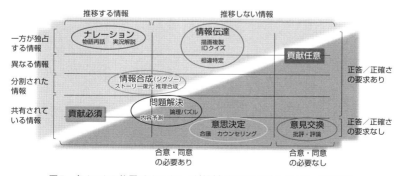

図5　各タスクの位置づけのイメージ（松村，2017bにもとづいて一部改変）

る意識が生まれてきます。タスクの実行は，このような意識（＝メタ認知）を学習者にもたらすことが可能になってくると言えます。

7.6.　協調学習とその背景となる考え方

　本書でこれまでお話ししてきた社会脳インタラクション能力を活用した学習は，あくまでも言語，特に第二言語の習得を対象にしたものです。しかし，このインタラクションの効果を，第二言語だけでなく，他のさまざまな科目に応用しようとしたのが「建設的インタラクション（constructive interaction）」にもとづく「協調学習（collaborative learning）」です（Miyake, 1986; 三宅・東京大学 CoREF・河合塾, 2016）。

　例えば，三宅・東京大学 CoREF・河合塾（2016）は，学習者同士が考えを出し合って，その結果一人一人が自身の答えをつくるという協調学習が必要とされる背景について，社会の変化を踏まえた学習科学理論の側面から解説しています。
（1）21 世紀社会では「分かっていること」は，探せばどこかにでてくる。
（2）従って，既に分かっていることを使って新しい問題を解こうとするとき，互いに自分の考えを出し合って話せる環境の中で，分かりかけていることを積極的に，ことばにしながら考えて，一人一人がその答えをつくり出していく能力を育成する。

　その上で「人はいかに学ぶのか」という原点に立ち返ると，私たちは自身の経験した記憶をまとめて自分なりのものの見方「経験則」をつくり，そこに他者から教わった「原理原則」を取り込みながら，経験則と原理原則をつなげることで，さまざまな問題を解けるようになり「正解」を得ることができるようになるというのです。協調学習により，各自が自分で考えてことばにするチャンスがあると，他者に伝えるために経験則をまとめて抽象化できるので，「三人よれば文殊の知恵」といったことわざのように，自分の発想と他者の言ったことを組み合わせて，新しい知識を身に付けることできるのです。そうすることで，形式はグループ学習ですが，グループ全体で答えを出せばよいのではなく，一人一人が学ぶようになるのです。

　グループ学習の形式を取りながらも，結局できる学習者が解決して他はそ

れに従うだけになったり，「先生が教えてくれたこと（原理原則）が答えでしょ...」で終わらせてしまったりするのではなく，「本当かどうか」「これまで自身が体験したことと，今学習したことは同じか異なるか」「次にどんな問題が解けるようになるのか」といった学習への基本姿勢が形成されます。そうすると成績のいい者も悪い者も，それぞれが貢献できるという意識を持つことが可能になるのです。これを，三宅・東京大学 CoREF・河合塾（2016）は「21 世紀型スキル」と呼んでいますが，この協調学習こそが，既存の知識をもとに認知脳ネットワークを使って一人で学習するのではない，他者との社会脳ネットワークを駆使したインタラクションベースの学習の姿を追求するという，まさに本書で展開してきた趣旨を端的に表現するものであると言えるでしょう。

7.7.　第二言語の社会脳インタラクション能力獲得モデル

　小柳（2020）は，第二言語の習得が起きる場所として，大きく「作動記憶＋意味交渉」と規定しています。

　これを，本書の立場で言い換えると，ワーキングメモリを中心とした認知脳ネットワークとインタラクションを中心とした社会脳ネットワークが，言語習得が起きる場所になります。

　本章 7.4 では，第 1 部理論編第 2 章〜第 4 章で解説した社会脳ネットワークによる学習のしくみについてまとめ，社会脳インタラクションを具体化する次の 3 つのポイントに集約しました。

①メンタライジングをもとにした認知
　的共感
②動的表情・視線（誘導）の認識およ
　び共同注意の形成
③ミラーリングによる情動的共感

これらに，第 1 章で解説した認知脳ネットワークにおけるワーキングメモリによる学習を併せた社会脳インタラクシ

図6　言語習得が起きる場所
（小柳，2020：106をもとに作成）

ョン能力（SBIC）習得モデルを加え，関連する神経基盤（脳領域）とともに，次の図 7 に提示します。

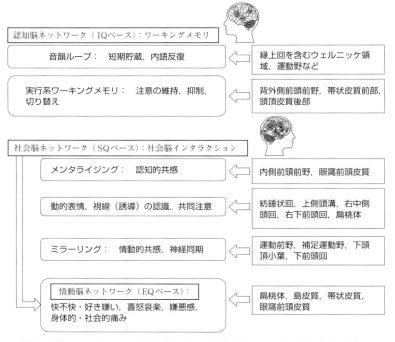

図7　社会脳インタラクション能力形成に関わる認知脳ネットワークと社会脳ネットワーク

まとめ

　本章では，第二言語の社会脳インタラクション能力（SBIC）を提案し，その獲得に学習者の頭の中の認知脳ネットワークと社会脳ネットワークがどのように関わっているか，その全体像（モデル）を提示した。ただ，この SBIC の獲得には，第二言語習得のポイントである I.P.O.M. を実践し，その実践の中で文法・構文などの「言語形式」とそれが表す「意味・機能」とのマッピングの機会を数多く経験することが必須である。こうして言語能力の可能な限りの自動化，これを達成することがインタラクティブ・コミュニケーションに求められる前提条件になると考えられる。

第

3

部

実践編

社会脳ネットワークを刺激する
6つのアプローチ

　第3部では，社会脳インタラクション能力（SBIC）を促進する，イ
ンタラクティブ・プラクティスの実践方法を提案します。
《社会脳ベースのインプット駆動型プラクティス》
　（第8章）社会脳多読・多聴
　（第9章）社会脳 PI と TPR
《社会脳ベースのアウトプット駆動型プラクティス：バーチャル・イン
タラクション》
　（第10章）社会脳音読
　（第11章）ドラマメソッド
《社会脳ベースのアウトプット駆動型プラクティス：リアル・インタラ
クション》
　（第12章）社会脳ライティング
　（第13章）スピーキングに社会脳インタラクションを持ち込む

社会脳多読・多聴：インプット駆動型のインタラクティブ・プラクティス

> **本章で紹介するインタラクティブ・プラクティス**
>
> ①社会脳多読・多聴
> ②オンラインで行う多読・多聴プログラム
>
> | プラクティスのねらい | フォーミュラの創発を促進する |

第7章7.4（p.140）では，第1部で解説した社会脳ネットワークのしくみについてまとめ，社会脳インタラクションを具体化するポイントとして，次の3つに総括しました。

①メンタライジングをもとにした認知的共感
②動的表情・視線（誘導）の認識および共同注意の形成
③ミラーリングによる情動的共感

また，第5章では，上記①〜③のような社会脳インタラクションを実現する第二言語の心理言語学的能力とは何かについて議論する中で，言語形式と意味・機能のマッピングの機会を繰り返し提供するプラクティス（反復プライミング）の重要性について検討しました。そして，シャドーイング・音読が，スピーキングにつなげる形式と意味・機能のマッピングを行う機会を数多く与える「アウトプット駆動型プラクティス」であるのに対し，多読・多聴は，ことばの意味理解を通じて形式と意味・機能のマッピングを行う「インプット駆動型プラクティス」であると規定しました。それぞれ実際に数多くの英文テキストをもとに繰り返し実行することで，I.P.O.M.（第5章5.3 p.94）の一角を担うプラクティスとしての効果があります。本章では，後者の多読・多読に，社会脳インタラクション能力（SBIC）養成のためのインタラクティ

ブ・プラクティスとしての要素を盛り込む方法を考えていきたいと思います。

8.1. 社会脳多読

　本章ではまず，これまでの実践を踏まえて，社会脳インタラクションを促す多読・多読学習とはどのようなものか考察したいと思います。その上で，社会脳多読・多聴の方法が，第二言語（外国語）の習得のポイントを握る「フォーミュラ」（後述）の獲得にどのような形で貢献するか，考察していきたいと思います。

解 説

　多読を成功させるのに絶対になくてはならない条件は，ほかでもない多読図書が豊富に揃っていることです。その上で，これまでの蓄えられた経験から，特に日本人学習者に的を絞った，多読を成功に導く鍵として，SSS，SSR，SST が挙げられています（高瀬，2010: 59 および門田・高瀬・川崎，2021: 155–165）。

（1）Start with Simple Stories: SSS（簡単な物語からスタート）
（2）Sustained Silent Reading: SSR（教室内での黙読サポート）
（3）Short Subsequent Tasks: SST（読書後の課題は最小）

● SSS

　学習者の興味を引き付けて，読む気にさせるためには，多読学習開始時には挿絵や写真がついていて，10 分ぐらいで読める薄めの本からはじめる必要があります。そうすることで，後のレベルアップがスムーズにできます。特に，英語が苦手な学習者の場合には，平易な英語で書かれた本を勧めることによって「これなら読める」という自信を付けさせることが重要です。また，効率的・効果的に読む方法として，多読初期に，辞書を引いたり，日本語に訳をしたりしないで読める本，易しい英語で書かれたさまざまな絵本を100 冊読んでみることが薦められています。SSS の方式をとることで，使用頻度の高い語彙を使った，短いシンプルな英語で書かれた文章から接する

ことになります（門田・高瀬・川崎, 2021: 155）。これは，Krashen (1985) のインプット理論を待つまでもなく，第二言語習得では，多くの理解できる言語インプットに接するという条件を満たすことが習得の必須条件であり，このことは多くの研究者・教師によって共有された認識であると言えます（門田, 2020: 141）。

● SSR

　一般に，読書とは個人的に行うもので，授業中に一斉に行ったりするものではありません。授業内に実施しても授業時間が削れて無駄になると思われがちです。ところが，門田・高瀬・川崎 (2021: 157) はこれに対し，英語での読書を教室外の課題にすれば，さまざまな理由で読まない学生が大勢いると述べています。Sustained Silent Reading (SSR) は，国際多読教育学会 (2011)『多読指導ガイド』では「持続的な黙読」と訳されていますが，要は，学習者が多読を維持・継続できるように，教室内で一斉に多読を実施しながら，教室外の多読学習を支援することだと考えてよいでしょう。これが，経験的にこれまで非常に効果をあげてきた方法なのです。

● SST

　読書したかどうかの確認のため，従来は多読後に内容の要約を書いて提出してもらうことが，しばしば行われていました。しかし，学習者の中には，要約課題を出すことで，「大量に，長時間にわたって，英語の本を読む」（第5章 5.3 図 4　p. 96）という多読学習の本来の目的に対してマイナスの影響が出る学習者がいることがわかりました。その結果，高瀬 (2010: 76-81) は，読書後の課題はできるだけ最小にして，記録用紙に要約の代わりに短いコメントを記入するか，気に入った本のあらすじと推薦理由をクラス内の他の学習者にプレゼンテーションするなどのタスクに変更することになったと述べています。

　以上の SSS，SSR，SST という 3 つのポイントは，日本における多くの多読指導者にほぼ共有されている認識であると言えるでしょう。

　また，多聴指導のポイントについては，基本は多読指導と同様で，次の 3 点が挙げられています（高瀬, 2010: 81-85）。

（1）Start with Simple Stories : SSS
（2）Sustained Individual Listening : SIL
（3）Start with Extensive Reading : SER

　これらのうち，（1）（2）は多読と同一ですが，（3）として多読導入と同時かあるいは多読より一歩早く多聴を導入することで，両方の効果を互いに高めあうと述べています。

　理解しやすい平易な英語の本からはじめる SSS は当然として，SSR（教室内多読）やプレゼンなどの SST（最小限の課題）が，多読の学習効果を高めるのはどうしてでしょうか。これには本書のテーマである社会脳インタラクションが重要な要因になっています。

　まず，SSR がなぜ多読学習を促進するのかという点です。SSR では，読む本は一人一人異なりますが，教室内であれば，他のクラスメートとともに，また図書館に行って他の学習者とグループで多読を行います。そうすると，一緒に読んでいる人たちが「もう 1 冊を読み終えて 2 冊目だ」とか，「自分よりずっと集中して，内容を楽しんでいるようだ」といったように他者を意識するようになります。さらに，読書に集中するようになると，「この本はとても面白いし，この箇所はすごく感動的だから，これを自分だけが読んで他の人に黙っているなんてできない」「読み終わったら他の学習者にもぜひ薦めて互いに感動を共有したい」など，集中して読んだ本ほどその面白さや感動を他者と分かち合いたいという気持ちは誰しもが抱くものです。この気持ちをうまく実現させるタスクが，多読後に本のあらすじや推薦理由を他者にブックレポート（プレゼンテーション）をする SST です。

　このように共有できる仲間を持つことで，私たちの認知脳システムを活用した多読学習だけでなく，本書でこれまでお話しした社会脳ネットワークにもとづくインタラクションが芽生え，それをもとにした社会脳多読ができるようになると考えます。

手 順

　本書でこれまで解説しました内容をもとに，SSR と SST をもとにした社会脳多読として，次の図 1 のような学習ステップを提案したいと思います。

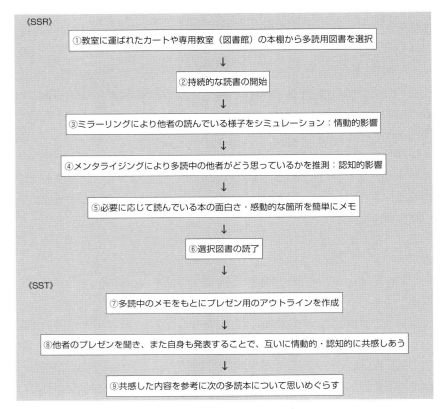

図1　社会脳多読の学習ステップ

①：この最初の段階で，すでに他のクラスメートと自身の選択した本を比べるといった相互の社会的影響が出てきます。ただ，これがマイナスに働いて，見栄を張って難しい本を選ぶなど，背伸びをしないことが大切です。そのためには，互いに分からないように候補本をリストアップできるなどの工夫をする必要があります。

②③④：持続的な教室内読書によって，他者の読んでいる様子をミラーリングにより影響を受けたり，他者が読みながらどう思っているかについてメンタライジングにより推測したりしながら，自身の読書を楽しみます。

⑤感動的な場面のページやそのときの感想を，素早くメモします。これをもとに⑦でプレゼン用のアウトラインを作成します。

⑧クラスメートの読後のプレゼンを聞いて，また自身もプレゼンすることで，

互いに交流して，何を学んだのか，どのような点に感動したかについて，具体的に提示することで互いに認知的・情動的共感を得ることができます。そして，自身もその本を読んでみようと考えます。そうすると，感動した内容や登場人物の行動を自身も模倣したい，見習いたいと思うことで今後の自己成長につなげることが可能になります。

　以上のように，社会脳多読では，一人一人の自己完結型の読書体験を重ねるだけでなく，多読中に上記のような学習者同士のインタラクション（相互交流）を実現することで，認知脳システムだけではない，社会脳ネットワークを活用した多読学習が実現できることになります。実はこの点が SSR から SST に移行することの最大の効果であると言えるでしょう。

　かつて「孤独のグルメ」というテレビ番組がありましたがそれはむしろ例外で，基本的に人類は太古の昔から，一緒に食べる「共食」が大好きです。一人で食べるよりよっぽど美味しく感じます。これは一体どうしてなのでしょうか。互いに食べ物のおいしさ，食べることの楽しさを共感できること，これに尽きるのかも知れません。

　よく英語多読指導者は，教室内多読を実践していると教室全体が読書に熱中していて「シーンとなった」状態が達成され，これを "the most beautiful silence in earth"（Henry, 1995）と呼んでいます。そして，この教室内の様子を他の同僚の先生にみせると，どの先生もびっくりするというコメントが聞かれます（高瀬，2021 など）。ここでこの「シーン」を感じているのは，教師だけではありません。学習者も同様に共有しています。これも教室内における，一種の社会脳インタラクションであると言えるでしょう。

　まとめますと，他の学習者と一緒に読む SSR や他者にプレゼンする SST の効果は，多読学習が学習者個人内だけの問題ではなく，社会認知システムを活用した，学習者同士の社会脳インタラクションがポイントになるということです。これは多読や第二言語（外国語）習得はもとより，あらゆる学習のキーポイントになると言っても過言ではありません。このように，これまでにも知られていた教室内多読の効果は，実は社会脳インタラクションが大いに関係しているのです。SSR，SST を積極的に取り込んだ多読学習の意義を，社会脳インタラクションの観点から再認識する必要があります。

コラム⑧　美術鑑賞と社会脳インタラクション

　同様の社会脳インタラクションは，何も SSR 多読だけの話ではない。美術鑑賞にも他者の存在が大いに影響することは，次の記事からよく分かる。フランシス・ベーコンという英画家の展覧会に，コロナ禍による休館後に，人を入れた再開を待って訪れたという記事である。「同じ配置，同じ作品群なのに，観客不在の時とは空気がまるで違う。どこか寂しげに見えた絵が，周囲に見る人々がいることで一転，熱を放つ。いあわせた見学者の視線や足取りから受ける影響の大きさを実感する」と述べている。実物の絵画に「ほかの愛好家と並んで対峙する喜びはやはり何ものにも代えがたい。鑑賞という営みの原点に立ち返った」というのである（2021 年 3 月 30 日刊『朝日新聞』天声人語）。他の見学者と一緒に美術鑑賞することで，私たちの社会脳ネットワークが活性化し，それによって一人のときとは異なる認識の仕方が生まれることを示唆している。

8.2.　オンラインで行う社会脳多読・多聴：ZOOM のブレークアウトセッションの活用

解説

　さまざまな教育機関で一般化しているオンライン授業で用いられる ZOOM ですが，そのブレークアウト・セッション（breakout session）を利用したグループ多読は，社会脳多読を促進する効果があるのではないかと考えられます。教室内多読（SSR）中に，辞書を使わずに，未知語の意味推測を個人ではなく，ZOOM によるグループ活動として行った実践報告があります（Murchie, 2020）。ここでは，多読本の次の英文中の，fancy という単語の意味推測活動を実践しました。

　　"Dog, what do you *fancy* for dinner ?" asked the flea.

　　"I *fancy* a big fat cat for dinner," said the dog.

　　（「ディナーには何がお好み？」ノミが犬にたずねました。）

　　（「ディナーには，大きな太ったネコがいいな」と犬は答えました。）

図2　ZOOMブレイクアウトセッションで行われた未知語の意味推測のためのインタラクション例：「　」内は発話した内容で,（　）は口にしないで思った内容（Murchie, 2020にもとづいて作成）

次のような結果が報告されています（Murchie, 2020）。

　長所：

　　①学習者間の対話量は対面授業よりもむしろ多くなる。

　　②学習者が特定のテーマから脱線して話し始めることが少なくなる。

　　③対面授業に比べて，学生同士の活発な意見交換や自発的なチームワークを観察することができる。

　問題点：

　　①会話（インタラクション）にエンジンがかからないグループの発見は，対面よりも時間がかかる。

　　②集団で深く考えているのか，ただ誰も何も話していないのかがすぐにはよく分からない。

　留意点：

　　①グループサイズとしては，会話からはずれて手持ちぶさたになる人がいないので，3人がちょうどよい。

　　②リーダーシップを取るファシリテータは，先生が指名した方がよい。

　　③学習者には，質問に答えてもらうだけでなく，質問を考えてもらうことも必要で，そうすることで内容の理解が深くなる。

　　④推測課題をテストにして点数化しないこと。

　また，鈴木（2021）は，テレビ会議システムや教育用アプリ，電子書籍などを使ったオンライン多読授業についての実践を報告していますが，多読後

の SST としてインタラクションを促進するオンラインブックトーク（レポート）の方法が模索されています。社会脳インタラクションにもとづく多読学習の方法が，今後さらに検討されることを期待したいと思います。

多読・多聴とフォーミュラの習得。

　フォーミュラとは，英語の母語話者・学習者を問わず，脳内のメンタルレキシコンに全体貯蔵されていると考えられる，イディオム（idioms），単語と単語のつながり（collocations），文をつくる基盤表現（sentence stems）など，偶然の確率を超えて出現する高頻度の単語連鎖を指しています（金澤ほか，2020）。主として次の表 1 のようなものが含まれます。

①複合語："thanks""okay" などの一語から成るものから，"Georgia State University" などの固有名，"degree of freedom（自由度）" などの専門用語といった固定化された表現

②句動詞："put off""look up" などの動詞＋副詞（前置詞）連鎖

③イディオム："spill the beans（秘密をもらす）""give someone a run for money（まさるとも劣らない健闘をする）" など複数の語から成る熟語

④固定フレーズ："on the other hand""of course" など語の変更ができない固定的な語句

表1　フォーミュラの種類（Moon, 1997: 44にもとづく）

種類	内容
複合語 (compounds)	freeze-dry, Prime Minister, long-haired など
句動詞 (phrasal verbs)	go, come, take, put などの動詞と up, out, off, in, down などの動詞からなるもの
イディオム (idioms)	kick the bucket, rain cats and dogs, spill the beans など
固定フレーズ (fixed phrases)	of cource, at least, in fact, by far, good morning, how do you do など，上の3つに入らないもの。dry as a bone のような直喩や It never rains but it pours のようなことわざも含む
プレハブ (prefabs)	the thing / fact / point is, that reminds me, I'm a great believer in ... のような決まり文句

⑤プレハブ："The thing / fact / point / is …" "That reminds me of …" "I don't want to …" などの事前構築された (prefabricated) 表現

　かねてより，流暢なスピーキングなど言語運用時にはかなりの割合で，これらの事前構築されたフォーミュラが使用されることが指摘されています (Sinclair, 1991 など)。特に，⑤プレハブは，ちょうどプレハブ住宅を建てるときに，半ば組み立てられた建材をもとに家を建てるのと同様の方法で文構築するもので，このやり方のほうが，話し手にとって文産出の認知負荷を軽減させ，自身の話の中身に注意を集中できる効果があると言われています (門田，2012: 272–275)。

　ただ，上記表 1 をみていると気づくことですが，フォーミュラによって，固定度，すなわちどれだけ変更できないイディオムになっているかという点に明らかに差があることがわかります。例えば，"under …"という表現でも，次の 4 段階の固定度が想定できます (Wray, 2002: 63; 門田，2012: 275)。

①自由結合 (free combinations)：自由にさまざまな語 (句) が使える：
under the bridge (橋の下)，under the hill (丘のふもと)，under the water (水面下) など

②限定的なコロケーション (restricted collocations)：一定の語 (句) しか使えない：
under attack (攻撃を受けている)，under construction (工事中)，under discussion (審議中)，under investigation (調査中) などは使えるが，*under research，*under war は不可

③比喩的イディオム (figurative idioms)：使われている単語から意味の類推ができるもの
under the microscope (詳細に調査する) など (These people seemed to have nothing better to do than put me under the microscope. 「この人達は，詳細に私を調べる以外，なすすべがないようだった。」)

④純然たるイディオム (pure idioms)：単語から意味の類推が不可能
under the weather (元気がない) (Well, he's been kind of under the weather lately. 「そう，最近彼ってなんだか元気ないよね。」)

　以上の 4 段階では，①を除く②〜④がここでいうフォーミュラにあたります。さらにこれらのうち，③および④はそのままイディオムとして丸暗記した方がよいと考えられています。それに対し，②の知識は，多大なインプットにもとづく反復プライミングによる，多読・多聴のインタラクティブ・プラクティスを通じて，可能なつながりを潜在的に習得する必要があります。以上のようなフォーミュラの習得は，第 13 章で紹介する，スピーキング力につながるテンプレートとしての役割を担うもので，多読・多聴による創発的なパターン発見が極めて重要になってくると言えます。

参考図書

　社会脳多読・多聴とは異なりますが，これまでの多読・多聴学習・教育についての参考書を紹介します。

①高瀬敦子（2010）『英語多読・多聴指導マニュアル』大修館書店

　著者自身の長年にわたる多読・多聴指導の経験をもとに，全国各地で多読指導をされている先生方の実践報告や国内外の多読・多聴に関する研究成果など付け加えた，多読・多聴学習の方法について各種情報を盛り込んだ教師のためのガイドブックである。これから多読・多聴指導を始めようという先生方に，特に参考となる情報が満載の書物である。

②古川昭夫（2010）『英語多読法』小学館

　多読指導の第一人者である著者が，夏目漱石も推奨した英語の本をたくさん読む多読を，自ら主宰する SEG（学習塾）での指導経験を通じて，「使える」英語を無理なく身に付けられるための理論と実践方法を解説した新書本である。2002 年の多読クラス発足以来の指導実績に裏打ちされた，多読による英語習得の全貌がわかる決定版ともいえる書籍になっている。

③『多聴・多読マガジン』コスモピア

　2006 年 9 月発売の創刊号以来，一生使える英語の基礎体力をつけるというコンセプトをもとに，「たくさん聞いて」「たくさん読んで」「たくさん口を動かす」ことで挫折せず誰でも継続できる方法を学習素材とともに隔月提供している。毎号，レベルの違う 5 つの多読・多聴用洋書が一部掲載され，読者が快適に読めるレベルの本のレベルを考える上でも最適の雑誌である。

④ Day, R. R. and Banford, J. (1998) *Extensive Reading in the Second Language Classroom*. Cambridge University Press.

　本書は，多読の効果についての実証研究や実践報告で引用されることが最も多い書籍で，第二言語習得において多読が持つ効果について考察した理論編，単純化した英語インプットという批判に答えた，素材編，多読を取り入れる際の具体的方法を提供した実践編の 3 部より構成されている。多読による学習法を世界に広げた価値ある本である。

⑤門田修平・高瀬敦子・川崎眞理子 (2021)『英語リーディングの認知科学』くろしお出版

　英語など第二言語のリーディングの習得をささえる認知プロセスについて，音韻符号化やワーキングメモリを中心に検討し，その上で小学校英語活動における文字学習と英語の多読・多聴学習をどのように実践すれば効果的かについて解説している。

社会脳PIとTPR：
構造化インプットと全身反応に
もとづく社会脳インタラクション

本章で紹介するインタラクティブ・プラクティス

①社会脳PI
②ジェスチャを含む全身反応による社会脳TPR

プラクティスの
ねらい

CBIをベースに，インタラクティブなコミュニケーション能力を育成する

　前章の社会脳多読・多聴を受けて，本章では，構造化インプットと身体反応をベースにしたインプット駆動型プラクティスとして，PIおよびTPRを取り上げて検討します。

9.1.　PIに社会脳インタラクションを持ち込む

　第二言語の学習・教育におけるこれまでの流れを整理するとCBI（Comprehension-based Instruction）とPBI（Production-based Instruction）という2つのアプローチに整理できると言われます（Ellis and Shintani, 2014: 115–133 ほか）。これらは既に第5章5.3（p. 94）で述べましたインプット理論とアウトプット理論という2つの習得モデルに対応していると言えます。CBIは，Krashen（1985）が，学習者の現在のレベルよりやや高い「理解可能な言語インプットインプット」（$i+1$）を提供するだけで，言語習得のための必要・十分条件になるというインプット理論の流れをくむものです。Krashen自身によるナチュラルアプローチ（natural approach）（Krashen and Terrell, 1983），Winitzの Comprehension Approach（Winitz, 1981），さらには次節で取り上げるTPRなどが，このアプローチに含まれる教授法です。

　これに対し，カナダにおける英語・仏語のバイリンガル教育の一環として実施されてきたイマージョンプログラム（immersion program）の経験から，Swain（1995）は，豊富な言語インプットだけでは，意味的操作能力は身に付いても，正確な文法操作能力はつかないことから，学習者によるアウトプット活動の必要性を主張するアウトプット理論を展開しました（門田，2014：31–37 参照）。この考え方にもとづくのが後者の PBI で，行動主義的な習慣形成による文産出に焦点を当てたオーラルアプローチ（oral approach）とかオーディオリンガル・メソッド（audiolingual method）と呼ばれる教授法（Fries, 1945）がその代表例です。

　CBI，PBI という 2 つのアプローチのうち，主として前者にもとづき，その後の種々の議論を取り込んで改良した新たな CBI とも言える学習法が，VanPatten（2004）による **PI**（Processing Instruction: **インプット処理にもとづく学習指導**）です。多読・多聴学習と同じインプット駆動型プラクティスの流れをくみながらも，そこに最小限の明示的な顕在学習と，「構造化されたインプット（structured input）」を手がかりにした発見学習法を取り込んで，文法など言語形式の獲得を目指しています。

　VanPatten（2004）は，第二言語学習者が陥りやすい処理原則として，「意味優先」があることを指摘しました。学習者は，与えられた英文の意味と形式の両方に注目すべき状況でも，両者が競合するときには，意味内容を優先して，文法など言語形式には注意を払わない傾向が強いことを明らかにしたのです。単に意味内容を理解することを目的としたリスニングベースのプラクティスでは，言語形式と意味との正確なマッピングは達成できないので，形式に注目した文処理を学習者にさせること，すなわち文法処理が不可欠な素材を提供することの必要性を力説しています。例えば，

　① Yesterday John walked three miles.
　② He played the violin last Sunday.

では，動詞の過去時制の処理をしなくても，意味は理解できてしまいます。そのため，

　③ Today John walked three miles.

④ He played the violin at the concert.

など過去形態素に着目することが不可欠なインプット処理をさせることが必須になります。このように，学習ターゲットに学習者の注意を向けるという構造化されたインプット処理をさせることで，形式と意味のマッピングを学習者に形成させようとする点で，PI は他の CBI のアプローチとは区別できるものになっています。

　以上のように，PI は学習者の意識を意味優先から脱却させ，自然な言語理解においていかにして文法形式に意識を向けさせるかを追求したものです。このアプローチの前提には，第二言語の習得は決して「自然に（naturally）」「無意識的に（automatically）」達成されるだけではなく，最小限の顕在的な文法知識をもとに，意図的に構造化されたインプットを処理することで，ターゲット言語におけるコミュニケーション能力を獲得できると考えたのです。

解　説

　文法学習について，PI の効果を検討した実証研究は多数ありますが，PBI の流れをくむ機械的な産出ドリル中心のオーディオリンガル・メソッド（AL）などと比較した研究成果をまとめると次の表 1 の通りになります（鈴木, 2018）。表内の記号で，「＝」は有意差なし，「＞」や「＜」は有意差ありを示しています。

表1　文法習得に対するPIの効果：PBIの学習法との比較（鈴木, 2018: 93-94にもとづく）

		理解力	産出力
学習直後		PI＞AL	PI＝AL
学習前後の伸長度	PI	指導前＜指導後	指導前＜指導後
	AL	指導前＝指導後	指導前＜指導後
学習後8か月経過時点	PI	学習直後＝8か月後	学習直後＝8か月後
	AL	学習直後＞8か月後	学習直後＞8か月後

　特筆すべきは，指導直後と比べて，学習後 8 か月経つと，AL 学習群は，理解力も産出力も有意に低下するのに対し，PI 群は，理解・産出ともに，数字の上では若干低下するものの有意ではないことが明らかになっていると

いうのです。 第二言語学習者の「注意の焦点 (focus of attention)」に入っているかどうかが，記憶の成否を左右するという Cowan によるワーキングメモリモデル（終章 1. p. 242 参照）を前提にすると，PI の効果は，機械的な産出活動では得られない，文の意味理解を中心にしながらも，学習者の注意を文法など言語形式に向けるフォーカス・オン・フォーム（Focus on Form）を重視したことにあると考えられます。このように PI は，学習者の注意の対象を制御することで，CBI によるインプット処理の効果をさらに高めることに成功した指導法・学習法であると評価できるでしょう。

● 社会脳PI：PIにインタラクティブ・シャドーイングをプラス

　鈴木（2018）は，この PI をもとに，アウトプット能力の育成につながる活動を加えて改良した学習法（日本版 PI）について紹介しています。これは PI の土台の上に，ライティング，スピーキングなどアウトプット能力を養成する方法を解説したものです。

　第 6 章 6.2 (p. 116) では，対話型のインタラクティブ・シャドーイングは，聞き手と話し手との「神経同期」をもとにした，社会脳インタラクションを実現する学習法になると考察しました。ここでは，VanPatten による PI で学習した文法項目を土台にして，その後インタラクティブ・シャドーイングを学習者同士で行う実践を通じて，社会脳インタラクション能力（SBIC）を育成しようとする方法について提案したいと思います。すなわち，直接対面で他者の顔表情，視線，ジェスチャ，その他を見ながら，その発話音声をもとに，インタラクティブ・シャドーイングをして，会話ディスコースを構築する能力を習得する方法です。

　次の図 1 にこの方法の PI 部分の手順を示します [29]。

　ここでは，既習の現在形に加えて，過去形と未来形について，PI を用いて学習するものとします。

　①目標学習項目の提示：oral introduction や small talk を通じて，次の
　　2 つを設定します。
　（a）「（習慣として）朝シャワーを浴びます」(I take a shower in the morning.)

---

29)　主として，鈴木(2018: 96-104)にもとづく。

という習慣を表す現在形に対して「今朝シャワーを浴びました」(I took a shower this morning.) という過去形や，「明日朝もシャワーを浴びます」(I will take a shower tomorrow morning.) など，過去や未来の動作を表す言い方を学ぶ。

（b）「海外旅行が好きです」(I like travelling abroad.)，「推理小説を読むのが好きです」(I like reading mystery novels.) のように「〜するのが好きです」(I like 〜 ing.) という言い方を学ぶ。

②明示的解説

過去や未来の動作を示す方法や，「〜するのが好き」という言い方について，最小限の文法的解説をします。

③構造化インプット：リスニング

習慣を現在形とともに，過去形，未来形を使った文を音声提示し，それぞれの動詞の意味内容が，習慣，過去，未来のいずれか，リスニングを通して区別する PI の中心的タスクです。「シャワーを浴びる」(take a shower)，「朝食にパンを食べる」(eat bread for breakfast)，「外出前にヨガをする」(practice yoga before going out) などの意味内容が，現在，過去，未来のどの形式で聞こえてきたか判断して解答して貰います。同様に「〜が好きです」という表現についても，聞こえてきた英語音声が，「パンを食べる」「推理小説を読む」「メールを送信する」のうち，どの意味内容なのかも判断して解答して貰います。鈴木（2018）は，それぞれ 8〜16 文程度実施する必要があると述べています。

④構造化インプット：リーディング

同じ（a）（b）2 種類のインプット英文の意味を，今度はリーデイングを通して判断するタスクで，やはり PI の中心的タスクです。ここでもワークシートに，③のリスニングで提示したものと同様の英文を印刷しておいて，習慣，過去，未来のいずれの動作か，また「〜するのが好きです」の〜部分の内容がどのようなものか解答します。個人で解答した後は，ペアで互いの解答を比較し，最終的に指導者が正答を提示するとよいでしょう。

VanPatten（2004）が提唱した PI による文法指導は，①から④で完了です。

　　ここでは，Murphey（2000, 2001）による，ペアでの「シャドーイング＋要約（shadowing and summarizing）」の手法[30]をもとに，その学習ステップを（1）完全シャドーイング，（2）選択的シャドーイング，（3）相互的（インタラクティブ）シャドーイング（第 6 章 6.2 p. 116）の順に，話者A・B 間で次の段階を経て実施します。

⑤発話テーマの設定：話者 A 用

　PI で学習した文法項目に関しては，"three things I did this morning" "what I like doing" などのテーマが適しています。

⑥話者 A：発話

　与えられたテーマに従って，発話を開始します。

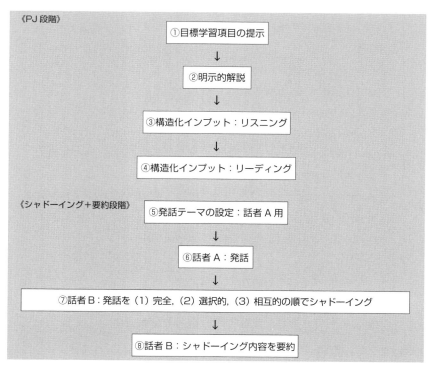

図1　社会脳PIの学習ステップ：「PI」および「シャドーイング＋要約」（鈴木，2018およびMurphey，2000, 2001）

30）　https://www.youtube.com/watch?v=Bri4tpCbjR4

⑦話者 B：発話をシャドーイング

話者 A の発話を聞き（1）すべて復唱する完全シャドーイング，（2）発話インプットの一部をシャドーイングする選択的シャドーイング，（3）発話インプットの選択的シャドーイングにコメントを付与する相互的シャドーイングという 3 通りのやり方で実施します。

⑧話者 B：シャドーイング内容を要約

一通り，「発話＋シャドーイング」を実施したら，最後に（1）（2）（3）のそれぞれの方法ごとに，シャドーイングした内容を要約します。必要に応じて，話者 A に確認を取りつつ，適宜表情，視線，ジェスチャなども駆使しながら，実施します。

以下に，Murphey（2000）を参考にしつつ，ペア・シャドーイングの例として（1）と（3）を文字筆記したものを掲載します。

（1）完全シャドーイング＋要約（テーマ：three things I did this morning）

A: I took a shower this morning.

　　B: *You took a shower this morning.*

A: I practiced yoga before going out.

　　B: *You practiced yoga before going out.*

A: I I can't here…

　　B: *In this floor ?*

　　B: *So let me see… You you took a shower this morning. practiced yoga before going out and er you…*

A: Oh, looking this ?（左手を上げて人差し指を下に突き出して）"I can't be here".（間に合わなかったの意味をジェスチャで示す）

　　B: *Yeah. You can't be here.*

（3）相互的シャドーイング＋要約（テーマ：I like 〜 ing）

A: Urm… I like travelling urm abroad.

　　B: *Abroad ? Oh, sounds nice.*

A: Urm… I like exercising urm like going to gym.

　　B: *Going to gym ? Wow, very healthy.*

A: Urm… also I like urm eating Asian food.

B: *Asian food ? Me too !*
A: Especially I like Korean food.
　　B: *Oh, you like Korean food.*
A: And also urm I like reading mystery novels.
　　B: *Mystery novels.*
A: And also I like meeting new people.
　　B: *Meeting new people. Now let me summarize your story.*
　　（左手でペアの相手を指しながら，右手の指を使って1から親指
　　から次々と指を使って数えながら）*You like travelling, going*
　　to gym, eating Korean food, reading mystery novels, and
　　meeting new people.
A: Yeah yeah that's right.

　ペアによる，以上のようなシャドーイング＋要約のタスクでは，いずれの
例でも，話者の発話はもちろん，顔表情，視線さらにはジェスチャにまで注
目して，ペア・シャドーイングにもとづくインタラクションの学習を実施す
ることができます。同時に，（1）から（2）（3）に進んで行くにしたがって，
会話における互いの発話量が増え，ノンバーバルも含めて，会話ディスコー
スにおける社会脳インタラクションが進展し，さらに深化していくことが容
易に推測できます。

　以上 PI では，主に，（a）目標文法項目の明示的説明を最小限行った後，
構造化されたインプットの処理（リスニングとリーディング）を通じて，文の意味
理解と関係づけながら，学習者の注意を言語形式に向けたマッピングの学習
を行います。この PI の学習手順にさらに，（b）3 種類の社会脳シャドーイ
ングを追加することで，学習内容をもとに実際のインタラクティブ・コミュ
ニケーションにつなげる社会脳 PI の学習を実現できると考えます。

9.2. 社会脳TPR：動作を用いたインタラクティブ・プラクティス

　本節では，人と人との間で，とても影響の大きなノンバーバル情報の中で

も，社会脳インタラクションに関係するジェスチャなど動作を通じて，ことばの意味・機能と表現形式のマッピングを身体に染みこませる学習法（TPR）について取り上げたいと思います。

● 二重拘束メッセージ

　第 1 章 1.3（p. 24）で紹介したメラビアンの法則が示すように，私たちのコミュニケーションの 90％以上がノンバーバル（話す速さ，口調など聴覚的情報や，見た目，しぐさ，表情，視線など視覚的情報）による伝達に依っています。このことを端的に示す事例が，齊藤（2008）のいう「二重拘束メッセージ」です。 二重拘束メッセージとは，バーバル情報とノンバーバル情報が矛盾していることを指します。例えば，ことばでは「会えてうれしい」と言っているのに目が怒っているとか，口では「大賛成です」と言いながら，両手をあげるどころか，こぶしを握りしめているなど，発話している内容（バーバル）と，表情や動作など（ノンバーバル）で表わしている内容が違っている状態です（齊藤，2008：170-171）。二重拘束メッセージの大半は，バーバルは肯定的で協力的なポジティブ・メッセージであるのに，ノンバーバルが否定的，拒絶的なネガティブ・メッセージです。他者からこういった二重拘束メッセージを発信されると，受け手はどちらを信じていいかわからず一時的に混乱します。バーバル情報は肯定的で，受容したい情報なので信じたいと思う反面，意図的に操作できることもあり，ウソも多いことを誰しも感じています。このため，一般に私たちは，バーバルがポジティブであっても，ノンバーバルが反対であればノンバーバルをむしろ信用して，他者の発話は本心ではないと推察します（齊藤，2008：170）。

● ジェスチャの種類

　一般に，話し手のジェスチャなどボディランゲージは，言語外の要素として，言語コミュニケーション研究において，従来から補足的・周辺的な扱いしか受けてきませんでした。ところが，近年ではジェスチャは，言語外の要素ではなく，言語処理と同期（synchronize）しながら，ことばの文法・意味処理の基礎に組み込まれているというというモデルが提案されています（McNeill, 2000; 齋藤・喜多，2002, 門田，2014：75-76 など）。第 4 章 4.7 p. 78 でお話し

しましたように，人類の言語の系統発生の中でも，音声言語よりもジェスチャ言語のほうが先に発達していたとする考え方が有力視されています。

ジェスチャの種類は，実は，研究者によりさまざまな分類方法があります。音声言語との関係を考慮しますと，次の3つに分類するのが妥当であると考えられます（門田・池村, 2006: 52; 斎藤，2008: 140 など）。

(1) エンブレム（emblem）：特定の明確な意味をもった，発話の代りになる動作です。例えば，親指と人差し指の2つの

図2　見た目とことばが違うと…：二重拘束メッセージのイメージ（齊藤，2008: 171を参考に作成）

指先をまるめてつけると，OK の意思を伝えたりお金の意味になったりします。また，手のひらを相手に向けて人差し指と中指を上に突き出して「やったよ」という V サインを示したりします。しかしこれらは日本人同士で通じるもので，海外では別の意味になったりします。

また，発話に付随して用いられるジェスチャには次のようなものがあります（河野，1992 など）。

(2) イラストレータ（illustrator）：話し手が，スピーキングにおいて，強勢のある重要語を発するたびに，頭を動かすなど（Azuma, Nomura, and Yamane, 1981），発話音声と一体となった動作を行ったりすることです。ただし，このイラストレータだけでは，はっきりとした意味を伝達することはできません。

(3) マニピュレータ（manipulator）：手のひらを上にしてもう一方の手の親指でさすりながら話すなど，発話音声とまったく無関係に生じる話し手

図3　OKのジェスチャとVサイン（齊藤，2008: 141を参考に作成）

のくせにあたります。

　これらのうち，（2）イラストレータなど，発話とともに用いられる自発的ジェスチャはまた，スピーチ関連ジェスチャ(speech related gesture: SRG) と呼ばれます。この SRG は，発話内容と非常に密接な意味的・時間的な関連性が観察されていることから，スピーキング時における，話し手の頭の中の表象や認知・思考の一部を表現する働きを持つと考えられています（Nobe, 2005）。事実，音声発話に伴って，人がなぜ以上のイラストレータのような表象的ジェスチャをするのかについて，からだをもとにした思考という観点から，理論化・モデル化を行っている研究者もいます（喜多，2002）。また，SRG は，母語よりも第二言語を話す際に多く付随し，発話の流暢性や学習者の熟達度と大いに相関関係があることも知られています（Nobe, 2005）。

　これらを受けて，門田・池村（2006: 57）は，SRG が第二言語の習熟度の違いにいかに関わっているかについて検討することで，第二言語・第一言語の運用とその基盤となる人の認識・思考プロセスに新たな展望が開ける可能性があるのではないかと述べています。例えば，Kohno（1984）や河野（1988）の研究では，英語力と相関があるジェスチャは，絵・写真と同様の役割を担うエンブレムではなく，イラストレータなど SRG ではないかと結論づけています（第11章11.1 p. 200 参照）。この河野による研究は古典的ではありますが，これを本書第4章で解説したミラーシステムと重ね合わせると，他者ジェスチャの理解にはミラーリングによる「再現（シミュレーション）」が関係しますが，（1）のジェスチャは，言語処理を補完するというより，むしろ重複（バッティング）し，その代用をしてしまうために，言語処理能力を促進させることはありません。それに対し，（2）のジェスチャは，それをミラーリングしシミュレーションすることで，言語情報処理を補完する役割を持つために，SBIC にもとづくインタラクティブ・コミュニケーションを発達させる効果があるのではないかと考えられます。今後検証すべき興味

ある仮説であると言えるでしょう。

9.3. ノンバーバルインタラクションを活用した外国語学習法

解 説

　ジェスチャを含む動作によるノンバーバルインタラクションを積極的に活用した外国語学習法は，実は 19 世紀末から欧米では 1 つの伝統となっています。河野（1992）は，このような学習法の流れを「聴覚・運動アプローチ（audio-motor approach）」と名付け，代表的な教授法として次のようなものを挙げています（河野，1992: 91-98）。

（1）Gouin による psychological method：

　母語習得で，幼児は自身の考えた順序でことばを使うのではないかという仮定のもとに，教師が発話と動作を連合させて，動詞を中心に学習目標文を提示し，学習者が言語と動作を結びつけられるようになることに主眼を置いた方法です。一連の動作を表すのに必要な動詞を含む文を何回も聞かせて文を徐々に完成させ，その後その文を筆記し学習者に見せ，発音と文字を関連づけてその書き方を教え，最後に学習した文を発音するという教授法です。かつて日本でも台湾や朝鮮半島・中国大陸の一部で，日本語のみによる直接法の実践に活用された歴史があります。

（2）H.E.Palmer による oral method：

　教師が命令文を発し，学習者がこれに応じて動作をするという「命令形式のドリル（Imperative Drill）」，学習者に豊富に英語を発音して聞かせつつ，教師が動作を使って演示する「音声・意味融合（Oral Assimilation）」，さらに，一連の動作を通して基本的な動詞を含む表現の習得を目的とした「連鎖的動作（Action Chains）」の活動が基本になっています。学習者に本を提示しながら教師が "Take this book." などと正しい英語の発話をしながら実行してみせる演示を繰り返すことで，その後教師の動作をだんだん減らして学習者自身でスムーズに動作が実行できるまで練習するといった学習法をとります。

（3）I. A. Richards による GDM（Harvard graded direct method）：

　英語を文単位で，それと直接結びついた場面の中で理解することを基本に据え，学習素材の提示順に細かく配慮しつつ，絵や動作にもとづいて意味と言語形式の対応を学習させる方法です。C.K.Ogden によって考案された基礎単語 850 語から成る Basic English で教えることを前提にしています。

　以上（1）～（3）の延長線上に提案されたのが次のアプローチです。

（4）J. J. Asher による，TPR（全身反応法：total physical response approach）：

　これは，Asher 自身が，幼児の母語習得にヒントを得て開発した教授法で，英語から，スペイン語，日本語などさまざまな外国語学習で，その効果についての実証データがこれまで数多く蓄積されている方法です。この教授法は，次の 2 つの原則にもとづいています（門田，2014：26-27）。

① PI と同じ CBI にもとづく教授法として，学習者をひたすらリスニングに従事させ，スピーキング，発音練習を強要しません。スピーキングは，リスニングの蓄積が所定のレベルを超えて飽和状態に達したら，自然に学習者の口をついて出てくると考え，それまでは一切発話練習は強要しないという原則を持っています。

②学習者へのインプットはもっぱら命令文を用い，その意味内容は，絵からではなく，命令文の内容を教師や学習者が黙々と動作で表現することで学習します。最初は，教師自身が，命令文を発しつつ，その意味内容をみずから身体動作によって表現することがらはじめます。例えば，Stand up. / Jump. / Go to the door. / Sit on the desk. / Stand on the desk. / Open the window. / Erase the blackboard. といった具合です。この教師による一連の動作が終わったら，今度は学習者に同じ命令文を聞かせ，意味内容を動作で表現してもらいます。

　この Asher の TPR において特筆すべきは，従来からの文法訳読法や，オーラルアプローチにおけるパターン・ドリル（文型練習）などと比べて実際にどれだけの効果があがるか，子供も大人も含めていかなる年齢の学習者に，どのような目的において有効であるかなど，さまざまな形で要因を組みかえて実証的に検討した点にあります。我が国では，鈴木寿一氏が TPR 研究会

を開き，教育現場にどう取り入れるか検討し，その様子を撮影した DVD なども製作されています。

　筆者自身も，鈴木氏考案の「人工語（artificial language）」の入門用 TPR を活用したワークショップを体験したことがあります。人工語ですので，覚えようという動機付けも全くないまま，動作によって単語や文の学習をしたのですが，後になっても比較的忘れないという実感は持ちました。TPR による英語など第二言語の学習・指導は，以上のように教師が発する外国語を聴きながら，同時に教師や他のクラスメートが行った動作を見て，それを模倣する形で実際に体を動かすという方法です。本書で扱ってきた社会脳インタラクションを具体化するポイントである，①メンタライジングをもとにした認知的共感や，②動的表情・視線の認識，さらには③ミラーリングによる情動的共感を実現しつつ，それと CBI の認知的な音声言語処理学習との融合を可能にする学習法です。社会脳インタラクションをベースにした，教師と学習者および学習者同士の全身反応が，このように TPR には含まれているということが，このアプローチの効果を明確に説明する理論背景になると考えられます。

手 順

　では，具体的に TPR によるインタラクティブ・プラクティスを，少人数クラスを前提に，英語表現の学習・指導に活用した，社会脳 TPR の学習ステップを図 4 に示します。

　Silvers and Asher (1994) は，TPR で使用する命令文の単純な例や複雑な例を数多く提供してくれる便利な書籍です。そこでは指導に際して，bag, glass, bell, hat, book, key, box, newspaper, pen, pencil, cup, sponge, eraser, towel のような小道具を用意しておくことを推奨しています。

(1) 簡単な命令文例：
　　1. Stand up and jump. / 2. Walk to the door. / 3. Walk to the chair and sit down. / 4. Walk, stop, turn around and jump. など
(2) やや複雑な命令文例：

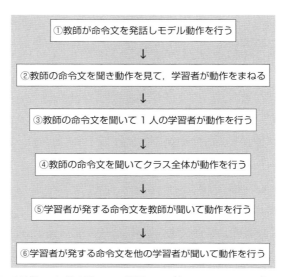

図4　少人数クラスを前提にした,社会脳TPRの学習ステップ(Silvers and Asher(1994)を参考に作成)

1. Shake hands with a friend and then tell the name of the person you shook hands with.
2. Run to the door and then open the door you ran to.
3. Draw a circle and then erase the circle you drew. (注：黒板を利用して)

　図4の学習ステップのうち，①では，教師は上記のような命令文をクラス全員に向かって発話し，その動作をモデルとして実演します。②では，教師は①の命令文を発話しつつ動作を実演し，複数の学習者（5人位まで）が教師と同時にその動作を実行します。ミラーリングによるシミュレーションやメンタライジングなど社会脳ネットワーク駆使して，教師の動作を模倣します。その中で命令文の意味内容が，頭の中にストンと入ってきます。

　③④においては，動作を見ないで，教師の発話する命令文のみを聞いて，その内容を実行します。これは，インテイクした文を聞いて再度処理する，インプット駆動型のインタラクティブ・プラクティスです。これはさらにクラス全体で反復します。学習者が命令文を発話して他者が動作を行う⑤⑥のステップから，学習者の発話（スピーキング）が許可されます。最初は，教師が命令文を聞いてその動作を行い，さらに他のクラスメートが聞いて行いま

す。これらを繰り返すことにより，アウトプット駆動型のインタラクティブ・プラクティスに移行できるようになります。

実施のポイント

　これまで，一般に TPR を学習指導に取り入れる際のデメリットとして次の点があると言われてきました。

① 10 人以下の少人数の学習者を対象とする方法で，30-40 人といった通常クラスにはなじまない。

②命令形や現在進行形などの文法事項は教えられても，他の文法項目は扱えない。

③リスニング以外の能力（スピーキングなど）を伸ばせない。

これらを克服するためのポイントを以下に解説します。

ポイント①：通常クラスサイズで社会脳TPRを実施する

　門田・池村（2006）は，通常サイズのクラスで "touch my heart" という表現を TPR で導入する例を紹介しています。まず，教師が実際に，"touch my heart" と言いながら同時に自分の胸に手を当て，学習者もそれをまねて胸に手を当てます。さらに，体のほかの部分も触って，"touch my nose"，"touch my mouth" など体のいくつかの部分を選んで発話します。そうすることで，"touch 〜" という軸語スキーマ（第 3 章 3.1.2 p. 57）を学習者にうまく模倣させることができます。何回か教師と一緒に動作をしたら，次は学習者同士で，ペアを組んで行います。学習者 A が "touch my heart"，"touch my nose"，"touch my mouth" などの「動作＋発話」，さらには「発話のみ」を行い，学習者 B はその意味する動作を模倣し，その次には実行します。学習者 B はもちろんその発話はしないで，黙々と行います。そうすることで，このような "touch my 〜" の動作を含む軸語スキーマを，社会脳インタラクションを通じて，学習者は容易に理解・学習できます（門田・池村，2006: 40）。

ポイント②：文法指導に社会脳TPRを活用する

　現在進行形と現在完了形を学習事項として取り上げ，TPR を使った同じ

文法項目の指導方法について，鈴木（2018）を参考に解説します。留意点として「過去と現在の状態を対比して現在完了の概念を説明する」ことを確認した上で，次のような方法で現在，現在進行，現在完了，過去形を使って指導しています（鈴木，2018：104-106）。

①課題提出先のメールアドレスをホワイトボードに教師が書くという自身の行動を発話：

　　I'm writing my email address. Here is my email address, because I have written it.

②学習者にメールアドレスを書くように指示：

　　Write my email address on the sheet of paper. Now you are writing it, and you have written my email address, so it is on the sheet now.

③アドレスが間違っていたので，学習者に消しゴムを使うよう指示：

　　Oh, I'm sorry. It is not correct. I have written the wrong address. Everybody, take your eraser out of your pen case. Erase the wrong address slowly. You are erasing it. Now you have erased it. It was on the sheet, but it is not there.

④間違ったアドレスを消して，書き直す自身の行動を再度説明：

　　I'm erasing the wrong email address. And I have erased it. I wrote the wrong address here, but it is not here, because I have erased it.

　　Now I'm writing my correct address. I have written it, and now here is my correct address. I wrote my wrong address, but now it is not here because I have erased it.

⑤正しいアドレスを書き留めるよう指示：

　　Everyone, write my correct email address down on the sheet, and now you are writing it. You have written it on the sheet. You wrote my wrong address a few minutes ago, but it is not on the sheet now, because you erased it a few minutes ago.

以上紹介した TPR の実践は，少人数でなくても，現在の日本の教室サイズで実現できる方法を具体的に示しています。教師や学習者のからだ全体を

を使った動作ではありませんが，これもノンバーバルによる社会脳インタラクションを活用した，社会脳 TPR の学習形態であると言えるでしょう。

　英文法の学習・指導と言えば，文法の教科書・参考書を読んでルールを理解し，その上で与えられた問題演習をこなすというのが伝統的な手順です。これに対し，TPR による方法では，英語の音声発話を聞きながら，教師や他の学習者の動作を観察して，自らその動作を実行するという，他者とのノンバーバルインタラクションにもとづいて文法学習をすることになります。これにより，各文法項目の形式と意味・機能のマッピングの定着度がさらに向上すると考えられます。

　なお，TPR を応用し英語のプロソディ（韻律）のうちイントネ−ションに特化した指導法（鈴木・門田，2018: 55–58）や，小学生を対象に，TPR を用いたチャンツの指導法（泉・門田，2016: 93–94）も開発されています。

ポイント③：社会脳TPRで伸びるスピーキング力

　TPR は，学習者をひたすらリスニングに従事させ，発音練習を一切課さないで，インプット音声の蓄積が飽和状態に達したときに，口から自然と音声が出てくるまでスピーキングは待つという学習法です。そして，この学習法の効果を査定した実践や実証研究は確かに，中学校や高等学校レベルで，リスニング，リーディング，さらにライティングの能力向上に効果的であることが検証されています。しかし，この TPR が，実はスピーキング力の育成にも有効であったという実践研究があります。それが，黒川・鈴木（2011）です。この研究では，中学1年生40人を，意味を伴うリスニングと動作にもとづく TPR の授業を受けた処置群20人と，教科書本文を理解する前の音読や既習文型を使った発話など機械的なアウトプット活動に一定の時間を割いた対照群20人に，直近の定期試験の成績をもとに分割しました。約4か月の授業期間の前後には，プリ・ポストテストとして，年齢・出身地，教科の好き嫌い，特定のスポーツをするかしないかについて，日本語のカードを見ながら，即興で英語を50秒間話し続けるテストを実施しました。

　録音した学習者の発話音声をもとに，2人の英語教師が，そのスピーキングの正確さを詳細に分析した正確性と，実際にいくつの文を制限時間内に話せたかという流暢性についてそれらの平均値を，次の図5および図6に示

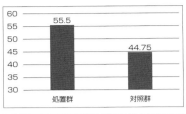

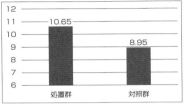

図5　処置群（TPR群）と対照群のスピーキングの正確性
図6　処置群（TPR群）と対照群のスピーキングの流暢性

します[31]。

　その結果，スピーキングの正確さ・流暢さの両方で，処置群（TPR群）が有意に対照群を上回っていることが分かりました。スピーキングをしないで，ひたすら「リスニング＋動作」のTPRによる学習が，一般的な発話練習などの学習をする方法よりも，学習した文型や文法項目の知識を活用して，即興での発話で使える力が身に付くことが分かります。言い換えると，本研究は，それ以前に検証されなかった，スピーキング力の向上にもTPRが有効であることを示しているのです。認知的な英語音声インプットのリスニングと，ミラーリングや表情・視線認知，メンタライジングなど学習者の社会脳ネットワークを駆使したインタラクティブ・プラクティスとの融合を実現した社会脳TPRにより，学習者のスピーキングも含めた英語力が有意に向上するという本結果は，特筆すべき成果であると考えられます。

応用①：Simon Says

　TPRにちょっとした工夫を取り込んだ応用例に，「Simon Saysゲーム」があります。授業開始時のウォームアップなどにぴったりです[32]。Simon Saysが，命令文の前についているとき学習者は動作をし，ついていないときは行なわないという取り決めのゲームです。

　例：
Okay, then, everybody, sit down !
Oh, oh, you've made a mistake. I didn't say Simon says.

31）　黒川・鈴木（2011）に記された数値（表）をもとに，筆者により棒グラフ化。
32）　https://eigoasobi.com/simon-says/ およびhttps://tabunka.carreiraenglish.com/tpr/#toc11などを参照。

Simon says touch your forehead.

Simon says, smile! Simon says, don't smile! Oh, you're smiling, aren't you?

Simon says hands up.

Touch your nose.

Oh, oh, you've again made a mistake.

　例のような「ひっかけ」を入れながら出題するのがコツで，多人数のクラスでも盛り上がるゲームです。

応用 ②：ジェスチャゲーム Charades

　読者の皆さんは，シャレード（charades）というゲームをご存じでしょうか。与えられたターゲットのことばや表現を，参加者 A がことばを使わずにジェスチャ，表情，視線，その他の情報だけでその意味内容を表現し，参加者 B が A とのノンバーバルコミュニケーションだけで，ターゲットのことば・表現をあれこれ推測して言い当てるゲームです。参加者 B は，さまざまな非言語情報をもとに，自身の社会脳ネットワークを駆使して，相手の意図しているターゲットを推察するのです。

　このシャレードですが，fMRI による脳内処理研究により，実際にミラーシステムとメンタライジングに関わる脳領域（第 4 章 4.1 p.65 および第 2 章 2.5 p.37）の有意な活性化が報告されています（Schippers ほか，2009）。これはそのまま日本の教室内での英語ゲームとしても活用できるものです。"Charades! Picture Free!" などというアプリも出ています。ペアになって，ランダムに出てきた英単語を，ジェスチャを使って制限時間内（60 秒など）に当ててもらうゲームです。ただ，母語話者以外には，ジェスチャ，表情だけで特定のターゲットのことば・表現を推測するのはかなり難しいかも知れません。そこで少しやり方を変えて，ジェスチャとともに，英語でいろいろヒントを出して，ペアの相手に当ててもらうという方法にすると，社会脳インタラクションを促進させるスピーキング活動として，とても効果的な練習になります[33]。このアプリには，次の 5 つのカテゴリーが用意されています。

① animals: leopard, segull, snail など動物名

② in the home: tea pot, razor, scissors など家庭用品

③ people: cheff, captain, mailman など街中の人々

④ starts with b: bathtub, bridge, beard など b ではじまる英単語

⑤ city search: gym, traffic light, crosswalk など街中にあるもの

　学習者 A は，上記①〜⑤から 1 つを選び，すぐにスマホを裏返して自身の額の前にかざして学習者 B に見せます。B はスマホの英単語とその写真を見ながら，ジェスチャ・表情などとともにどんな英単語が英語で説明し，A があれこれ考えて解答します。単純なゲームですが，やってみると結構難しいものです。英語授業として教室内で取り入れるときは，もっと易しいターゲット語に変更したカードを用意しておき，それらを使ったペア活動にすることもできるでしょう。

参考図書

　日本語で読める啓蒙書が見当たらないのが残念ですが，PI，TPR によるインプット駆動型プラクティスについての英語版の参考図書を紹介します。

① VanPatten, B. (ed.) (2004) *Processing Instruction: Theory, Research, and Commentary*. Lawrence Erlbaum Associate.

　第二言語学習者による言語インプット処理を「意味優先」および「文頭名詞句主語化」という 2 つの基本法則にまとめ，その上で構造化インプットを提供し，処理してもらうことで，文法形式と意味・機能とのマッピングを達成させるという，一種のフォーカス・オン・フォームにもとづく学習法を紹介したものである。PI の理論的背景，学習効果に関する実証データおよび実践法について，十数人の著者が解説した書籍で，この学習法の理解には欠かせない好著である。

② Asher, James J. (2009) *Learning Another Language Through Actions* (7th ed.).: Sky Oaks Productions.

　幼児の母語獲得にヒントを得て考案し，英語から，スペイン語，日本語などさまざまな外国語でその効果について立証した研究成果を踏まえ，TPR

---

33)　https://nekomatamew.hatenablog.com/search?q=charade などを参照。

の学習法についてその効果を数多くの言語と学習者を対象に立証した，Asher 自身による，非常に分かりやすい TPR の解説書である。

③ Silvers, S. M. (1994) *Listen & Perform: The TPR Student Book for Beginning and Intermediate ESL Students*.: Sky Oaks Productions.

　　第二言語としての英語の習得用の指導書および学習書である。Lesson 1 から Lesson 26 を通じて，主として命令文を用いて，不定・定冠詞から疑問・否定文，be 動詞，前置詞，接続詞，時制，助動詞など英語の文法の大半を学習するための素材と実践法を提供している。TPR に必要な小道具から，実践方法まで，詳細にわたって解説した良書である。

④河野守夫・末延岑生 (1991)『**からだで学ぶ英語教室** (Pleasure Land of English)』**大阪教育図書**

　　命令文を主としたリスニング練習から入って，すべて学習者の動作を通じて英語を習得できるように工夫された，TPR の方法を主に日本の小学生に導入した草分け的なテキスト。音声言語習得に関する理論研究の成果を踏まえ，学習者心理を含めた教育テクニックを駆使して作成された他に類をみない学習書である。

社会脳音読：なりきり音読から リード・アンド・ルックアップへ

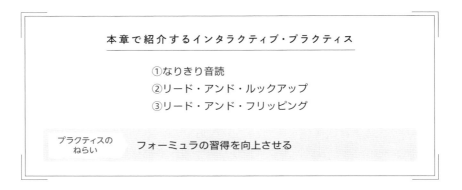

本章で紹介するインタラクティブ・プラクティス

①なりきり音読
②リード・アンド・ルックアップ
③リード・アンド・フリッピング

プラクティスの
ねらい　　フォーミュラの習得を向上させる

　第 5 章 5.4 では，シャドーイングには，その脳内神経基盤として同時通訳に匹敵するほどの同時多重処理が含まれていることを明らかにする研究成果を紹介しました。このような同時処理タスクは，実は音読にも当てはまります。図 1 は，音読に含まれる 4 重の処理プロセスを示したものです。

図1　音読における同時処理プロセス(門田，2020：28より)

　この同時処理プロセスが，「理解」「概念化」「発話」の多重処理が必要なインタラクティブ・コミュニケーションの習得に，音読が効果を発揮するポイントであると言えます。すなわち音読とは，書かれた文の発音の仕方を思い浮かべ（音韻符号化），文の意味や構造を理解（文法・意味処理）しながら，発音（発声）して，さらに自身の声を聞いて確認（聴覚フィードバック）する，そんな

学習方法なのです。

　本章では，音読に社会脳インタラクションの要素を持ち込んだ社会脳音読の実践として，言語・身体・情動が共振するなりきり音読および他者とのインタラクティブなリード・アンド・ルックアップを取り上げます。

10.1. 言語・身体・情動が共振するなりきり音読

解説

　これまでの英語など第二言語習得において，インテイク（内在化）とは，インプットを知覚・理解して，一時的に貯蔵しつつ必要な言語知識（発音，語彙，文法など）を長期記憶に転送することを指してきました。そして，これは，ワーキングメモリを中心とする認知脳ネットワークによって達成されます。

　それに対し，本書が主眼とする社会脳ネットワークが実現してくれるのは，言語知識に，情動と身体運動が一体となったインタラクティブ・コミュニケーション能力（SBIC）です。この目的のために，既に英文の主人公になったつもりで，出てくる代名詞をすべて自分に置き換えて行う，なりきり音読のトレーニング法の効果について紹介しました（門田，2018: 122-125, 2020: 134-137）。これに加えて，本章では「言語・身体・情動が共振する」なりきり音読（山本，2012, 2021 など）を提案したいと思います。

　山本（2012）は，例えば，次のような教科書所収の英文を音読するとき，"on her way to school" "slippery, rocky, tough" という表現が身体感覚を喚起させる対象になることを指摘しています（山本，2012: 357）。

It isn't 8:00 a.m.yet, but Finda has already been walking for three hours. She is **on her way to school** – nine kilometers from her home in Kindia, Guinea. The road is **slippery and rocky,** and the rain turns her path into **mud**. The walk is **tough**, but at school today Finda is **happy because she meets her best friend.**

(*Genius English Course I Revised*, 大修館 p. 33)

　Finda が学校へ通う 9 km の道は岩でごつごつしていて滑りやすく，道は雨で泥とぬかるみと化し，歩行はまさにタフそのものであると言えます。こ

のような辛い情景とともに，しかし今日は親友に会えるという嬉しい気持ちがある……。音読とともに，主人公になりきってこれらをイメージできることが重要になってきます。そうすることで，認知脳ネットワークによる言語処理に，社会脳ネットワークによる情動的共感を融合させること，すわなち音読による言語・身体・情動の共振が実現可能になるのです。ここでは，特にミラーリングによる情動的共感がポイントで，他者（Finda）の状態を音読によってありありとシミュレーションすることにより，言語知識をそれに伴う情動や身体性と合体させた形で習得できると考えられます。このように，なりきり音読は，ミラーリングを伴ったミラー音読により，将来の社会脳インタラクションにそのまま活用できる知識として長期記憶中に保存できるのです。

手 順

　門田（2020）で示した音読の学習の手順が，社会脳ネットワークにもとづくなりきり音読でも，大いに参考になります。

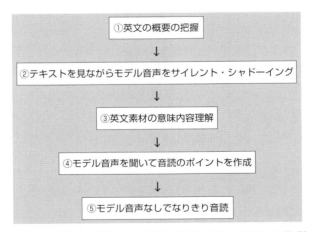

図2　なりきり音読の学習ステップ（門田，2020：156-162をもとに作成）

　まずは，音読の前段として，音読素材の入念な下調べを行います。

①英文の概要の把握：
　　テキストを一読し，文章全体の概要を捉えます。

②テキストを見ながらモデル音声をサイレント・シャドーイング

　　素材音声を聞きながら，テキストを黙読します。このとき声に出さなくても，心の中でモデル発音を模倣します。音声を声に出さず復唱するサイレント・シャドーイングをテキストを見ながら実施するのです。これがなりきり音読につながります。

③英文素材の意味内容理解：

　　できるだけ詳細に英文テキストの意味内容を，文の文法構造などにも注意しながら，読んで捉えます。必要に応じて単語の発音，意味や使い方なども辞書を引いて確認します。内容についての設問があればそれらに答えて理解度チェックをします。

④モデル音声を聞いて音読のポイントを作成

　　モデル音声を聞いて，どのように話者になりきって発音（発声）するかについて，ポーズの位置，強勢（ストレス），ピッチ変化（イントネーション）など，韻律（プロソディ）を中心に英文中に記入します。このとき，言語・身体・情動の共振が得られるように，話し手に対する情動的共感をもとに，その心情をミラー・シミュレーションするつもりで記入していきます。

次の英文例は，オバマ元大統領が行った演説の一節です。

Well, I say to them tonight, there is not a liberal America and a conservative America -- there is the United States of America. There is not a Black America and a White America and Latino America and Asian America -- there's the United States of America.

（門田・高田・溝畑，2007: 130）

次のようなメモを事前に用意します。

キーワード：四角で囲む（ United States など）

ポーズ：/（短い），//（長い）

アクセント：文の中の発音が強い箇所に '（アクセントマーク）を付ける

ピッチ：上昇↗（斜め上向き），下降↘（斜め下向き），平板→（右向き）

注意点：①単語間を切らずに一気に早く読む　一重下線　（to them tonight, there）

　　　　②ゆっくりはっきり読む　二重下線　（the United States of

> America）
> ③強弱の対比を意識して読む　波下線　（liberal, conserva-
> tive）

Well↘↗/, I say to them toni'ght→/, there is not a li'beral Ameri-
ca↗/ and a conser'vative America↗/ -- there is the United Sta'tes
of America ↘.// There is not a Bla'ck America↗/ and a White'
America↗/ and Lati'no America↗/ and A'sian America↗/ -- there's
the United Sta'tes of America↘. //

図3　オバマ演説音読のポイント作成例（溝畑，2007：117を参考に作成）

　上記のサンプルは，オバマ元大統領になりきったつもりで，liberal 派や conservative 派の分断もない，Black, White, Latino, Asian の America の分断もない，あるのは the United States of America だけだという主張を，あたかも自身が実際に演説するようにオバマ元大統領への情動的共感をもって実施するポイントを記述しています。そして，モデル音声をもとにして，なりきり音読を繰り返し実践します。

⑤モデル音声なしでなりきり音読：
　　モデル音声の助けを借りないで，なりきり音読を繰り返し実行します。これは，スマホや PC で録音するとよいでしょう。

　以上の⑤まででなりきり音読のトレーニングは完了です。ただ，できるだけ，日を変えて，練習済の素材を復習しましょう。別の日に 2 回 3 回と繰り返すことは，音読の学習効果をさらに高める意味で重要です。このとき，英文素材の上にボールペンを 1 本ないし 2 本斜めに置いて，一部の素材が隠れて見えなくなるようにして，練習すると効果的です。また，英文を節や文単位で黙読して，次に文字から目を離して，顔を上げ，他者に語りかけるリード・アンド・ルックアップ（次節10.2）に移行していっても結構です。

実施のポイント ──────────────────────
　なりきり音読のトレーニングでは，音読における同時処理について示した

（本章図 1）「聴覚フィードバック」がとても重要です。これにより，I.P.O.M. の M にあたるポイントメタ認知モニタリング（序章 3 p.10 参照）が可能になりますが，これを意識的に実行することが極めて重要になってきます。特に，認知的・情動的共感能力がポイントです。上例では，オバマ元大統領が，分断なき the United States of America を強調しているその意図をメンタライジングしてそれにまず認知的に共感します。その上で，自身の生い立ちやこれまでの経験を踏まえて切実に訴える気持ちをシミュレーションする，ミラー音読を通じて情動的共感を得るようにします。

　また，音読時の発音についてメタ認知モニタリングをする際には，次の諸点に留意します。

①意味のまとまりとしてのチャンクを意識する：

　英文音読では，句節の境界などのチャンク（センス・グループ）を意識することが重要で，各チャンクの意味内容を理解した上で，どこで区切ってポーズを入れればよいか考えながら実行します。

　上記の Finda の英文では，スラッシュ（/（短いポーズ）：句・節単位, //（長いポーズ）：文単位）で区切られた箇所に入れるのが一般的です：

It isn't 8:00 a.m. / yet, / but Finda has already been walking / for three hours// She is on her way / to school / – nine kilometers from her home / in Kindia, / Guinea// The road is slippery / and rocky, / and the rain turns her path / into mud// The walk is tough,/ but at school today / Finda is happy / because she meets her best friend//

（再掲）

②強弱をつけて，リズムに乗って音読すること：

　すべての単語を同じ強さで音読するのではなく，強弱をつけて読みます。通常，内容語（実質的な意味を持つ，名詞，動詞，形容詞，副詞など）や疑問詞は強く，機能語（文法上の役割を主として担う，前置詞，代名詞，助動詞，冠詞，be- 動詞，接続詞など）は弱く発音する傾向があります。例えば，次の文では，ゴチック体の音節に強勢（stress）を置いて発音するのが通例です。

The **host**ess **greet**ed the **guest** with a **smile**.

（門田，2015：102）

　　英語のリズムは，文内の強勢（ストレス）間の長さが等時的になる傾向があります。以下の 4 つの文のゴチック体の語（音節）を，等しい時間的間隔で発音できるようにします。

> It's **hard** to **say** I'm **sorry**.
> It's **hard** enough to **say** I'm **sorry**.
> It's **hard** for me to **say** I'm **sorry**.
> It's **hard** enough for me to **say** I'm **sorry**.

（里井，2013）

　　一方，日本語は，モーラ（拍）を同じ長さで発音します。芭蕉の「五月雨を　あつめて早し　最上川」(sa・mi・da・re・wo / a・tsu・me・te・ha・ya・shi / mo・ga・mi・ga・wa) という俳句の・で区切られたそれぞれがモーラで，これらを同じ長さで発音することで日本語のリズムが生まれます（里井，2013）。

　　母音・子音など分節音よりも，リズムなど韻律（prosody）を間違った場合の方が，文の理解しやすさ（intelligibility）に対する影響は大きいことがわかっています。従って，日本語のモーラで区切るという発音の習性から脱して，英語の強勢（ストレス）をもとにした読み方を実現できるように，意識的にリズムに着目したメタ認知活動が必要でしょう。

③音の連結，同化，脱落などの音変化に注意して音読すること：

　（a）連結：単語の最後の音が，/p//t//k/ などの破裂音で，次の語の最初が /i//e//a/ などの母音の場合

　　　Will you top̲ it̲ up ?　　「満タンにしてください」

　　　I think̲ I'll take̲ a bath.　　「風呂に入ろうかな」

　（b）同化：隣り合った音同士が，互いに影響し合うことにより，もとの音とは違った音になってしまうこと

　　　We'll mis̲s you. [s] → [ʃ]　　「君がいないと寂しくなる」

　　　It was a nic̲e show. [s] → [ʃ]　　「素敵なショーだったね」

　（c）脱落：破裂音が 2 つ 3 つと続く場合や，/t//d/（破裂音），母音 [ə]

blood pressure [blʌ́dprèʃər]　「血圧」

They all kept quiet. [képtkwáiət]　　「彼らみんなだんまりを決めこ
　　　　　　　　　　　　　　　　　　　　んだ」

general [dʒén(ə)rəl], get another [gét(ə)nʌðər]

（深澤，1988）

　以上の①〜③は，なかなかすぐに上手にできるようにはならないかも知れ
ませんが，相手にしっかり伝わるように，以上のようなメタ認知モニタリン
グを実行しつつ音読することが重要です。

コラム❾　　速音読

　音読学習の 1 つのバリエーションに，鹿野（2018）による「速音読」
がある。これはそれじたいはインタラクティブな学習タスクではないも
のの，多重処理を含むインタラクティブ・コミュニケーションの前提と
なる自動的な言語運用能力，つまり心理言語学的能力（第 5 章 5.2 p. 93）
を促進するタスクである。

　速音読は，音声を聞きながら行うパラレル・リーディングの一種で，
母語（日本語）への翻訳をしないで，素早く意味理解ができる能力の育成
をめざすものである（鹿野，2018）。例えば，This is the book that I
bought yesterday を，日本語訳をその都度考えながら読もうとすると，
「これは（This），昨日（yesterday），私が買った（I bought），本（the book），
です（is）」と，眼球が英文を大きく前後することになってしまう。

　速音読の手順は次の通りである。

（1）速いモデル音声を聞く：170 〜 180wpm（words per minute）程度
　　の音源を聞いてどの程度理解できるか，1-5 の 5 段階でチェック
　　する。

（2）日本語訳を音読する：英語の語順に極力合わせた日本語訳を用意
　　し，それを音読する。上記英文だと，「これは本です，私が買っ
　　たのは昨日です」といった訳になる。

（3）遅い音源を聞く：120 〜 130wpm 程度の遅い音源を聞きながら，
　　英文テキストを指で追って各単語の発音を確認する。その後 2-3

回，音源は聞かずに，同様の速度で音読する。

（4）速音読を実施する：時間（秒）を測りながら可能な限り速く音読する。これを 3 回繰り返し，記録欄に各音読でかかった時間を記入する。

（5）速い音源（モデル音声）を聞く：

もう一度（1）のリスニングを実施し，再度 1-5 の 5 段階チェックする。理解度が向上しているかどうか，速音読の成果を確認する。そして次の図 3 のように，記録欄に記入します。

図4　速音読の自己評価記入例（鹿野, 2018：14）

さらに，以上の（5）の後に，再度黙読したり，上記（3）の遅い音源をもとにシャドーイングしたり，句・節単位ごとに音読して，その都度テキストを見ないで筆記する「音読速写」をしたりして，ライティング力やスピーキング力の向上につなげられると考えている。

10.2. リード・アンド・ルックアップ

解説

次に取り上げるのは，ペアで行う「リード・アンド・ルックアップ（read and look-up）」です。音読学習に社会脳インタラクションの要素を取り込んで，インタラクティブ・スピーキングにつなげるための音読の方法です。

このリード・アンド・ルックアップを，英文テキストを黙読しつつ行うやり方は，もともとは 50 〜 100 人の学習者といった大人数を，大教室で相手にする「困難な状況」でも外国語学習に効果的な活動として，West (1968) によって開発された方法です。

ペア活動としてのリード・アンド・ルックアップは，基本的に，次の 2 通りの方法があります。

①聞き読み（reading while listening）にもとづく方法：モデル音声を聞きながら英文を見て，句・節のチャンク（約2秒以内）で音声をストップしてポーズを置き，その間にテキストから眼をはなして発話する。

②黙読（silent reading）にもとづく方法：英文にあらかじめ句・節のチャンク（約2秒以内）で斜線（ / ）を引いておき，モデル音声なしに斜線まで黙読して，テキストから眼をはなして発話する。

なお，上記いずれの方法でも，チャンク（句・節）の長さを，2秒を限度にしているのは，短期的にいっきに保持できる記憶容量が，時間にして最大2秒という制約があることが明らかになっているからです（二谷，1999；門田，2014：52–53などを参照）。

手 順

リード・アンド・ルックアップの方法は，一般に次のように図式化できます（泉・門田，2016：203–206など）。

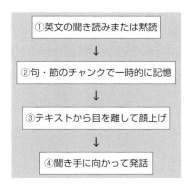

図5　リード・アンド・ルックアップの学習ステップ（泉・門田，2016：203–206をもとに改変）

句・節単位ごとに斜線を引くなどチャンク単位で区切られたテキストを，①モデル音声を聴きながら区切りごとに英文を黙読する「聞き読み」を行うかあるいは「黙読」をして，②一時的に記憶し（memorizing），③その後そのチャンクを，テキストから顔を上げて（look-up），④聞き手に向かって会話するように発話（talking to the listener）する活動です。そうすることで，発話したチャンクを長期記憶に転送する際の「内語反復（サブボーカルリハーサル）」

の機能を促進させる効果があります。さらに，一時的に記憶するスパンを最大限の 2 秒位まで長くすることで，長期記憶への転送できる分量を増大させることができ，記憶効率をアップできるようになります。

　このようにリード・アンド・ルックアップの要点は，一時的に句・節チャンクを記憶して，その後文字から目をはなして発話することで，その英文チャンクを長期記憶に転送するともに，それを聞き手に向けて発話して，インタラクティブスなピーキング力向上につなげることにあります。

　例えば，次の例は，三宅（2009）で使用された英文ですが，2 秒（2,000 ミリ秒）を大幅に超えないことに留意しつつ，あらかじめ句境界（ / ）やそれより大きな節境界（ // ）で区切られたチャンクをもとに，リード・アンド・ルックアップを実施することができます。（　）内の数字は，CD 内のモデル音声における直前のチャンクの発話時間（単位：ミリ秒）です（三宅，2009: 67）。

　例：After eleven months (1276) / clean water appeared (1299) / in the well (660) // The well was an amazing (1477) / forty nine point three meters deep (1895) // When the people saw the well (1568) / made with their own hands (1550) // they said (522) / "This present (931) / is more wonderful (1144) / than money" (577) //

教室内などで実施する方法として一般的には，2 人のペアをつくり，まずは学習者 A が斜線（ / ）単位で聞き読みか黙読をして記憶し，その英文を学習者 B に発話します。B は英文を見ながら正しく言えているかどうかチェックします。あるいは，B は聞いたとおりそのまま復唱（シャドーイング）することもできます。B はまた，A の発話の一部だけ（eleven months, clean water, well など）を拾って復唱したり（第 6 章 6.2 p. 117 の選択的シャドーイング参照），A の発話に対して，B がその日本語訳を言ったりするというように英日通訳方式をとることもできます。A の発話が英文の最後まで到達したら，B と役割交替します。その後は，A，B それぞれが，斜線（ // ）単位でのリード・アンド・ルックアップにチャレンジします。そうすることで，徐々に英文全体の暗誦に近づいてきます。最終的には，各文の最初の語や句を A が言い，その後 B が文を続けて発話するようにもっていきます。そうすると，ほぼ英文全体の内容をリテリング（retelling）したりできるようになってきます

（第 13 章 13.2 p. 227）[34]。

　リード・アンド・ルックアップにおいても，なりきり音読と同様に，音読音声について，メタ認知モニタリングの実行が必須です。また，聞き手に向かって発話する際には，発音とともに表情，ジェスチャなどにも気を配るようにします。

10.3. リード・アンド・フリッピング

手 順

　リード・アンド・ルックアップと類似のタスクに「リード・アンド・フリッピング（read and flipping）」があります。これは先に解説した速音読（【コラム⑨】）でも活用されるタスクです（泉・門田，2016: 203-206）。次の図のような手順で実施します。

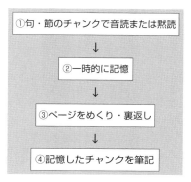

①句・節のチャンクで音読または黙読
↓
②一時的に記憶
↓
③ページをめくり・裏返し
↓
④記憶したチャンクを筆記

図6　リード・アンド・フリッピングの学習ステップ（泉・門田，2016: 203-206をもとに改変）

　英文テキストを，①句・節のチャンク単位で音読（oral reading）あるいは黙読（silent reading）して，②一時的に記憶（memorizing）し，その後，③本のページをめくるか，プリントを裏返し（flipping）て，④そのまま筆記（writing）します。何度もページをめくったり紙を裏返したりしながら実行するこ

34）　鈴木・門田（2012）では，リード・アンド・ルックアップについて，さまざまなやり方を具体的に紹介しているので参照されたい。

とで，内語反復（サブボーカルリハーサル）しつつ一時的に記憶する，音韻ループ（第 1 章 1.2. p. 18 参照）の能力を鍛えることができます。そして，一時的に記憶して書き写すスパンを，句・節単位に限定せず，できるだけ大きくとって転写することで，記憶・転写の効率が格段に向上してきます。

　教室内のトレーニングとしては，50-80 語程度の英文テキストを正しく転写するのに要した時間を測定し，その時間と正確さを競うようなゲームを行うこともできます。その際，転写の誤りは，1 つにつき，0.5 秒（500 ミリ秒）ずつ転写時間を増加させる形で入れるなど，正確に転写することにも同時に意識を向けるようにします。最後に，転写タスク終了後，どれだけ英文テキストを自然に覚えているか，うまく再生できるかを，キュー再生（cued recall）を課して確認することもできます。教室内で，グループ単位で実施することで，社会脳多読・多聴と同様に，学習者同士の社会脳インタラクションを活性化する活動になることが期待できます。

解 説

　鈴木（2005）は，音読には次の 4 つの目的があると述べています（門田，2015: 231 参照）。

①音声と文字を結びつける
②内容を理解する
③語彙や文法・構文をインテイクする
④他人に聴いてもらって理解させる

以上の中で，③のインテイク効果は，当然ながら，インタラクションのための音読であるリード・アンド・ルックアップにも備わっています。そうすると，この学習効果は，単語と単語の連なり（チャンク）を形成するフォーミュラ，言い換えると，田中・岡本（2015）が提唱する慣用表現の習得にも効果が発揮できると考えられます。

　従来から筆者は，第二言語としての英語におけるスピーキングを支えるしくみとして，次のようなものがあると提唱してきました（門田，2014: 249-250）。

（1）単語を素材に，文産出のための統語規則を適用したスピーキング
　　（rule-governed sentence production）

（2）統語的プライミングによる文産出（primed sentence production）

（3）フォーミュラをもとにしたスピーキング（formulaic sentence production）

　（1）は，文法知識（統語規則）にもとづいて，単語を，正しい形態で正しい順序に配列し，その上で文を産出する方法です。Chomsky（1965）がかつて提唱した，これまで聞いたことのない「新しい」文でも理解でき，今まで発したことのない「新しい」文でも生成できるという，人の創造的な言語能力を支えるしくみです。皆さんがこれまで学んだ学校文法も，同様に，これら文法と語彙の知識があれば，文発話が正確にできると想定してきたものです。

　また，（2）は，読んだり，聞いたりして処理した統語構造をそのまま再利用して発話する文産出です。先行刺激（プライム）と同一の統語構造を，後続刺激（ターゲット）として反復処理した場合の統語の促進効果を示しています。

　これらに対し，（3）のスピーキングの方法は，心内のメンタルレキシコンに，それ全体として貯蔵されている，イディオム，単語と単語のコロケーション，文をつくる基盤表現（sentence stems）などのフォーミュラをもとに，文の発話を行うしくみです[35]。この（3）にもとづく文発話は，言語を，規則の体系とは考えずに，ほぼ潜在的記憶として保存されている「構造的な構文目録」（第 3 章 3.1 p. 58）として捉える用法基盤モデルをもとにしています。

　私たちが普段行っているスピーキングは，（1）のように文法を使って創造的に生み出す「自由表現」と，主に（2）の統語的プライミングをもとに蓄積した，（3）のフォーミュラを両輪にしていると考えられます。その上で，田中・岡本（2015）は，（3）のフォーミュラを活用する能力を慣用表現力と名付け，これを使ってスピーキング能力を高めようというアプローチを提案しています。ちょうど，住宅を建てるときのプレハブのように，文産出の際に役立つテンプレートです。

　従来，これらのフォーミュラを，目的にあった形で使うことができるよう

35）　フォーミュラ，慣用表現にどのようなものがあるかについては，第8章表1　p. 156を参照。

にするためには，学習者の丸暗記に頼るしかないという考え方が一般的でした。しかし，丸暗記によりストックを増やすだけでは，慣用表現力を高めるのに十分ではありません。田中・岡本（2015）は，慣用表現力を次の 4 つに分類しています。

①自分の思い，意見，判断・評価を述べる。
②相手にはたらきかける。
③会話の流れを調整する。
④予定，目的，理由，仮定など具体的な意味や機能を伝える。

その上で，それぞれどのようなフォーミュラがあるか整理しています。

　実は，これらのスピーキングのためのテンプレートになるフォーミュラの習得には，インタラクティブ・プラクティスとしての，リード・アンド・ルックアップが最適であると考えられます。すなわち，フォーミュラを含む対話素材をペア活動用に準備し，それを対話者のそれぞれが聞き読みをして一時的に記憶し，顔を上げて，聞き手に向かって発話するという，社会脳インタラクションを含むリード・アンド・ルックアップにより，上記①〜④の慣用表現力の習得を目指そうとする活動です。

　次は「感情的反応を表す」フォーミュラの中で，'I'm delighted with…'という表現を使った活動例です。

　A：How was your business trip to New York？「ニューヨークへの出張，どうだった？」
　B：Great. I **was delighted with** all the activities there.「よかったわ。向こうでやったことにはすべて満足した。」

（田中・岡本　2015：26）

A（話し手）と B（聞き手）がそれぞれ聞き読みにもとづいて，リード・アンド・ルックアップ方式で音読することもできますが，すでにお話ししましたように，B は A の発話に対して，完全シャドーイングや選択的シャドーイング，さらには英日通訳方式の活動を行うこともできます。

　以上のように，音読に社会脳インタラクションを持ち込みつつ，慣用表現

力（フォーミュラ運用能力）の向上を図る方法として，ペアで行うリード・アンド・ルックアップの活動は非常に効果的であると考えられます。

参考図書

　音読による英語学習については，これまでその有効性や実践方法について解説した書籍や学習書が数多く刊行されています。ここでは，学習・教育に応用できる学習書を紹介します。

①青谷優子 (2017)『英語は朗読でうまくなる！』アルク

　元 NHK 国際放送アナウンサーで，現在は朗読家として活躍中の著者が，聞き手の心を動かすように読む「朗読」を通じ，英文のメッセージを理解し声で伝えるための 10 のテクニックを披露している。本書で学べる技法を実践することで，本章で検討した，言語・身体・情動が共振するなりきり音読につなげることができる。

②サマー・レイン (2019)『12 週間で「話せる」が実感できる魔法の　なりきり英語音読』ICE

　本章で扱ったなりきり音読とはやや意味は異なり，学習者自身がネイティブ（英語母語話者）になったつもりでそのまま真似てほしいという音読を実践することを指南したもの。著者みずから Youtube で講座を配信しつつ，本書の内容を補完している。

③鹿野晴夫 (2020)『名スピーチで英語「速」音読』コスモピア

　1 日 10 分速音読レッスンシリーズの 1 冊。本章で紹介した「速音読」の手順に従って，インタラクティブ・コミュニケーションの前提となる自動的な言語運用能力（心理言語学的能力）を身に付けようとするアプローチを標榜している。

④安木真一 (2010)『英語力がぐんぐん身につく！　驚異の音読指導法 54』明治図書

　中学校・高等学校，さらには大学の英語教員を対象にした「最小の努力で最大の効果を上げる」ためのヒントを見つけられる本である。音読やその他の指導についての成果をふまえ，それにもとづく指導法を紹介している。「効果的に音読を行う！　指導のポイント 14」「活動別で生徒熱中！　音読アイデアベスト 54」「これは便利！　音読で使えるワークシート 6」という

極めて具体的な 3 部構成。これから向かう教室ですぐに役立つノウハウが満載の実に有り難い本である。

⑤鈴木寿一・門田修平（2012）『**英語音読指導ハンドブック**』大修館書店

　主として，中学校・高等学校の英語教員を対象に，英語音読（シャドーイングを含む）の学習指導について，多方面にわたるノウハウを具体的に示し，さらにそれらの背景にある理論や実証データについても解説した総合的なハンドブック。本章で解説したリード・アンド・ルックアップはもとより，音読学習についてその方法論を網羅した，学習・指導実践に役立つ良書である。

⑥門田修平（2020）『**音読で外国語が話せるようになる科学**』SB クリエイティブ（サイエンス・アイ新書）

　英語など第二言語の学習・指導に効果的な「音読」について，近年の第二言語習得研究の成果をもとに解説した新書本である。第二言語習得を成功に導く 4 つのキーポイントである I.P.O.M.（インプット処理，プラクティス，アウトプット産出，メタ認知モニタリング）を鍛える音読の効果をわかりやすく解説したもので，全国学校図書館協議会の選定図書（2020 ～ 2025 年）として，一定の評価を受けた書籍でもある。

第11章 ドラマメソッドによる社会脳インタラクション：映画・ミュージカルを活用した学習

本章で紹介するインタラクティブ・プラクティス

①映画・ドラマのスクリプトや字幕にもとづく学習
②ドラマやミュージカルの配役になりきったアプローチ

プラクティスの ねらい	音声と画面の同時提示，および言語・身体・情動の統合により，バーチャル・インタラクションを形成する

11.1. 映画・ドラマのスクリプトや字幕にもとづくインタラクティブ・プラクティス

　本章では，映画やミュージカルを素材にしつつ，社会脳インタラクション能力（SBIC）を育むインタラクティブ・プラクティスの実践方法について，リスニング力を中心に検討したいと思います。

解説

　そもそも音声教材のみを提示するのと比べて，絵・写真や動画ビデオなど視覚提示を併用することは，英語のリスニング能力向上に効果があるのでしょうか。これまでの実証・実践研究の成果を，次の2つの観点から整理してみたいと思います。

（1）音声のみと比較して，絵・写真・動画の同時提示は，英文の理解度を向上させるか？
（2）絵・写真・動画の同時提示がリスニング能力の向上にどう影響するか？

　(1) については，多くの研究がインプット音声の内容理解を向上させるという結果を出しています。その中で，アメリカの大学生へのドイツ語リスニングにおける実験では，絵・写真の提示のタイミングを，①リスニングの前，②リスニングの後，③提示なしで比較したところ，上位群では有意差が見られなかったものの，下位群では③＜②＜①の順で内容理解度が向上することが分かりました (Mueller, 1980)。また，リスニングではありませんが，Omaggio (1979) は，フランス語の読解でどのような絵を見せると効果的か検討しました。その結果，①絵を提示しない，②物語の主題に関係する事物の絵，③物語の最初の部分の絵，④中心部分の絵，⑤結末部分の絵，⑥読解の前に 3 枚の絵を提示して，内容の再認・再生テストを課すと，③が有意に内容理解度を向上させ，①②④⑤⑥間では有意差がないことを報告しています。リスニングやリーディング学習に，絵・写真を用いる際には，話の最初の部分に関連するものが，学習者の予測を引き出し，効果的であることが分かります。このように絵や写真を用いると内容理解度は高くなりますが，このことがリスニング能力の向上にそのままつながるかというと，実はこれは疑問です。

　(2) について，次の Kohno (1984) および河野 (1988) による研究は示唆的です。英語の物語音声を 3 つ用意し，①英語母語話者がそれらをジェスチャたっぷりに話しているビデオと，②物語の内容を 4 枚の絵で描き，物語音声とともに絵を順次紙芝居のように提示したビデオを作成し，視聴した日本人大学生に，理解した内容を日本語で記述するテストを課し，その点数と学習者の英語成績との順位相関を計算しました。次の表 1 は，①②のビデオ視聴後の内容記述テスト結果と相関値を示しています。

表1　内容記述テスト平均点および英語成績との順位相関

	物語1		物語2		物語3	
	平均点	相関値	平均点	相関値	平均点	相関値
①ジェスチャ	21.4	.26	19.5	.34	7.2	.52
②4枚の絵	49.3	.14	39.6	-.05	25.8	.01

　その結果，内容理解度は②の方が①よりも上回っていましたが，英語学力との相関は①の方が②よりも高いことが分かりました。絵を参考に英語音声の内容を理解するよりも，話し手のジェスチャをもとに理解する方が英語力

を反映した能力であることが示されたのです。この結果は，リスニングととも
に絵・写真を提示することは，インプット中の未知語の意味推測なども含
めて，当該教材の内容理解を向上させ，特に英語力下位群に有効な方法であ
ることを示しています。同時に，音声インプットの処理に話し手のジェスチ
ャを活用する能力が，英語力向上とともに自然に高くなることも示されてい
ます。ジェスチャを発話理解に活用する SBIC（社会脳インタラクション能力）の
向上には，絵・写真を提示するよりも，話し手の表情や視線，口の動きなど
を表す顔動画やそのジェスチャを，音声インプットとともに提示することが
有効で，英語コミュニケーション能力を相乗的に向上させる学習法であるこ
とを示唆しています。第 6 章 6.4（p. 124）で取り上げた「神経同期」もこの
ような学習法によって達成可能になるのではないでしょうか。

　また，映画などのビデオ動画を用いた英語学習は，学習者への動機付けの
点でも，十分に時間をかけきめ細かい学習指導を行えば，一定の効果がある
ことを，Edasawa *et al.*（1992）が示しています。

　まとめますと，リスニングの学習時に，絵・写真を提示することは，提示
音声の内容理解を助ける効果はあるものの，それがそのままリスニング力の
向上にはつながらないこと，さらに音声インプットに，話し手のジェスチ
ャ・表情・視線・口の動きなどを表す動画を用いることで，SBIC を向上さ
せるインタラクティブ・プラクティスになると言えます。

手 順

　映画などの動画を用いてリスニング学習を実施する方法としては，スクリ
プト（台本）を利用する方法と，字幕（キャプション）を表示する方法の 2 つが
あります。すでに第 10 章で取り上げましたが，近年は字幕表示が簡単にで
きることから，字幕を利用することが多くなってきました。しかし，高専 1
年生に，直前のスクリプト学習の効果を検証した Shizuka（1995）の研究で
は，スクリプトを活用した動画リスニングの学習で，約 5 秒間英文スクリ
プトを黙読しその直後に，目を画面に移して映画の音声を聞く方法が効果的
であったと報告しています。このように，スクリプトにせよ字幕にせよ，動
画視聴と同時提示しないことが重要です。

　図 1 に，スクリプトとともに映画を活用したインタラクティブ・プラク

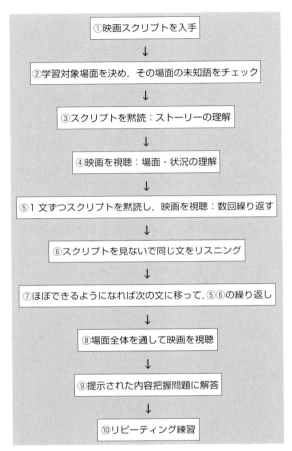

①映画スクリプトを入手

↓

②学習対象場面を決め，その場面の未知語をチェック

↓

③スクリプトを黙読：ストーリーの理解

↓

④映画を視聴：場面・状況の理解

↓

⑤1文ずつスクリプトを黙読し，映画を視聴：数回繰り返す

↓

⑥スクリプトを見ないで同じ文をリスニング

↓

⑦ほぼできるようになれば次の文に移って，⑤⑥の繰り返し

↓

⑧場面全体を通して映画を視聴

↓

⑨提示された内容把握問題に解答

↓

⑩リピーティング練習

図1　映画をもとにしたインタラクティブ・プラクティスの学習ステップ（Shizuka，1995および角山，2008：125-136を参考に）

ティス（リスニング）の学習ステップを提示します。これは，Shizuka（1995）および角山（2008：125-136）を参考に提案するものです。

　以下いくつかのステップについて，解説を付記します。

①映画スクリプトを入手

　映画のスクリプトを活用したリスニングなどのためには，まず対象とする映画を決めてそのスクリプトを入手する必要があります。『スクリーンプレイ』シリーズは，映画の台詞とト書きを英語と日本語で書き起こしたテキス

トで，非常に数多くの映画のスクリプトが購入できます。このスクリプトを片手に，DVD を購入するか，Netflix，U-NEXT などの配信サービスに登録してログインすることで，繰り返し視聴することができます[36]。また，YouTube でも一部の Movie Clip を見つけたりできます。

図2　Back to the Future の1場面
（© MARYEVANS／PPS通信社）

　一例として次のスクリプトは，1980 年代に公開された *Back to the Future* からの引用です。1985 年，Michael J. Fox 扮する高校生の Marty は，友達の博士（ドク）が発明したタイム・マシーンに乗って，30 年前の 1955 年にタイムスリップしてしまいます。そこで Marty 自身と同じ高校生の母親 Lorraine と父親 George に出会います。しかし，Marty は Lorraine に一目惚れされてしまい，自身の存在が危うくなってしまいます。1955 年に生きるドクを探し当て，1985 年に帰してもらおうと画策する一方，何とか両親を結びつけて，無事結婚してもらおうと奮闘します。たまたま開かれたダンスパーティで，この時代からすれば未来に流行る rock and roll を演奏して 50 年代の若者に紹介し，その結果，やっと両親をカップルにできそうだというのがこのシーンです。「未来に戻る（back to the future）」という，映画タイトルをはじめて見聞きした際に誰しもが抱くやや不可解な内容を実現できる見通しが立ったポイントとなる場面です[37]。

Back to the Future のスクリプト（部分）[38] とその日本語訳：

> MARTY: I guess you guys aren't ready for that yet...but your kids
> 　　　　are gonna love it.
> *Marty walks off stage and runs into Lorraine and George.*

---

36)　Netflix 等の配信サービスを授業で利用する際，著作権手続きは免除されるものの，学校単位で補償金の支払いが必要になる。本稿での実践はあくまでも個人での利用を前提にしている。

37)　この直前のロックの演奏場面は，https://www.youtube.com/watch?v=T_WSXXPQYeY などで観ることができる。また，当該場面は，Netflix，U-NEXT などに登録してログインして繰り返し視聴することができる。

38)　スクリーンプレイ・シリーズ『バック・トウ・ザ・フューチャー』より。

MARTY: Lorraine.

LORRAINE: Marty, that was very interesting music.

MARTY: Uh, yeah.

LORRAINE: Uh, uh, I hope you don't mind but George asked if he could take me home.

MARTY: Great! Good, good. Lorraine, I had a feeling about you two.

LORRAINE: I have a feeling, too.

MARTY: Listen, uh, I gotta go, but, uh, I wanted to tell you that it's been ... educational.

LORRAINE: Marty, will we ever see you again?

MARTY: I guarantee it.

マーティ：まだ君たちには早かったようだね……でも君たちの子供はきっと気に入るよ。

マーティはステージから歩いて降り，ロレーンとジョージに会う。

マーティ：ロレーン。

ロレーン：マーティ，あれはすごく変わった音楽ね。

マーティ：うん，まあね。

ロレーン：ねえ，気を悪くしないで欲しいんだけど，ジョージが私を家に送ってくれるって言うの。

マーティ：やった！よかった，よかったよ，ロレーン。2人はうまく行くと思ってたんだ。

ロレーン：私もそう思うわ。

マーティ：ねえ，僕はもう行かないと，その前に一言，本当にいろいろ……学べたよ。

ロレーン：マーティ，私たちまた会えるかしら？

マーティ：僕が保証するよ。

　おそらく，このスクリプトは，多くの読者の皆さんに，とても懐かしく思われるのではないでしょうか。母語話者が普段日常的に使っている英語に近い自然な会話に触れるには，映画は非常に優れています。教材用の英語でないため，誰にでもわかりやすい英語ではありませんが，繰り返し学習することで日本人英語学習者にも使える教材になります。

②学習対象場面を決め，その場面の未知語をチェック

　上例のような学習対象の場面を決め，そのスクリプトに出てくる未知語があればそれらの意味を辞書でチェックします。

③〜⑨

　映画を視聴して，ほぼ内容が理解できる場合は，③のステップは割愛できます。また④では，話されている英語が分からなくても，映像をみてどのような場面・状況なのか把握するようにします。その上で，⑤では，1文ずつ，スクリプトを黙読して意味理解した後，映画を視聴します。これを数回繰り返し，スクリプトを見なくてもリスニングできるようになったら，次の文に移ります。この⑤⑥を場面の最後まで実行し，その後，⑧全体を通して視聴し，⑨内容把握の問題があればそれに解答して理解度をチェックします。

⑩リピーティング練習

　リスニングのためのインタラクティブ・プラクティスの最後は，リピーティングです。映画の対象場面全体を視聴しながら，文単位でポーズを入れて，直前の文を復唱するリッスン・アンド・リピート（listen and repeat）の練習です。映画でこのような復唱練習をするための PC 用プログラムが入った CD 本に，岡崎（2008）があります。これによって，聴取した英文の潜在学習（第1章 p. 20）へとつなげます。

<u>実施のポイント</u> ―――――――――――――――――――――――――

　映画の音声と字幕・スクリプトは，同時提示しないことが必要だと先に述べました。音声と文字を結びつける聞き読みは，入門期の学習者への使用に限定するのがよいと言えます（門田，2014: 184–188）。ではどのようなタイミングで提示すると効果的なのでしょうか？

　下郡ほか（2010）は，音声聴取の後よりもその前に提示する方が，内容理

解を向上させる字幕の効果が高いことを示唆しています。また，英語力と関連して，亀井・広瀬（1994）は，上級学習者には，映像・音声・字幕の同時提示が，音声のみや音声＋映像提示より一定の効果が認められるものの，英語力が低い学習者には，映像・音声・字幕を同時提示も，音声＋字幕提示も効果に全く差がないことを報告しています。

より詳細に，吉野（2003）は，英語のテレビ CM を使って，①字幕を映像音声より 2 秒早く提示，②字幕を 1 秒早く提示，③音声と同時提示，④字幕を 1 秒遅く提示，⑤字幕を 2 秒遅く提示の 5 条件で，英語字幕のタイミングがもたらす効果について，理解した内容を英語および日本語で筆記再生してもらうことで，検証しました。そうすると，②の 1 秒だけ音声より早く字幕を提示する方法が，他のどの方法よりも有意に素材の理解度が高くなることを発見しました。このことは，音声聴取前の英語字幕といっても，2 秒前では，音韻ループ容量の限界に近づくので効果がみられないためであると解釈できます（第 10 章 10.2 p. 191 参照）。

また，近年の動画再生では，字幕として，英語だけでなく日本語なども選択できるようになっていますが，この点について，亀井・広瀬（1994）は，英語力が低い学習者の場合は日本語字幕，英語力が中・上級の場合は英語字幕が効果的であったという結果を報告しています。また，個々の発話の進行にあわせて，字幕の文字色が変わるしくみを考案し，その方法で学習者の理解度が高まると述べています。

以上の研究成果を念頭に置きつつ，映画を素材に英語の学習・指導をする場合は，実際には，ポーズ・ボタンを押しながら，PC やスマホで映像の再生をするとよいでしょう。その際，Google chrome などのブラウザ機能拡張ソフトウェアである Language Reactor [39] をインストールすると，YouTube やその他の動画を視聴する際に字幕の操作が格段に便利になります。例えば，

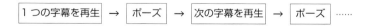

---

39)　https://www.languagereactor.com/ よりダウンロードできる。

というように，字幕ごとに頭出し再生が簡単にできるようになります。ただし，字幕の区切りが英語音声の句・節などの単位と必ずしも一致するわけではありませんので，この点注意が必要です。

　最後に，ポーズを挿入しながら聞いても音声聴取が難しい場合は，句・節または文などの意味単位で反復してリスニングする方法が効果的です。この目的のために，時間を指定して巻き戻しができる web サイトやアプリもあります [40]。また，著作権の切れた古い映画ですが，同様の字幕操作が簡単にできるサイトに，田淵龍二氏による名画座クラシックスがあります。

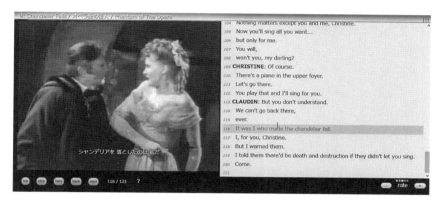

図3　名画座クラシックの *Phantom of the Opera* のシーン：左側に動画，右側に字幕が表示されている [41]

　映画全編が鑑賞できるだけでなく，画面右側で聞きたい台詞を何度も繰り返し聞くなど英語字幕を自在に操作したり，また各種のドリルを実施したりすることができます。これらを使用することで，聞き取れなかった箇所を重点的に繰り返し，リスニングを中心とした英語のインタラクティブ・プラクティスが可能になります。

---

40)　例えば，YouGlish（https://youglish.com/）では5秒巻き戻し，Netflix（web 版および iOS 版）では10秒巻き戻し，Podcast アプリ（iOS 版および Mac 版）では15秒の巻き戻しが可能である。
41)　制作・著作　田淵龍二（ミント音声教育研究所代表）
　CLASSICs: https://www.mintap.com/classics/
　CORPORA: https://www.mintap.com/talkies/pac/corpora.html
図3のシーンがすぐに閲覧できる QR コード。図3の場面は CLASSICs: https://www.mintap.com/classics/ から，14番目の映画 *Phantom of the Opera* を開き，Chandelier Falls 第9チャプタの116フレーズ。

11.2. ドラマやミュージカルの配役になりきったアプローチ： ドラマメソッドによるインタラクティブ・プラクティス

　ジェスチャ（動作）など体を動かす，動的なノンバーバルコミュニケーションと，認知的な音声リスニングとを融合するという「聴覚・運動アプローチ」（第 9 章 9.2　p. 171 参照）には，ドラマ（演劇）を通じて英語習得を目指す，Richard A. Via によるドラマメソッド（English through Drama Method）などが含まれます（Via, 1976）。Via は，ニューヨーク・ブロードウェイの演劇技法を用いて日本で英語を教えた経験にもとづき，ハワイ大学イースト・ウェストセンターやアジア各地で，ドラマを通じて英語学習を支援するという，教師向けのワークショップを数多く実施しました。

　本節では，このドラマメソッドをもとにした英語学習の実践についてその手順を解説するとともに，SBIC を育成するインタラクティブ・プラクティスという視点から，そこで培われる「言語・身体・情動」の統合の重要性について検討したいと思います。

解説

　ドラマ（演劇）やミュージカルの手法を使った英語学習は，小口真澄氏の率いる英語芸術学校マーブルズ（Marbles）によって，そのノウハウについてのワークショップが，日本全国の英語教師を対象に展開されています。筆者自身がこれまで体験したドラマ，ミュージカルのワークショップには「レ・ミゼラブル」「ライオンキング」「美女と野獣」「ハリー・ポッター」「ウエストサイド物語」，「オズの魔法使い」などがあります。そのうち，「言語・身体・情動を統合した第二言語（英語）習得」として「美女と野獣」を取り上げたワークショップ [42] について解説したいと思います。その開催趣旨は，次の通りでした [43]。

　「英語など第二言語の学習は，身体運動や情動とともに学習すると効果的

---

[42]　2019年3月31日（日）に，筆者の勤務先の関西学院大学梅田キャンパスにて実施（門田，2020：174-176参照）。関西学院大学言語教育研究センター主催。

[43]　言語・身体・情動を統合した第二言語（英語）習得のワークショップ開催を告げるポスターより。

であり，散歩・ジョギングをしながら，またジムで運動をしながら行うととても効果的であることが明らかになっている。また言語も含めた学習は，人の情動と一体化しており，これらを統合することで互いに相乗効果を発揮し，すぐれた学習効果を生み出すと考えられる。そのため，ミュージカル『美女と野獣』を活用した英語学習・指導実践のためのワークショップを開催する。」

手　順

このワークショップは，*The Beauty and the Beast* の簡易版スクリプトをもとにして実施されました。

The Beauty and the Beast のプロローグ（第1場）のスクリプト[44]：

> Narrator: Once upon a time, there was a prince.
> Prince: I want this.
> Servants: No.
> Prince: I want this.
> Servants: No.
> Prince: I want this, I want this! I!!! WANT!!! THIS!!!!!
> Narrator: He was spoiled, selfish and unkind.
> Narrator: One night.
> Old Woman: Hello. Hello.
> Prince: Yes.
> Old Woman: Please let me stay.
> Prince: What?
> Old Woman: Please let me stay.
> Prince: No. You are ugly.
> Old Woman: This is for you.
> Prince: No! Go away!
> Old Woman: Oh~~~~Oh~~~Oh~~~~
> All: Wow! Wow! Wow! How beautiful!

44）　英語芸術学校 Marbles の小口真澄氏作成のものを一部引用。

Prince: I'm sorry. Come in.

Old Woman: Too late. No love in your heart.

All: No love in your heart.

Prince: Oh, no. Oh, no. Oh, no~~~~

All: Beast! Beast! Beast!

Old Woman: Love somebody. And be loved by some-
body till the last petal fell. Then the spell will be
broken.

Prince: Ahhhhhhh!　〈野獣に変身〉

　上記のサンプルは，何でもすぐに自分のものにしようとする王子のわがま
まさを描写した場面と，老女を追い払った結果，野獣に変身させられた場面
です。

　ドラマワークショップの大まかな学習ステップは，図4の通りです（小口，
2019 など）。

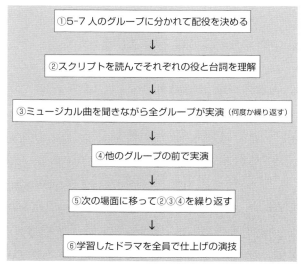

図4　グループ単位でのミュージカルワークショップの学習ステップ（小口，2019）

①では，5〜7人のグループに分かれて，各グループ内で配役をくじなどで
決めます。ここでは，Narrator，Prince，Servants，Old Woman が最低

限必要です。

②全員で準備運動をした後，スクリプトを読んで自身の台詞，役回りを理解し，グループごとに学習を開始します。

③配布されたスクリプトをもとに最初はリード・アンド・ルックアップで，その後は記憶した台詞や歌をもとにそれぞれの役を全身で演じます。グループの他の共演者の表情・視線なども手がかりに，他者への認知的・情動的共感を交えた社会脳インタラクションによる協同作業を実践します。

④⑤その後，他のグループの前で学習した演技を披露し，次の場面に移行し同様の協同学習を繰り返します。

⑥予定した全場面の学習が終わったら，各人が舞台に立ったつもりで仕上げの実演を行います。

実施のポイント

ドラマ（演劇）を活用した英語学習では，台詞をもとに，互いに協同して作品をシミュレーションしていきます。そのため，既に第 3 章 3.3 (p. 61) で解説した「情動脳」をフルに活用しつつ，学習者が互いに登場人物になりきって演技することで「バーチャルなインタラクション」を形成することになります。言い換えると，次の 4 つの要素が統合された共演相手との社会脳インタラクションがふんだんに生じた学習空間を形成できると考えられます（門田，2020 : 145）。

①言語：台詞・歌
②全身運動：演技
③共演者との社会脳インタラクション
④情動：登場人物への没入

例えば，小口（2019）は，行動を起こそうとしている B に対して A が励ましている次の台詞を，全身運動や他の共演者との相互交流を持ちつつ情動を込めて発話することで，バーチャルではありますが，極めてリアリティ溢れたスピーキングのトレーニングになると述べています。

A: You can do it.
B: No, I can't.

A : Yes, yes you can.

B : Do you really think I can do it ?

A : Yes !

B : No, I can't. But I'll try.

　上記は，例えば，バンジージャンプを今飛ぼうとする状況やゴキブリをまさに退治しようとするなどの状況を設定しつつ演じることで，上記①〜④を達成しながら，英語の学習をすることが可能になるのです。もちろん，台詞はリード・アンド・ルックアップを何度も実行しつつ，音韻ループで復唱して自分のものになるまでインテイクします。そうすることで，その役になりきった自己を演出することができます。もちろん，登場人物になりきるといっても，学習者自身がその人物そのものではありません。あくまでも役を演じるわけですが，極めて現実に近い形のバーチャリティが担保された状態で，他の共演者との社会脳インタラクションを実現しつつ，第二言語（英語）習得が行われることになるのです。そして，最後の総仕上げの演技では，ほぼ全員の参加者が自身の役になりきった状態で，1つのミュージカル（ドラマ）を協同で創りあげたという充実感，満足感に浸る，このような体験学習の場が得られるのです。

　いかがでしょうか？　ドラマメソッドにもとづく社会脳インタラクションは，既に第10章 10.1 (p.183) で取り上げた「なりきり音読」とも大いに類似していますが，言語と身体・情動は，より一体化したものになっています。それだけ，外界から取り込んだ情報処理を，どの程度深いレベルで実行するかという「処理水準（level of processing）」の程度もさらに深くなり，記憶へのインテイク（内在化）も容易になり

図5　言語・身体・情動を統合した第二言語（英語）習得のワークショップの様子：上：全体での準備運動，下：熱心に指導にあたる小口氏とグループごとの実習（筆者による写真より）

ます。このような深いレベルでのインタラクションを，言語・身体・情動を統合したリアリティ溢れる形で実現することは，まさに私たち人間の本能に合致した言語習得法であると言えるでしょう。

　以上述べました第二言語習得への「言語・身体・情動の統合的アプローチ」の背後にあるものは，私たち人の認知脳ネットワークと社会脳ネットワークの融合による，インタラクションベースの第二言語学習です。できる限り現実のインタラクションと同程度のバーチャリティを，学習時に実現し，体験することが重要で，そうすることで英語コミュニケーション能力の向上に大きく転移する「転移適切処理 (transfer appropriate processing)」（門田，2020: 137; 2012: 318 など）が実現できると考えます。ドラマメソッドはこのように，学習者個人の認知脳ネットワークでは実現不可能な体験型の学習を実現し，他者とのインタラクティブ・プラクティスの実践により，社会脳ネットワークを駆使した他者との協同学習が達成されるのです。

　英語によるリアルなインタラクションの場を確保することは，日本国内ではなかなか困難です。しかしながら，ドラマメソッドによるバーチャル・インタラクションの積み重ねは，英語のスピーキング，とりわけインタラクティブなコミュニケーション能力の習得を大いに促進にしてくれると考えられます。

参考図書

　映画・ミュージカルやドラマを活用した英語学習に応用できる参考書を紹介します。

①映画英語教育学会東日本支部 (2012)『映画英語授業デザイン集』フォーインスクリーンプレイ事業部

　現在は名称変更により，映像メディア英語教育学会 (ATEM: The Association for Teaching English through Multimedia) となった学会の東日本支部会員による，映画を使ったリスニング，文法，語彙学習から映画視聴後のグループワークをどうしたらよいかなど，小学校から大学やサークルまでの計 25 の授業実践内容のエッセンスを集めたもの。各授業実践で実際に使われたワークシートも掲載され，映画を使った英語の教育・学習に役立つ好著である。

②Global Career Strategy Japan (2021)『最強の NETFLIX 英語勉強法』

Global Career Strategy Publishing

Kindle 版でのみ入手可能であるが，映画やドラマを，本文中でも紹介した Netflix を通して活用することで，リスニング力，ひいては英語力全般をいかに向上させるかを解説している。ストーリーを理解するために日本語字幕で観るレベルから，音声と英語を関連づける英語字幕で観るレベル，音を聴きとるのがメイン・字幕は答え合わせという日本語字幕で観るレベルから字幕なしで視聴するまで，映画を楽しみながら字幕なしで観ることができるようになるまでの具体的なステップが詳しく書かれている。

③Via, Richard A. and Smith, Larry E. (1983) *Talk and Listen: English As an International Language Via Drama Techniques.* Prentice Hall.

　口頭でのコミュニケーション能力の習得に，身体と情動をフルに使って学ぶ，ドラマメソッドによる英語学習の効果や授業への導入方法について解説した古典的名著である。ドラマは，演技者間，さらには演技者と観客とのコミュニケーションを図るために書かれたものなのでコミュニケーションを学ぶには最適な教材である。なぜそのことばを用いるのかという理解を演技のトレーニングでさらに深めることができるからである。ドラマメソッドはこのように，学習者同士が社会脳インタラクションを構築する能力を養う格好の手段になると考える。

第12章 社会脳ライティング：ディクトグロスと協同型ライティング学習

本章で紹介するインタラクティブ・プラクティス

①ディクトグロス
②社会脳エッセイ・ライティング

プラクティスの ねらい	ライティング学習に SBIC を促進する協同学習を取り入れる

本章では，英語ライティングの学習に，社会脳インタラクション能力（SBIC）を促進する協同学習によるプラクティスを持ち込む方法として，聞き取った英文をメモを頼りに復元するディクトグロス，およびトピックの設定からエッセイ・ライティングに至る活動を取り上げます。

12.1. ディクトグロス：リスニングからライティングへ

解説

ディクトグロス（dictogloss）とは，英文を聴いて書き取るディクテーションの一形態とも言える学習法（Wainryb, 1990）で，一定量（50〜100 語）の英語音声テキストを，メモをとりながら聴いて，聴いたテキストそのものを，間違いの修正をしながら，再構成する活動です。英文を聴く際に，シャドーイングなども取り入れることにより，ライティングやスピーキングへとつなぐ活動としても有効な方法です。例えば，中学生計 48 名を対象に，教師が数回読み上げた英文を聴いて，4 人 1 組の協同学習でを通して英文を再構築するという実践についての報告があります [45]。夏休みにやってみたいことを書いてもらった事前英作文に比べて，中学校の思い出をテーマにした事後英

作文では，平均で 2.50 文から 8.64 文に作文量が増大したとしています。

このディクトグロスの長所としては，次の 2 点があります。

（1）協同学習によって，学習者同士での意味交渉のためのインタラクションを実現でき，1 人で考えているだけでは気づかない形式と意味のマッピングに注意を向けることが可能になる。

（2）英文を聴く（リスニング）から，英文を再構成する（ライティング），他者の英文を読む（リーディング），意見交換する（インタラクティブ・コミュニケーション）という，さまざまな言語技能を用いた学習タスクである。

なお，リスニングでは指導者が朗読する代わりに，他の音源を活用してもよいでしょう。

手 順

ここでは最もオーソドックスなディクトグロスの方法だと考えられる，染谷（2008）および高田（2018）による方法をもとに，その学習手順（Part 1 ～ 3）を紹介します。

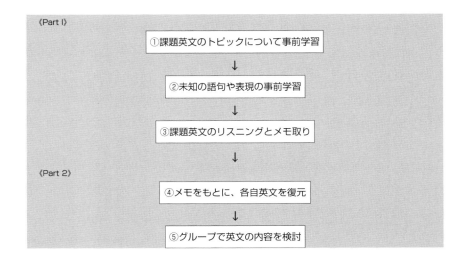

《Part 1》
①課題英文のトピックについて事前学習
↓
②未知の語句や表現の事前学習
↓
③課題英文のリスニングとメモ取り
↓
《Part 2》
④メモをもとに、各自英文を復元
↓
⑤グループで英文の内容を検討

45）　大田（2015）協同学習を通じたライティング指導　https://ynu.repo.nii.ac.jp/action=pages_view_main&active_action=repository_view_main_item_detail&item_id=1938&item_no=1&page_id=59&block_id=74

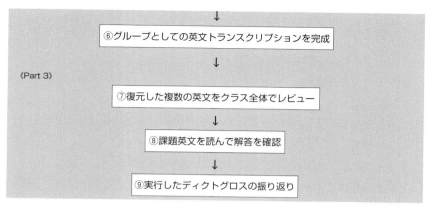

図1　ディクトグロスの学習ステップ（染谷，2008および高田，2018にもとづく）

《Part l》

①課題英文のトピックについて事前学習

　英文のトピックについて，事前に大まかな理解を促します。例えば，p. 187 の Finda の英文例であれば，主人公の生徒が今何をしている最中か，どのような思いを持って登校しようとしているかなど，大まかな情報を提供します。

②未知の語句や表現の事前学習

　ワークシートを使って，英文中の未知の語句・表現を事前に学習します。

③課題英文のリスニングとメモ取り

　まず課題文を，1 回目は黙って聞いて全体の概要をつかみ，2・3 回目は各自シャドーイングします。さらに 2 回聞きますが，1 度目はワークシートの Notes 欄にキーワードなどをメモしながら，2 度目は記入済みのメモを補完しながら聞きます。直前にシャドーイングをすることで，記入したメモとともにその前後の語句も少しずつ一緒に再現できるようになってきます。英文の復元が半分にも満たない場合は，再度英文を聴いてメモします。

《Part 2》

④メモをもとに，各自英文を復元

　聞き取りが終わったら，今度はメモをもとに，各自英文を復元し，与えられたワークシートの所定欄（Text Reconstruction など）に記入します。復元した

英文は，意味内容が正しく再現されている限り，原文と同一でなくてもよいとします。

⑤グループで英文の内容を検討

　各自英文を書き終えたら，指定されたグループで，共同で英文を検討します。意味の通らないところはないか，抜けている情報・語句はないか，文法的に誤りがないかといった点を互いに考えます。この作業は，3，4人のグループ単位でも，場合によってはペアで実施しても構いません。

⑥グループとしての英文トランスクリプションを完成

　上記⑤を受けて，グループとしての最終の英文トランスクリプションを完成させます。この最終版の英文は，教師が回収します。

《Part 3》

⑦復元した複数の英文をクラス全体でレビュー

　完成した英文のうちいくつかを例にとってをクラス全体でレビューします。自分たちのグループでは気づかなかった事柄（特に文法・表現上の誤りなど）に注意しながら，教師のコメントや他者の意見を聞きます。

⑧課題英文を読んで解答を確認

　配布された課題英文を読んで，各自で，グループで復元した英文との差違があればそれらをチェックして，修正します。

⑨実行したディクトグロスの振り返り

　最後に振り返りとして，このディクトグロスで学んだこと，気づいたこと，次回の練習の時に注意したいと思った留意点などを，各自ワークシートの空いているスペースや裏面に記入します。これを行うことで，自身の学習活動をモニターし，必要に応じてコントロールするメタ認知活動ができるようになります。

12.2. 社会脳エッセイ・ライティング

解 説

　本節では，インタラクティブ・プラクティスをライティングに持ち込む，協同学習にもとづく社会脳エッセイ・ライティングについて取り上げます。

　阿部（2019）は，ライティングの学習に，学習者同士のインタラクション

を取り込んだ「協同的ライティング」について，知識獲得を周囲の状況との相互作用の中でとらえなおす「社会文化理論」（socio-cultural theory: SCT）という近年再度注目を浴びつつある考え方にもとづいて議論しています。学習者が一人で自身に向けて発する，他者の反応を期待しない「内言（inner speech）」と，学習者同士の相互的な発話行為である「協同的対話（collaborative dialogue）」を区別し，後者には第二言語習得を媒介する機能があるというのです。この社会文化理論では，補助を受けなくても自身でできることと補助を受ければできることのギャップを埋める活動を「足場掛け」（scaffolding）と呼び，能力の高い他者からの補助で実現される学習を行う中で，「相互協同性」，すなわちコラボレーションの度合いが高ければ高いほど，互いがそれぞれの学習を促進する「集合的足場掛け」（collective scaffiolding）が実現されると考察しています（Donato, 1994）。

　エッセイ・ライティングに，SCT にもとづく集団的足場掛けを通した学習という一種の社会脳インタラクションを持ち込むことによって，学習者 1 人では達成しえない能力を獲得することができると考えられます。

手 順

　本節のエッセイ・ライティングは，以上の SCT にもとづく協同的ライティング活動の手法や協調学習（第 7 章 7.6 p. 144）モデルにもとづく社会脳インタラクションにより，読み手を意識した社会的行為としてのライティングを目指しつつ，次の図 2 のような手順を提案したいと思います。

　ここでは，グループ内の各学習者が 1 つずつパラグラフを作文し，最終的に 1 つのイントロ・パラグラフ，2 ～ 3 つのボディ・パラグラフ，1 つのコンクルーディング・パラグラフから構成されるエッセイを，4 ～ 5 人のグループで協同作業により書くというタスクを想定しています。

①協同でライティングのトピックを決める：

　ライティングのプランニング（planning）で，まず作文のトピックをグループで決めることになります。この際，メンバーの共通の関心時を特定するためにも，まずブレインストーミングを行い，各自が持っているアイディアを引き出します。固定観念に捉われずさまざまな角度から思いつくアイディア

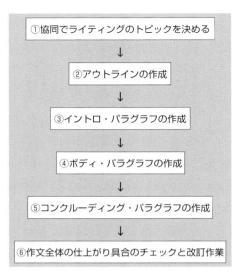

図2　社会脳エッセイ・ライティングの学習ステップ（門田・氏木・伊藤，2014および阿部，2019をもとに）

を書き続けます。英語が思いつかないときは，暫定的に日本語で記述しても構いません。さらに，マインドマップを描くこと（mindmapping）も効果的です。引き出されたアイディア同士の関連性を考えながら，アイディアを傍線でつなげてまとめていきます。途中で浮かんだアイディアを足したり，余分なアイディアを削除したりしながら整理していきます（門田・氏木・伊藤，2014: 40-53）。

　プランニングにおいては，これから何を書くのか，各自の考えを慎重に分析し，既にどれだけのアイディアを備えているのかをチェックし，それらを次々と発展させることができるトピックを選ぶことがポイントです。
②アウトラインの作成：

　トピックが決まったところで，エッセイ全体のアウトラインを作成します（outlining）。ここでは，グループは4人を仮定し，各自がそれぞれ1つのパラグラフを作成するものとします。ただ，クラス人数サイズの関係で4人ではなく5人グループの場合は，ボディ・パラグラフの数を増やします。次は4人グループの場合です．

　　① 1つのイントロ・パラグラフ
　　② 2つのボディ・パラグラフ

③1つのコンクルーディング・パラグラフ

　エッセイ全体のテーマは，エッセイ全体の主題文（thesis statement）として，イントロ・パラグラフの冒頭で，簡潔に明確に記述します。読者はそれを読むことでエッセイ全体のポイントとなる論点を知ることができます。

　この段階で，時間をかけてアウトラインを作成することで，後の舵取りがうまくいくので，何度も見直し，どのような論理展開をするのかを決めることが大切です。その際には，記述（description），例証（illustration），分類（classification），比較・対照（comparison and contrast），原因・結果（cause and effect），意見（opinion），問題解決（problem solution），ナレーション（narration）など，「論理展開（レトリック構造：rhetoric structure）」をどうするか意識することが必要です（門田・氏木・伊藤，2014：80-82）。

　また，アウトラインでは，各パラグラフの内容が，1つの全体テーマを扱いつつ，首尾一貫している必要があります。不要なアイディアが入っていないか，十分気を配ることが不可欠です。アウトラインが明確に記述できれば，後はそれに沿って書き始めるだけです。

③④⑤のイントロ，ボディ，コンクルーディング・パラグラフの作成：

　アウトラインに従って，イントロ（introduction），ボディ（body），コンクルーディング（concluding）のパラグラフのドラフト作成を各自の分担に従って行います。イントロ・パラグラフでは，背景となる情報を述べ，エッセイの主題文を提示し，ボディ・パラグラフでも，それぞれのトピック文，サポート文，コンクルーディング文を配置し，コンクルーディング・パラグラフでは，主題文を言い換えたり，全体の要約をしたりして，結論をまとめます。

⑥作文全体の仕上がり具合のチェックと改訂作業：

　ドラフトを書き終えたら，協同による改訂作業に進みます。全体を見直しながら新たなアイディアを付け足したり，余分な個所を削除したり，内容を変更する作業を行います。文法・語法の間違いがないかも重要ですが，それよりもエッセイ全体の構成，各パラグラフの論旨，ボディー・パラグラフにもトピック文があるか，説明が不足している個所や余分な情報，矛盾している点がないか，などをチェックします。いったん書いたドラフトも，再度見直すという手間を取らなければよい文章は書けません。特に，語彙や表現方法，文構造を別のものに言い換える必要はないか，また論理展開の一貫性

(coherence) が保たれているかについて検討します。最後に，必要に応じて，カンマ，コロン，セミコロン，引用符など句読点のチェックをし，ワープロソフトで示唆されたスペリングミスなども修正します。

　以上本章では，英語ライティング学習に，インタラクティブ・プラクティスを持ち込む方法として，協同学習によるディクトグロスとエッセイ・ライティングを取り上げました。しかしこのようなライティングに関わる協同学習でも，グループ内で各学習者の役割分担を決める方式と決めない方式の両方があります。うまくいけば，役割分担を決めない方が，より多くの学習者間の話者交替（第 6 章 6.3 p. 119）が行われることを示唆する研究成果（Kato, 2022）もありますので，さらに検討が必要でしょう。

参考図書

　英語ライティングについて，学習・教育に応用できる参考書を紹介します。

①門田修平・氏木道人・伊藤佳世子 (2014)『決定版　英語エッセイ・ライティング　増補改訂版』コスモピア

　自分の考えが伝わるエッセイを書くためのプロセスをフローチャート化して提示している。一定のステップを踏んで学習すれば誰にでも達成できる技能であることを示した学習本である。

②山西博之・大年順子 (編著)『中・上級英語ライティング指導ガイド』大修館書店

　学習者の「書く力」を引き出すために，技能統合型ライティングから協働的ライティング，サマリー・ライティング，アカデミック・ライティングなど，多様な形態のライティング学習法・指導法を，さまざまな執筆者によりカバーした良書である。

③松香洋子 (2018)『英語，書けますか：TAGAKI® (多書き) のすすめ』mpi 松香フォニックス研究所

　フォニックスで有名な松香洋子氏は「多読」のコンセプトを部分的にライティングに応用した，入門用の英語ライティング学習法「TAGAKI (多書き)」を提案している。TAGAKI 10 〜 50 という，最初は 10 語前後の短い英文から最後は自分の意見を 50 語前後の英文で書くところまでを目指している。

④鈴木健士 (2018)『ここで差がつく！　英文ライティングの技術：英語は「I」ではじめるな』テイエス企画

　日本人英語学習者の英文エッセイを数多く添削・分析した経験から，多くの日本人学習者が共通に書く典型的な英文では，主語がほぼすべて 1 人称で，接続詞の「so」や「There + be 動詞」の構文の頻度が高いことを受けて，各種試験等で高評価が得られる英文の書き方を指南している。

第13章

スピーキングに社会脳インタラクションを持ち込む：スモールトークから応答練習まで

本章で紹介するインタラクティブ・プラクティス

①スモールトーク
②リテリング
③協調学習にもとづくジクソータスク
④応答練習

プラクティスの
ねらい
スピーキング学習に SBIC を促進する要素を取り入れる

　スピーキングの学習法にはどのようなものがあるでしょうか。序章2 (p.6) では，文科省の学習指導要領において，4技能の1つである「話すこと」が，「発表」と「やり取り」に分けられ，4技能5領域に区分けされていることをお話ししました。前者の「発表」には，リテリング，スピーチ(演説)，プレゼンテーションなどが，後者の「やり取り」には，スモールトーク，対話，ディスカッション，ディベートなどが，それぞれ学習タスクとしての代表例でしょう。

　この「やり取り」では，言語による認知的な情報伝達以外に，社会脳インタラクションにもとづくコミュニケーションがポイントになってきます。すなわち，本書でこれまで考察してきた，①動的表情・視線の認識，共同注意の形成や，②ミラーリングによる情動的共感を伴うシミュレーションとともに，③他者の他者の意図や願望をその人の立場に立って推し測るメンタライジングが重要になるのです (第7章 7.4 p.140)。例えば，

"I'll be there tonight."

という文を聞いても，上記①②③を駆使しないと，「予測」「約束」「脅迫」などのうちどの解釈なのか決められません (第7章 7.4 p.139)。同様の例に，

"Do you have a pen ?"で「質問」「依頼」「命令」の意味解釈が可能になることが挙げられます。

　さらに次は，しばしば引用される，自宅に電話がかかってきたときの会話です (Widdowson, 1978)。

　A : That's the telephone.

　B : I'm in the bath.

　A : O.K.

ほぼ次のような日本語の意味および意図を持つものだと考えられます。

　A : 電話よ，出てよ。〈依頼〉

　B : 風呂に入っているんだ。〈断り〉

　A : わかった，私が出る。〈承諾〉

　文と文の間に文法的なつながりのないやり取りで，ちょっと解釈が難しいかもしれませんが，従来は，文脈や状況から意味解釈をする語用論 (pragmatics) という分野で扱われてきた事例です。このような状況依存的な言語運用は，本書の社会脳インタラクションの観点からは，A は B と直接対面しているわけではないので，①や②ではなく，③のメンタライジングをもとに相手の立場を推し測って，"OK. (I'll answer it.)"と返答したことになります。このような社会脳インタラクションは，対話において常に生じてくるもので，これまで我が国の英語の学習・教育では，特に注目されないまま軽視されてきました。

　本章では，以上の視点から，他者との社会脳インタラクションを含むコミュニケーション能力を身に付けるスピーキング学習法として，スモールトーク，ペアやグループによるリテリング，ジクソー法 (ディスカッション)，応答練習 (対話) など，主として「やり取り」に関わる側面を中心に扱いたいと思います。

13.1. スモールトーク

解説

　ビジネスでも，プライベートな趣味の会でも，また日本国内でも，国外でも，典型的には初対面の人とはじめて話すとき，挨拶と自己紹介を互いにし

た後は，直ぐに本題に入る前に，何気ないちょっとした会話を交わします。英語だと，"Hello !" や軽く "Hi !" と挨拶を交わすと，"What's your name ? My name is …. Nice to meet you." などとまずは自己紹介をするところからはじめます。初対面でなくても，本来の目的である商談，レッスン，会議，交渉など…を円滑に進めるための「導入」として，天気の話や，最寄り駅にできたコンビニの話など，社交のための重要ではないどちらでもよい事柄について，スモールトーク（small talk）をします。重要でないと書きましたが，この何気ないスモールトークが実は大切で，その後の本題に入るための必須の円滑油になってくれるのです。英語圏では日常生活からビジネスシーンまで，スモールトークを行う機会は巷に溢れていますが，社会脳インタラクション能力（SBIC）の習得のためにも，これは極めて重要です。

手順

　スモールトークは，次の図1のように挨拶の後に始めるのが一般的です。

図1　挨拶から会話を広げるスモールトークの典型的ステップ（例）

　①②の後，③スモールトークの切り出しでは，"How have you been ?" などどとともに，"I like your T-shirt." といったように軽く服装やバッグなどを褒めたりすることもよくあります。それに対しては，⑤正確に長々と説明することはしないで，多少の情報を交えて返答することが一般的です（"Thank you. I got it recently, and it's my favourite." など）。以上のように挨拶を返し，

切り出されたスモールトークに少量の情報を付加して返答するというのは，ダイアローグ文法を理論背景にした「インタラクティブ・シャドーイング」（第 6 章 6.2 p. 116 および第 9 章 9.1 p. 163）の手法と共通したコミュニケーションのプロセスであると言えるでしょう。その後，以上のようなスモールトークは，数十秒から 1 分くらいで切り上げて，対面での本題の会話に入っていきます。

　実は，このようなスモールトークの授業実践は，近年の学習指導要領にもとづいてはじまった，小学校での英語教育において，さまざまな形で導入されています [46]。例えば，①好きな芸能人，キャラクター，スポーツ選手について，指導者と ALT（外国語指導助手）とでモデル発話を提示し，その後学習者同士ペアになってスモールトークを実践し，さらに次々とペアを交代していきます。②次に，本時の学習目標表現（例：be good at…など）を使ったスモールトークのモデルを，黒板に貼り付けた絵を使いながら発話し，その後教師と生徒間でやり取り（"Are you good at playing tennis (the piano), at doing kend-ama, at skiing?" や "What are you good at?" "Playing a basketball."）を繰り返し，その後学習者同士がペアになって全員で実践するのです。小学校では，他に What sport do you like? などと聞くスモールトークもよくあります。

　中学校ではさらに進んで，「私の町のよいところを紹介しよう」「音声でのやり取りの後は，答えを英語でライティングしてみよう」というように音声と文字の連結も行います。スモールトークという，インタラクティブ・コミュニケーションの入口にあたる部分を，英語で「その場で」「即興で」行うやり取りとして取り込もうとしているのです（巽，2022）。

13.2. リテリング

解説

　リテリング（retelling）とは，読んだり聞いたりした内容を，補助的なメモを見ながら，他者に話したり書いたりして伝える活動です。通常，ペアで行うことが多く，そうすることで SBIC につながるインタラクティブ・プラク

46）　https://www.youtube.com/watch?v=jp-nHc0BN3c やその他にスモールトークの実践動画が最近では多くアップされています。

ティスになります。

　また，既に見聞きした英文の内容理解という点からは，準備練習，ペアの相手に発話する，ペアの相手の発話を聞くという具合に，1つの素材につき最低でも3回は英文の処理を繰り返すインプット駆動型プラクティスになります。またスピーキングにつながる活動という点からも，学習者が音読などのアウトプット駆動型プラクティスに主体的に取り組むことになり，英文中の語彙やフォーミュラなど言語表現のインテイクはもとより，アウトプット産出能力を鍛えることができます。

　佐々木（2020: 10）は，リテリングによる学習・指導を成功させるため，以下のようなポイントがあると述べています：

　①英文素材を，要点から細部まで十分に理解すること。

　②音読によって，英文素材の言語材料（語彙・表現など）をインテイクすること。

　③英文中の要点にあたる情報，細部にわたる情報をどのように選定してリテリングするのか決定し，表現形式をどこまで自分のことばに言い換えてパラフレーズするかを考えること。

　④以上のステップを経て，メモをみながらどのような形態でいかにして正確に発表できるか検討すること。

手順

　このリテリングについて，佐々木（2020）は自身の教室実践にもとづき，次の図2の5つの学習ステップを設定し，各ステップについて詳細にその学習法を解説しています。

①英文素材のリスニングにより「要点」を理解した上で，リーディングにより「細部情報」を把握するようにします。また，英文の「要点」と「細部情報」に関する英問英答を繰り返し，この解答の英語をもとにリテリングにつなげることを意識して実施します。

②本文中の語彙や文法・構文のインテイクについては，第10章10.2（p. 190），10.3（p. 193）で取り上げた，リード・アンド・ルックアップおよびリード・アンド・フリッピングが効果的です。英文を黙読・聞き読みなどをしながら句・節のチャンクで一時的に記憶し英文を見ないで，筆記し

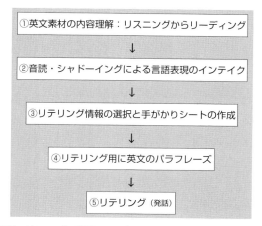

図2　リテリングの学習ステップ：佐々木（2020）にもとづき改変

たり他者に向かって発話する活動です。ペアで実施することで，社会脳ベースのインプット駆動型プラクティスの効果が期待できます。また，10.1（p.183）で解説した，言語・身体・情動が共振するなりきり音読は，言語表現のインテイクだけでなく，他者に意味内容を伝えるリテリングによるアウトプット産出を促進してくれるアウトプット駆動型プラクティスになります。さらに，音読だけでなく，知覚した音声を即座に復唱するシャドーイングをここで取り入れると，スピーキングの自動化につながるプラクティスになります。

③リテリングに活用する本文中の手がかり情報は，できるだけ学習者自らが選んだ方が，主体的なリテリングに直結します。また，手がかりとしては，（a）英文の内容を示す絵や写真だけを，（b）英文中のキーワードだけを，（c）キーワードと絵や写真の両方を，使用する方法の3通り（佐々木, 2020）が考えられますが，通常は（c）が英語習熟度の高低に関わらず，すべての学習者に利用可能な方法であると言えます。また，リテリングのためのメモについては，リテリングの目的や学習者の英語習熟度にもよりますが，本文の要点とともに細部の情報を加えてシートに記述するのがよいと考えらます。この方向でリテリングのための手がかりシートを作成します。

④リテリング用に英文のパラフレーズ

　　リテリングは，ディクトグロス（第 12 章 12.1 p. 215）とは異なり，素材を
そのままリプロダクション（再生）することではありませんので，英語の
本文の語彙・表現や文構造を言い換える必要があります。これがエッセ
イ・ライティングでも豊かな表現力のために重要なパラフレージング（門
田・氏木・伊藤，2014: 133-138）です。できるだけ本文中の多くの語彙，表現
をパラフレーズして，学習者自身のことばとして発話する必要があります。

⑤リテリングの実施方法には，（a）個人，（b）ペア，（c）グループ，（d）
全体発表が考えられますが，佐々木（2020）は，（a）は 1 人で行うリハー
サルであり，また（d）は模範となるリテリングを全員の学習者の前で行
うもので，主たる方法は（b）（c）であると述べています。②のステップ
における，言語・身体・情動が共振するなりきり音読をもとに，本文の登
場人物の気持ちに認知的・情動的共感を伴ったなりきり音読（第 10 章 10.1
p. 183）の要領でリテリングすることが重要です。「あなただったらこの状
況でどのようなことを考えますか。」（佐々木，2020: 89）といった質問を投
げかけて，ペアやグループで考えた後で，リテリングするような工夫が必
要です。そうすることで，メンタライジング，ミラーリングを駆使した
「社会脳リテリング」の活動になってきます。

応 用：即興型のリテリング ─────────────────────

　　どんなタスクでもそうですが，2 回繰り返すとそのパフォーマンスが向上
します。これが，練習効果（practice effect）で，本書で強調してきた反復プラ
イミングがもたらす効果です。英文素材を読んで内容を理解したら，その後
すぐにその内容の説明を求める即興型のリテリングでも，反復効果は明白で
す。この 2 度のリテリングの間に，素材英文とは別のテキストを用いたシ
ャドーイングの練習を行うと，リスニングの練習と比べてどのような影響が
あるかを調べた研究に Kadota ほか（2020）があります。

　　外国語として英語を学ぶ 28 人の日本人大学・大学院生を，Oxford
Quick Placement Test（第 6 章 6.1 p. 113）の結果にもとづき，等質な（a）
（b）群に分割しました。100 語程度の英文テキストをそれぞれ 5 つずつ，1
分間 110 語程度のゆっくりとしたスピードで音声提示し，意味内容を理解
しつつ，（a）群にはシャドーイングの，（b）群にはリスニングの，それぞ

れトレーニングを実行してもらいました。

　このトレーニングの前後に，上記のような即興型のリテリングタスクを与えました。このタスクでは，パソコンのモニターに326語の英文が表示され，メモを取らないで，英文を最初から最後まで時間制限なしに2回注意深く読むよう指示しました。表示した英文は次の通りでした。

Every morning Mr Brown gets up at 6:30 am, walks to the convenience store in Oxford Road and buys a newspaper. ---（略）---

Yesterday Mr Brown's life changed for ever. Mrs Brown's life changed too. This is what happened. Mr Brown found a bag. It contained 55 dollars, some credit cards and two lottery tickets. Mr Brown checked the lottery ticket's numbers in the newspaper. He couldn't believe it. He had the winning ticket. It was worth 6 million dollars. ---（略）---

He took the bus to the address of the bag's owner. ---（略）---

"This is your ticket," said Mr Brown, "I want you to have it back." ---（略）---"Do you think that a million dollars is enough？"
Mr Brown accepted the million dollars. ---（略）---

図3　リテリング用の英文素材：一部抜粋（Kadotaほか, 2020：36-37）

　その後，テキストを見ずに，今読んだストーリーの内容をできるだけ忠実に3分間で話すというタスク，これを上記のトレーニングのプリ・ポストタスクとして実施してもらい，その発話音声を録音しました。

　プリ・ポストの反復効果を，その間のリスニングとシャドーイングトレーニング別に，リテリングの総語数と発話速度（1分間の発話語数：words per minute）で示したのが次の図4，図5です。

　その結果，参加者のリテリングした総語数は，シャドーイング群，リスニング群ともに，プリ・ポストタスク間で同様の伸びを示したが，参加者の発話速度（wpm）の向上は，シャドーイング群の方が，有意に上回ることがわりました。佐々木（2020）のような十分な練習を積んだ後のリテリングではなく，即興型のリテリングですが，発話語数には差がなくても，1分間の発

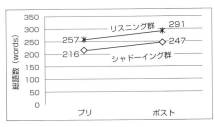

図4　リテリングの総語数（トークン語数）の変化：リスニングとシャドーイングの比較
　　　（Kadota ほか，2020：28）

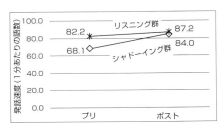

図5　リテリングの発話速度（wpm）の変化：リスニングとシャドーイングの比較
　　　（Kadota ほか，2020：29）

話速度では，リスニングよりもシャドーイングの方がリテリングの発話スピートを向上させる効果があることを示唆しています。シャドーイングは，4つのプロセスの同時処理を含む（第 5 章 5.4 図 6 p. 99）ことから，リテリングにおける発話速度など，流暢性を促進する働きが認められるのです。同様に，4 プロセスの同時処理を含む音読（第 10 章図 1 p. 182）もまた，リテリングにおける流暢性を高める働きがあることが容易に推測できるでしょう。

13.3. ジグソータスク：リスニングからスピーキングへ

　第 12 章 12.1（p. 215）では，リスニングからライティングにつながるディクトグロスを取り上げました。ここではリスニングをスピーキングにつなげるジグソータスクについて検討したいと思います。

解説

　一人一人の学習者が持つ部分情報を互いに合成して全体像を作り上げる情

報合成タスクであるジグソー（第 7 章 7.5 p. 142）は，建設的インタラクションにもとづく「協調学習」の考え方が理論的基盤になっています（第 7 章 7.6 p. 144）。ではこのジグソーなどの協調学習（協同学習，協働学習と呼ばれることも多い）時には，学習者の脳活動は個別学習時と比べて，どのような違いがあるのでしょうか。

　この問題に，NIRS（近赤外線分光法測定装置）（第 6 章 6.1 p. 112 参照）の簡易型である LIGHTNIRS [47] を頭部に装着して，大脳皮質の血流変化による活性化の状態を，20 チャンネルのホルダーを使って分析した研究があります（中野・植田・夏目，2021）。外国語として英語を学ぶ 18 人の大学生を，TOEIC IP テストの成績により平均 574.4 点の上位群と平均 441.7 点の下位群に 9 人ずつ 2 分割しました。研究対象にしたタスクは，次の通りで，（a）〜（d）は個別学習，（e）は協同学習として位置づけられていました。

（a）語彙学習（単語の意味を答える），
（b）リスニング（インプット音声を聞いて意味を理解する），
（c）スピーキング（PC 画面内の他者に話しかける），
（d）テキストあり・なしでのシャドーイング（インプット音声を復唱する），
（e）他の学習者との対面によるディスカッションを行う（科学に関する質問の答えを議論する）

得られた主な結果は次の通りでした。

①リスニング（b）では，上位群において言語関連領域と前頭野領域が有意に活性化した。

②スピーキング（c）では，上位群のみが言語関連領域および前頭野領域を有意に賦活させたが，難易度の低いタスクに切り替えると，下位群でも上位群と同様に上記 2 領域の活性化が認められた。

③文字言語ありのテキスト付きシャドーイング（パラレル・リーディング）と音声インプットのみにもとづくシャドーイング（d）では，上位群において，前者のテキスト付きで聴覚野を含む左前頭野領域が，後者のテキストなしで，右前頭葉領域の活動が見られた。

④対面によるディスカッションについて，上位群は，与えられた英文を黙

47）https://www.an.shimadzu.co.jp/bio/nirs/lightnirs/features.htm

　　読して自身の答えを考える局面では右下前頭回付近を，ディスカッショ
　　ンに移行した局面では左言語関連領域を，それぞれ有意に賦活させた。
　⑤他方，下位群については，ディスカッションをはじめる前の局面では，
　　有意な脳活動は見られなかったが，ディスカッションに入ると，右下前
　　頭回付近が活動していた。

　これらの中で，まず注目すべきは③の結果です。この実験では，音声イン
プットのみにもとづく通常のシャドーイングでは，上位群でも右前頭野の活
動に留まり左半球言語領域の有意な活性化が見られませんでした。そして，
テキストありのパラレル・リーディングにおいて，左言語野の活動が認めら
れました。このとき特に，計 20 の CH（チャンネル）の内，CH14 が計測した
脳活動が活発であったと報告しています（中野・植田・夏目，2021）。これはほぼ
前頭葉の DLPFC（背外側前頭前野）の活動を捉えたもので，第 1 章 1.2（p. 23）
で解説した通り，注意を一定のターゲットに「維持」するという，実行系ワ
ーキングメモリの機能（実行機能）を担う脳領域です。パラレル・リーディン
グにおいて，実験参加者が，インプット音声と文字テキストの両方に継続し
て注意維持をする必要があったことが原因だと考えられるでしょう。なお，
第二言語処理の自動性，流暢性を英語語彙処理について測定することを目的
に開発された CELP-Com テストが，英単語の意味情報を一時的に記憶する
音韻ループ能力とともに，メモリ内の情報を制御する実行系ワーキングメモ
リ能力のテストになることが示されています（門田ほか，2021: 90–93）。

　次に，結果④⑤についてですが，右下前頭回というのは，表情の認識に関
わる大脳皮質領域で（第 2 章コラム④ p. 48）で，特に視線共有をもとに共同注
意を実行する脳領域（第 3 章 3.2 p. 59）に相当します。この右下前頭回は，言
語野として知られる左下前頭回ブローカ野と対称的に位置する右脳領域（第
3 章 3.2 p. 61）で，言語処理と連動した形で，協同作業を行う社会脳インタラ
クションの中心的な関連領域になります。上位群が，事前にいろいろとディ
スカッションの中身をシミュレーションしている局面では，協同作業に関わ
る右下前頭回が活性化し，実際にディスカッションが始まると左半球言語処
理領域を活動させたのに対し，下位群の場合は，ディスカッションに移行し
てやっと協同作業に関連する社会脳領域を有意に活動させたことが分かりま
す。中野・植田・夏目（2021: 3）が，ディスカッション時には，「下位群が協

調に関連する脳活動を増大させ，上位群が言語活動に関連する脳活動を増大させた」と記述しているのは，以上の内容を考慮するともっともな指摘であると考えられます。

　ついでながら，結果②が示すように，PC画面内の他者へのスピーキングでは，右下前頭回の活性化を伴った社会脳インタラクションにはならず，主として言語処理に関連した脳領域を賦活させるだけであることが示唆されています。

手順

　学習者が持つ部分的な情報を合成して全体像を作り上げるジグソータスクを用いて，リスニングからスピーキングの活動へつなぐ方法が，溝畑（2018）によって提案されています（溝畑, 2018）。そこでは概ね，次のような学習ステップを踏んでいます。

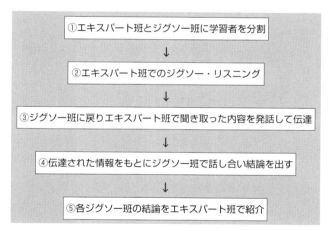

図6　リスニングからスピーキングへつなぐジグソー法の学習ステップ：溝畑（2018：120）にもとづき作成

①設定された問題に対して，各学習者がそれぞれ異なるエクスパート情報を入手し，それをジグソー班で披露しあって互いに協同で検討する活動です。まずは学習者全員を，エキスパート班とジグソー班に分割します。
②エキスパート班では，学習対象の英文テキストを3回位聞いて，キーワードをメモしながら意味内容を理解するようにします。

③上記②でリスニングして理解した内容をそれぞれのジグソー班に持って帰って，英語でリテリングして伝達します。ここでは，先に扱ったリテリングのノウハウが役立ちます。

④ジグソー班で，それぞれのエキスパート情報をもとに話し合って，問題に対する答えを出します。

⑤ジグソー班で話し合って得た答えをエキスパート班に持って帰って，その理由などとともに報告し，どの発表がすぐれていたかをそれぞれのエキスパート班で決めて，クラス全体に報告して，タスクの締めくくりとします（詳細は，溝畑，2018 を参照）。

13.4. 応答練習：教室内の社会脳インタラクションを探求した学習法

ここで紹介する教室内応答練習は，原田メソッドとして知られるもので，2003 年頃より大学生を対象に開発・実践されてきたものです（原田，2003；横森，2020 など）。

手順

クラス内の学習者を 3 人 1 組のグループ（A・B・C）に分けて，グループごとに 10 枚 1 組の，互いに緩やかに関連しあった質問カードセットを用意します。実施手順は次の図 7 の通りです。

① AI（人工知能）による自動音声認識システムを活用した大規模スピーキングテストである Versant があります。このテストは，スマホや PC を使ってインターネットで，約 17 分で受験でき，受験者の解答音声は即座に自動採点され，数分以内で 20 ～ 80 点の範囲でスピーキング力の採点結果が返ってくるものです（門田，2020: 97–102）。応答練習用に準備する質問は，特に決まりがあるわけではないようですが，この Versant の前身である「Phone Pass SET–10」（門田，2020: 103）の Part E に使われる自由回答用の質問と同様のものや，自己紹介，大学の日常生活に密着したような話題，iBT TOEFL のライティング問題などが使われています。

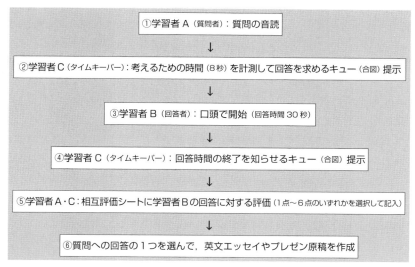

図7　応答練習（原田メソッド）の学習ステップ（原田，2003；横森，2020をもとに作成）

　例えば，大学生を対象に，約 3 週間の海外研修がスピーキング力に与える効果に関する研究で，横川・籔内・鈴木・森下（2006）が使った，Phone Pass SET-10 の Part E の質問は次のようなものでした。

-Do you think television has had a positive or negative impact on family life?

-Do you like playing more in individual or in team sports?

　また，横森（2020）が自身の応答練習のクラスで使用した質問例は，次のようなものです。

-Where did you go to high school? Did you like your high school?

Tell us one thing you can be proud of about your high school.

-Last week you bought a lottery ticket. You won 300,000,000 yen.

What would you do with it? Tell us why.

　以上のような質問を，学習者 A は 2 回音読すると決められています（横森，2020）が，その時にはリード・アンド・ルックアップ方式（第 10 章 10.2

p. 190）で行うことが効果的です。

②③④タイムキーパーにより，（a）回答するまでの時間を測定し回答を求めたり，学習者 B が，（b）回答の発話を始めたらその終了を知らせたりすることや，（a）（b）の時間が厳密に定められていることは，非常に組織的な方法であると言えます。

⑤学習者 B の回答に対する評価を，学習者 A・C が，1 点〜6 点のいずれかで相互評価シートに記入します。従来はカードを使用していたようですが，スマホに評価を記入する方法が現代では便利でしょう。

⑥以上の⑤までの教室内応答練習を 20-40 分程度実施した後は，質問への回答の 1 つを選んで，200 語から 300 語程度の英文エッセイ（あるいはプレゼン）にまとめます。これは授業の残り時間や宿題として課します。要は，応答練習を軸として，それにエッセイ・ライティングやプレゼンテーションを絡めて有機的に展開するという，英語アウトプットためのトレーニング活動全体を，原田（2003）は応答練習と呼んでいるのです。さらに，横森（2020）は上記の原田メソッドをもとに，応答練習の上記学習者 B による回答を，グループごとに IC レコーダで録音し，Moodle などの学習管理システムに評価を提出するという方法を使うように工夫しています。

解 説

教室内インタラクションをこのように実現するプラクティスである応答練習について，次のように評価ができると思います [48]。

（1）カードを用いたこの練習では，質問者だけがカードを見て，回答者は見ることができないので，自然なインタラクティブ・コミュニケーションのための情報格差（information gap）が成立しています。

（2）質問者は回答者にきちんと聞き取ってもらえるような，英文の音読をリード・アンド・ルックアップ形式で行うことが必要です。また，回答者もカードが手元にないので，実際に質問者の発話をよく聞いて理解し，それに短時間（8 秒）で答えをまとめて回答することが求められます。そうす

48）　原田（2003: 21-22）における考察をもとに，筆者が若干の改変を行った。

ると，従来からよく授業内で行われてきた，教科書本文の形式的な音読 (門田，2020: 77-78) とは異なり，インタラクティブ・コミュニケーションに含まれる「理解・概念化・発話の同時並行処理」(序章 2 p. 7) が担保されるようになります (門田，2018: 16)。

（3）一般に教室内で行われるペアでの応答タスクでは，適切な質問を即座に考えて，それを通じる英語の質問にまとめ，他者に理解できるように発話することが求められます。しかし，これは認知負荷が高すぎて，多くの学習者にとって極めて困難なタスクになってしまい，教室内インタラクションが活性化しない原因になりがちです。カードを使った原田メソッドでは，質問者は内容を思い巡らす必要はなく，質問の音読に集中することができ，その結果活発なインタラクティブ・コミュニケーションが実現できます。

（4）タイムキーパー役の学習者にも，回答についてシートや Moodle への評価を記入することを求めており，そのぶんこの学習者も質問者と回答者のインタラクションを集中して理解する必要が生じます。同様の真剣度が問われることになります。

　原田メソッドは，以上のようにカードを活用した音読により，適切なレベルの認知負荷を維持し，その上で現実のコミュニケーションに近似した形で，学習者同士の「足場掛け (scaffolding)」を含むインタラクティブ・プラクティスを提供することに成功したと言えるでしょう。

　本章では，スモールトーク，リテリング，ジクソータスク，応答練習など，

コラム⑩　シロイルカの社会脳インタラクション

　第 1 章 1.4 では，社会脳ということばをはじめて使った Dunber and Shultz（2007）の研究を紹介しているが，このような社会脳インタラクションは，シロイルカにも見られる。このことを紹介した新聞コラムからの引用である [49]。

---

49)　2021年6月7日付「朝日新聞」天声人語。
（https://yushei.net:41000/2021%E5%B9%B4/June/%E4%B8%83%E6%97%A5.html）

　　　　せっかくメッセージを送ったのに，読むだけ読んで相手が返信をく
　　　れない「既読スルー」。そのたび返事が来るか来ないか気になって，
　　　何度もスマホの画面をのぞいてしまう。既読スルーに心がモヤつくの
　　　は人間だけかと思いきや，シロイルカも同じらしい。最近の研究で，
　　　仲間と鳴き交わす際，スルーされると黙っておらず，返事を催促して
　　　いることがわかった。三重大学の森阪匡通（ただみち）准教授らの研究。
　　　水族館の水槽に録音器をつけ，鳴き方を調べた。仲間に「ギー」と声
　　　をかけ，1秒ほど待っても返事がないと，再び「ギー」と畳みかける
　　　行動が高い確率で観測された。「返事ぐらいして」と言わんばかりの
　　　催促ではないか。---（中略）--- 英国の進化人類学者ロビン・ダンバー
　　　によると，人と人の会話は，サル同士の毛づくろいに近い機能を持つ。
　　　あなたに関心がある，良好な関係を持ちたいと伝える，いわば遠隔の
　　　毛づくろい。会話の中身はともかく，言葉を交わすのが大切なのだと
　　　いう。---（以下省略）---

　　　　スルーされると黙っておらず，返事を催促しているというのは，スマ
　　　ホ・PC のメールを活用している私たち全員に共通の思いである。人は常
　　　に他者との社会脳インタラクションの中で生きている。これが「言語」
　　　「会話」を生み出す私たち人間の本能（相互交流本能：Interactional Instinct）
　　　であること（第5章 5.6 p.105）が再認識される。

直接的な「やり取り」に関わるスピーキングを中心にして，SBIC を伸ばす
対面型のインタラクティブ・プラクティスについて扱いました。今後も，上
記のような学習タスクを，社会脳インタラクションという観点から捉え直す
実践の必要性が大いにあると言えるでしょう。

参 考 図 書 ─────────────────────────────

　スピーキングの学習について，これまでその実践方法についての書籍は数
多く刊行されています。

①山口美穂（2017）『身近な話題で楽しく話せる！Small Talk 月別メニュー
　88』明治図書

　スモールトークに関する書籍も近年ではさまざまなものが刊行されている

が，学習指導に直結するものは少ない。その中で，主に小学生を対象に，スモールトークを ALT を交えてどのように実践するかその方法と，1 年を通じた月別の話題とそれぞれの英文例を満載している。スモールトークのメニューづくりにすぐ使える必携書。

②佐々木啓成（2020）『リテリングを活用した英語指導：理解した内容を自分の言葉で発信する』大修館書店

　本章でも引用した，中高生向けのリテリングの決定版とも言える本である。リテリングとは何かから始め，その学習手順および評価について詳細に記述している。終章では，これまでのリテリング研究の成果についてもまとめている。

③三宅なほみ・東京大学 CoREF・河合塾（2016）『協調学習とは：対話を通して理解を深めるアクティブラーニング型授業』北大路書房

　協同学習，協働学習，共同学習などとしばしば同義で相互互換的に使われる，建設的インタラクションにもとづく「協調学習」について，認知科学，学習科学理論背景とともに，さまざまな教科での実践法を紹介した書籍である。特に「知識構成型ジグソー法」を通じ，教科別の授業デザインなど実際の授業づくりに役立つ知見をまとめている。

④泉恵美子・門田修平（2016）『英語スピーキング指導ハンドブック』大修館書店

　主として，中学校・高等学校の英語教員を対象に「オーラルインタラクション」や「コミュニケーション」能力の育成をターゲットにしつつ，英語スピーキングの学習法，指導法，評価法に関する基本的な考え方や実践例を提供した上で，その学習実践の背景となる情報として，スピーキングについての実証研究データや習得モデルについて解説した総合的なハンドブックである。

終章　エピローグ

本章の概要

　本章では，扁桃体による情動処理が海馬と密接に連携しつつどのようにして学習の成否を決定づけるか解説し，その上で，今後教育界にも大きな位置を占めることが予想されるメタバース環境におけるオンラインインタラクションについて，その効果と限界を考察していきます。

キーワード　Cowan のワーキングメモリモデル, FA, 情動脳, 扁桃体, メタバース, 社会脳インタラクション

1.　Cowan によるワーキングメモリモデル

　第 1 章 1.2（p. 19）では，私たちの認知的学習システム，すなわち認知脳ネットワークの中核を占めるワーキングメモリについて，Baddeley による多層モデルを取り上げて解説しました。しかし，ワーキングメモリについては，もう 1 つ有力な考え方に Cowan が構築したモデルがあります。このモデルでは，ワーキングメモリとは，長期記憶の一部で，意識的な処理対象になる活性化した短期的記憶であると考えられています（Cowan, 1999, 2016）。すなわち，Baddeley のように，長期記憶とは別個に一時的な記憶装置を設けるのではなく，短期的に能動的に処理される対象となった長期記憶中の情報（active portion of LTM）において，意識的な注意制御の対象として，中央実行系からのコントロールを受ける「注意の焦点（focus of attention: FA）」を含む活性化した情報が，ワーキングメモリだと考えたのです。次の図 1 は，Cowan によるワーキングメモリモデルをやや簡略化して図式化したものです。

　外界からのインプット刺激（インプット）は，聴覚，視覚といった感覚記憶

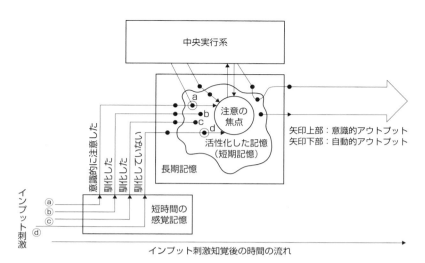

図1　Cowanによるワーキングメモリモデル（Miyake & Shah, 1999: 64を簡略化した，門田ほか，2021: 68にもとづく）

を経て，ワーキングメモリに入ってきます（第1章p.21）が，ⓐ意識的に注意を向けFAに入る対象もあれば，ⓑⓒいつも見聞きして馴化し（慣れてしまい），ワーキングメモリには取り込まれているものの，特に注意を向けない（FAに入らない）対象もあることが，さらには，ⓓ特に注意を向けてはいないものの，これまで見聞きしていない馴化していないためにかえって新鮮でFAに入る対象，という3つが区別されています。要は，ⓐⓓの刺激インプットのみが，注意の焦点（FA）に入って，中央実行系からの注意制御の対象になり，長期記憶に定着することが示されているのです（門田ほか，2021: 67–69: 169–171）。

　私たちが，外界から受け取る情報は膨大でも，長期記憶中の情報と関連づけられて，中央実行系からのコントロールにより，FAに取り込まれないと，十分には知覚・処理されたり，学習されたりしないことを示唆しています。英語の授業で学習者が，教師からのインプットとして受け取っても，インテイク（内在化）されない情報が多々あるのはこのためです。英語など第二言語のインプットは，学習者に知覚され，FAに入って初めて学習の対象になるのです。学習者に注意されず，その結果処理・理解されないインプットは，いくら先生が重要な情報だと繰り返しても，インテイク（intake）されません。

2. 情動と有効視野

　このように重要な FA ですが，社会脳ネットワークと緊密に連動して働く情動脳の影響を大きく受けることが近年明らかになっています。北原（2020: 134）は，これまでの脳科学研究から，「情動には大脳辺縁系中でも扁桃体（第3章コラム⑤ p. 62 など）が刺激に対する状況認知の重要な役割を果たし，視床下部（第3章コラム⑤ p. 62 など）や脳幹（第2章コラム② p. 35）を通じて身体的変化を起こすことがわかってきた」と述べています。すなわち，情動が引き起こす身体の変化としては，手をあげたり声を大きく高くしたりするといった意識的・随意的な反応と，自身の意思と無関係に不随意的に生じる血圧上昇や発汗，さらには表情が変化したり声が震えたりするといった反応があります。後者の無意識的な反応に関連して，私たちが注意を向ける視覚刺激がFA に入るか入らないか決めるのに，情動が影響するというデータがあります。すなわち，不快な感情を引き起こす写真により，有効視野が収縮するという実験報告です（野畑ほか，2007）。

　実験参加者に，快・不快・中立の感情を引き起こす写真を見せ，その後（a）0.5 秒または（b）3 秒経過してから，写真と同じ大きさの長方形の中央にアルファベット文字 'R' か 'L'，四隅のいずれかに数字を記した画像シートを提示しました。そして，'R'，'L' のどちらの文字であったか，数字は何であったかを回答するよう求めました。次の図2はこの実験手続きの概要を示したものです。

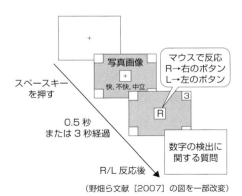

（野畑ら文献［2007］の図を一部改変）
図2　実験方法の概要（北原，2020：137より転載 [50]）

写真提示から 0.5 秒後および 3 秒後に，'R' か 'L' か判断させ，さらに数字を正しく同定（認識）して報告するよう求めた結果は，次の図 3 の通りでした。

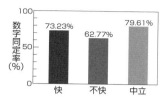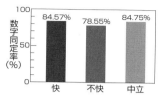

図3　写真提示から0.5秒後（左）および3秒後（右）に，アルファベットとともに提示した数字の同定率（％）（北原, 2020：137より転載）

　結果は，図 3 が示すとおり，心地よい快情動やそうでなくても中立の情動を引き起こす写真と比べて，不快な気持ちを引き起こす写真が提示されると，両条件下とも数字の正同定率が低く，3 秒後にはいくぶん回復するものの，0.5 秒という直後ではそのマイナス情動が作用して数字の同定率が大幅に低下することがわかりました。このことから，不快な情動が引き起こされると，特にその直後は私たちの有効視野が大きく収縮され，FA に情報を取り込むための注意集中力が大きく減退することが明らかにされたのです。

3. 学習力を左右する情動

　私たちは誰しも，あまり好きでもない科目を試験のためだけに勉強するのと，好きな科目を楽しく学習するのでは，大きな違いがある，このことは経験的によく理解しています。しかし，それは楽しい学習だと，長い時間をかけても平気なのに，嫌いな科目はかける時間が少ないからで，そもそも学習時間が異なるからだと考えてしまいがちです。しかし，第 2 章コラム③（p. 39）でも述べましたが，外国語（第二言語）習得も含め「学習」の成否を根本から決定づけるものは，扁桃体による「好き嫌い（快・不快）」という情動の区分けと，脳内のさまざまな領域とつながる中継機能を持つ海馬による記憶の固定（第 3 章 3.3 p. 61）で，これらが重要な働きをします。すなわち，両

50）　図2および図3は，野畑友恵，箱田裕司，二瀬由理［2007］「感情喚起による有効視野の縮小」『情報処理学会研究報告』，CVIM，2007-CVIM-160のデータをもとに北原義典氏作成。

領域の連携のもとに，楽しいという情動を保ちつつ学習することが必須で，これによって記憶力や思考力，さらには学習能力が高められるのです。同様のことは，第二言語習得にももちろん当てはまります。

　東北大学加齢医学研究所の瀧靖之氏は，私たちの学習に必要な「情動と記憶力の関係」を脳科学の観点から検討する中で，アメリカのカリフォルニア大学での「知的好奇心と記憶力の関係」に関する研究成果を引き合いに出し，「知的好奇心がドーパミンという脳内物質の分泌を促し，記憶力の向上に影響を与える」ことが証明されたと述べています（瀧，2020）。

　要は，大脳辺縁系にある，五感から得た情報を大きく「快」と「不快」の2つに仕分ける役割を担う扁桃体（第3章コラム⑤ p. 62）で，「快」や「好き」といったプラスの情動が生じると上記ドーパミンが分泌され，脳が刺激・活性化されます。他方，海馬（第2章コラム③ p. 39）は，主に記憶を制御・固定する領域です。人が得た体験はいったんワーキングメモリに保存され，その後海馬において整理整頓されて，安定した長期記憶に転送されます。この記憶力は思考力の基盤であり，また海馬は脳内のさまざまな領域とつながっていることから，脳内の司令塔であるとも言えます。瀧（2020）によれば，海馬は，「脳内で唯一，何歳になっても神経細胞が新しく生まれ続ける領域で，ここを鍛えて体積が大きくなると，記憶や思考に関する能力が高まり，脳のさまざまな領域を発達させる能力が高くなる」ということです。これら扁桃体と海馬は，脳内で非常に近い距離にあり，緊密な線維連絡があり，機能も互いに関連しあっています。そのために「扁桃体」で得た情動は，「海馬」の働きに大きな影響を与えるのです。

　このように「楽しい，好奇心が湧く，感動する，できた，ほめられた」といったポジティブな体験が，情報をFAに取り込む能力を高め，記憶力・学習力を向上させます。反対に「嫌だ，辛い，つまらない，失敗した，叱られた」といったネガティブな体験は，上記のようにFAに情報を取り込む能力を抑え，記憶力や思考力を低下させてしまうのです。

　他方，扁桃体をはじめとする情動脳の影響は，何も記憶力，学習力だけに留まりません。既に解説しましたが，緊密に連動している社会脳ネットワークにも多大な影響を与え（第4章 4.4 p. 71），情動を伴った感情の共有，すなわち情動的共感（第4章 4.5 p. 73）の生成，さらには他者行為の模倣（第4章 4.6

（p.75）の成否を決定づけるなど，社会脳インタラクションを左右する極めて重要な要因になるのです。

4. メタバース時代の社会脳インタラクション：会話 AI ロボットとの社会脳インタラクションは可能か

　最後にもう 1 点考察したいのが，本書のテーマである社会脳インタラクションの今後のあり方についての展望です。従来のモノとのインタラクションでは，例えばいくら精巧にできたオモチャでも，ボタン押しなど特定の操作をしたら毎回特定の動作をする，つまり同一の刺激に対して，同一のリスポンスが返ってくるだけです。そうすると，大人でも子供でもすぐに飽きてしまいます。決まりきった反応からは，何ら新たな気づきや学習は生じません。

　しかし，他者とのインタラクションは異なります。場所，時間，環境，状況，さらには他者の精神状態が異なれば，同じ人でも毎回異なる反応が返ってきます。反応が予測したものとは異なるとき，このような状況下でのこの刺激にはこういったリスポンスがあるという具合に，私たちの頭の中では新たな気づきや学習が生じます。

　デジタル・テクノロジーが今日のように高度に発達してくると，今後の社会脳インタラクションは，私たちが好むと好まざるとに関わらず，次の 2 つの次元で行われるようになると考えられます：

（1）対面によるインタラクション
（2）メタバースによるオンラインインタラクション

　ここでは，（2）のインタラクションから考えていきましょう。

　まず，「メタバース（metaverse）」の意味ですが，「超越した」「上位の」といった意味の「メタ（meta）」と，「ユニバース（universe：宇宙・全世界）」を組み合わせた造語で，（コンピュータネットワーク）の中に構築された，現実世界とは異なる 3 次元の仮想空間を指しています。ゲームやイベントを行う場として，この仮想空間は既に利用されています。さらに，コロナ禍以降増えた在宅勤務（リモートワーク）でも，周囲に同僚がいてあたかも会社で一緒に仕事

をしているような環境を提供しています。参加者各人のアバター（avatar: 分身）を使って，偶然の思いがけないインタラクションなどができるようになっています。今後，ゲームやビジネス利用だけでなく，小中高大の教室環境を構築し，そこで学習が行われるような活用方法も可能です。

　英語など外国語におけるインタラクティブ・コミュニケーションへの応用としては，メタバースにおいてファシリテーターの役割を果たす会話 AI ロボット開発の試みがあります（松山, 2022）。例えば，参加者 3 人（A, B, C）の会話に入っていって，参加者 A, B が中心に展開している会話に，参加者 C が入っていけるようにロボットが場をコントロールし，C の参加を可能にする試みです。このとき，ロボットに求められるのは以下の機能です。

①会話が A, B 中心に行われていて，C はその中に入るのに躊躇している状況を把握すること：

　そのためには，本書でこれまでお話しした SBIC（社会脳インタラクション能力）が不可欠で，A, B, C の表情・視線などから 3 者の親密度などの相互関係を推測し，ミラーリングやメンタライジングにより，C への情動的・認知的共感を得るようにする必要があります。

②その上で，状況をコントロールする方法を検討すること：

　どのような言語形式を使うかはもちろんのこと，発話するタイミングや，プロソディなども含めた発音の仕方，適切な長さの発話等々，言語（バーバル）面でさまざまな工夫が必要です。さらに，非言語（ノンバーバル）においても，どのような顔表情をするか，視線をどうするか，AB と視線を共有して，C をいかにして共同注意の対象とするか，さらにはどんなジェスチャを使用するかなど，さまざまな社会脳インタラクションを駆使する必要があります。

③以上の①②の準備を一瞬のうちにした上で，実際に仲介を実行すること：

　松山（2022）は，以上のように，認知脳ネットワークだけでなく，社会脳ネットワークを駆使することが必要なファシリテーターの役割を果たす AI ロボットには，現状では教師（人）の助けが必要だが，学習者にオンラインによる英会話授業を提供する AI システム（Tutorial English AI）なども開発中であると報告しています。すなわち，学習者の英語コミュニケーション能力を判定し，メタバース上で学習者に臨場感のあるオンライン授業

システムを構築する試みです。第二言語のインタラクティブ・コミュニケーションの学習への応用は，現時点ではまだまだ開発途上ですが，今後急速に発展する可能性を秘めていると言えるでしょう。

また，近年大幅に進展した AI による機械翻訳に，言語だけでなく，映像や会話相手の視線などの処理も同時にさせる試み（中山, 2022）もあります。これは，まさに本書で扱ってきた社会脳インタラクションを，機械翻訳に応用しようとする研究で，今後外国語としての英語の学習・教育でもこのような AI を活用することで，社会脳インタラクション能力（SBIC）の促進に役立てる可能性があると考えられます。

これらに対して，（1）の人と人との対面によるインタラクションでないと，本当の意味での SBIC は形成されないという指摘もあります。例えば，川島（2022）は，次の点を挙げています。

①例えば，5 人が対面で互いに顔を見ながら会話しているときは，5 人の脳反応の周波数は同期していたが，現状のオンラインではまったく神経同期は見られなかったという研究報告がある。

②オンラインではカメラを見て互いが話せば視線は合うが，画面を見ながら話そうとすると視線がずれてしまい，会話音声と顔画像の不一致が生じる。

対面で良好なコミュニケーションが進行している際には，ミラーシステムによりお互いの脳活動が同期することは既に第 6 章 6.4 (p. 124) で解説した通りです。川島（2022）は，現状のオンラインでの交流は，脳にとってはインタラクションになっていないこと，つまり，情報は伝達できるが情動の共有はなく，相手と心がつながっていない状態であり，これが今後多用されると，「人と関わっているけど孤独」という矛盾が生じてくると警鐘を鳴らしています。確かに，第 13 章 13.3 (p. 233) で紹介した，中野・植田・夏目（2021）の研究結果を見ても，PC 画面内の他者へのスピーキングでは，表情・視線（誘導）の認識や共同注意などに関わる右下前頭回の活性化（第 3 章 3.2 p. 60）は生じていませんでした。今後さらに，このような観点からの脳科学データの蓄積が不可欠ですが，対面による直接的な社会脳インタラクションに比べると，ICT を経由した，メタバース上でのインタラクションには，かなりの制約があることは容易に想像がつきます。

また，大人よりも影響を受けやすい幼児の場合はどうでしょうか。生後 3

か月〜8か月頃は，脳発達の「感受性期」と呼ばれ，神経細胞（ニューロン）同士を結ぶシナプス結合（第5章5.1 p.89）が過剰に形成され，環境の影響を極めて受けやすい，学習に最適で特別な時期で，言語発達の臨界期にあたります（第2章2.7 p.42）。その後，生後8か月を過ぎると，過剰形成されたシナプスの刈り込みがはじまります。明和（2022）は，この学習のベストタイミングである感受性期に，他者からの愛情に満ちた身体接触，すなわち「アタッチメント（attachment）」を受けないと，感受性期の学習が剥奪されてしまうと述べています。事実，Tanakaほか（2018）は，7か月児28名に対し，「トピトピ」「ベケベケ」といった無意味音声の学習を，（a）大人が幼児の身体に触れながら発声した条件と，（b）身体に触れないで発声した条件で行い，その後の脳波計測において，（a）条件で提示された語の方が，（b）条件で提示された語よりも，左側頭および前頭−頭頂領域においてより強い電気的活動を示すことを発見しました。養育者などの他者が，身体接触とともに声かけを感受性期の子供にすることの重要性が再確認されたのです。

　既にお話ししたように，言語音声の識別能力や他者の顔の識別能力も，同様に生後8か月位をピークに減退していきます（第2章2.8 p.43）。この生後3か月〜8か月という時期がさまざまな学習のための，幼児に与えられた特別な時期（臨界期）に当たるのです。

　このように幼児は，感受性期を中心に身体と環境の対面でのインタラクションを通じて，知性を創発・発達させると考えられます（明和，2022）。つまり，変動を続ける環境の中で主体的にふるまいながら情報を収集・解釈し，環境への適応能力を形成させていくのです。言い換えると，環境の中で予想外の反応があったときに，今後その反応にいかに適応し対応していくかを考えます。これが新たな気づきや学習につながるのです。

　以上のように考えていくと，会話AIロボットが，人とのインタラクションにおいて，その好奇心を育てる多種多様のリスポンスをどれだけ提示して違和感のない社会脳インタラクションを実現できるかが最重要案件になるのではないでしょうか。

　明和（2022）はまた，「胃が痛い」といった内蔵感覚など身体内部の内受容感覚と，視覚・聴覚など身体外部からの外受容感覚という2つのルートを区別し，養育者による子供に対する働きかけをもとにして形成される内受容

感覚と，外部からの外受容感覚を統合する連合学習の重要性を指摘しています。このことは幼児だけでなく大人の場合でも，心地のよいと感じる内的な情動を内受容感覚として喚起するようなインタラクションでないと学習は進まないことを示唆しているのではないでしょうか。これまで述べてきました，海馬と密接に連携した扁桃体による情動処理が，内受容感覚として喚起されることがインタラクションにおいては必須であると言えます。オンラインにおける表面的なインタラクションで，どこまで両受容感覚の統合ができるか，またこのような内外2つの受容感覚の統合を，学習者自身でどこまでバーチャルででも再現できるかが，英語など第二言語はもちろん，様々な学習・教育において重要なポイントになると考えることができるでしょう。

さらに，新崎・門田（2020）は，英語のインタラクティブ・コミュニケーション能力の習得においても，言語的なメッセージ伝達については，Chat GPT, Bard を含む各種 AI ツールを活用することで十分に事足りるものの，コミュニケーションの中で90％以上を占めている社会脳インタラクションを遂行する能力である SBIC の習得を今後どのようにして教室内外で実現していくか，それを探求することが急務であると述べています。

5.　むすびにかえて

西暦2020～22年，人類は，未曾有のコロナ感染症に遭遇しました。その結果，日常で，仕事で，そして学校教育でもオンライン化，リモート化が推進されました。その中で，このようなデジタル化された環境でも，ある程度，あるいはかなりの程度は，社会脳インタラクションが可能であることも明らかになってきました。今後，メタバースにおけるアバターを介したインタラクティブ・コミュニケーションがどれだけリアルなインタラクティブ・コミュニケーションに近づけるか見守りたいと思います。社会脳ネットワークよる相互交流，すなわち社会脳インタラクションが，私たちを，私たちの思考や行動を，私たちの学習を，さらには私たちの言語習得を，私たちの英語（第二言語）習得を，支えているのです。本書が，ささやかでも，読者の皆さんの英語など第二言語の学習・教育に貢献し，さらなる飛躍のための糸口となることを祈念しています。

あとがき

　英語の教室内活動には，①「PPP（提示－練習－産出）」[51]と，②「TBLT（タスクベース学習）」という2つの潮流があります。①は，文法訳読法・オーラルアプローチを経て I.P.O.M.（p. 10）など，各種教育法を総称した呼び方です。これに対し，②はタスクにもとづく学習（第7章7.5 p. 141）です。①は，ワーキングメモリを中心とする認知システムを土台に，シャドーイング・音読など I.P.O.M. を達成する方法で，②はタスク遂行時のインタラクションを通じて，社会認知システムを活用するコミュニケーション能力育成のための方法だと言えます。

　欧米などの第二言語習得研究で TBLT が重視されるのは，上記 I.P.O.M. の IO，すなわちインプット処理とアウトプット産出がほぼ直結することが前提にあります。例えば，インプット仮説はもちろん，アウトプット・インタラクション仮説でも I ができれば O もある程度はできると考え，両者をつなぐプラクティス（反復プライミング）を軽視する風潮があります（Kadota, 2019）。

　しかし，「意味交渉」を含む社会脳インタラクションのためには，最低限のアウトプット能力が必須です。特に，英語と言語間距離の大きなアジア圏の学習者（門田, 2020: 117）にとって，タスク遂行のための最低限の「心理言語学的能力」（第5章5.2 p. 94）の獲得が急務になります。そうだとすると PPP と TBLT は必ずしも対立するアプローチではなく，互いに補完しあうものではないでしょうか。それはちょうど，私たちの脳が，おおよそその外側部と内側部に，「認知システム」と「社会認知システム」という，上記両アプローチの基盤となるしくみを備えているのと同じことです。「PPT と TBLT は相互補完的である」これが日本人英語学習者に特に当てはまることを十分に認識し，効果的な社会脳インタラクションを達成するのにどのような方法があるか，またそのために必要となる最低限の英語力を，シャドーイング・音読などを通じていかに養成するかを真摯に検討することが必要になります。最後にこのことを再度指摘して，ここまでお付き合いいただいた読者の皆様のコメント・ご批判を仰ぎたいと思います。

51）　PPPを改訂した，PCPP（提示－理解－練習－産出）が効果的だという考え方もある（村野井, 2006: 20; 門田, 2014: 35-36）。

引用文献

阿部 真（2019）協働的ライティング活動：ペアワーク・グループワークの導入　山西博之・大年順子編『中・上級英語ライティング指導ガイド』大修館書店.

Adams, R. (2007) Do second language learners benefit from interacting with each other? Mackey, A. (ed.) *Conversational Interaction in Second Language Acquisition: A Collection of Empirical Studies*, pp. 29–51. Oxford University Press.

赤松信彦（編）（2018）『英語指導法理論と実践：21世紀型英語教育の探究』英宝社.

青谷優子（2017）『英語は朗読でうまくなる！』アルク.

Arbib, M. A. (2012) *How the brain got language: A mirror system hypothesis.* Oxford University Press.

Argyle, M., & Dean, J. (1965) Eye contact, distance and affiliation. *Sociometry* 28: 289–304.

Asher, J. J. (2009) *Learning another language through actions (7th ed.).* Sky Oaks Productions.

Atkinson, R. C., & Shiffrin, R. M. (1968) Human memory: A proposed system and its control processes. Spence, K. W. & Spence, J. T. (eds.), *The psychology of learning and motivation: Advances in research theory (Vol. 2),* pp. 89–195. Academic Press.

Azuma, J., Nomura, K., and Yamane, S. (1981) The Visual Effect of the Speaker's Gestures on Auditory Comprehension, Paper Presented at The 1st FLEAT Conference. Hotel Ohkura, Tokyo.

Baddeley, A. D. (2012) Working memory: Theories, models, and controversies. *Annual Review of Psychology* 63: 1–29.

Baron-Cohen, S. (1995) *Mindblindness: An essay on autism and theory of mind.* MIT Press.

Birdwhistell, R. (1970) *Kinesics and Context: Essays on body motion communication.* University of Philadelphia Press.

Blakemore, S. J. (2018) *Inventing ourselves: The secret life of the teenage brain.* Black Swan.

坊農真弓（2022）研究概要「身体記号学」キックオフミーティングにおける発表（オンライン開催）.

Buccino, G., Vogt, S., Ritzi, A. G. R., Zilles, K., Freund, H. & Rizzolatti, G. (2004) Neural circuits underlying imitation learning of hand actions: An event-related fMRI study. *Neuron* 42: 323–334.

Calvo-Merino, B., Glaser, D. E., Grezes, J., Passingham, R. E. & Haggard, P. (2005) Action observation and acquired motor skills: an fMRI study with expert dancers. *Cerebral Cortex* 15: 1243–1249.

Canale, M. and Swain, M. (1980) Theoretical basis of communicative approaches to second language teaching and testing. *Applied Linguistics* 1: 1–47.

Carr, L., Iacoboni, M., Dubeau, M. C., Mazziotta, J. C. & Lenzi, G. L. (2003) Neural mechanisms of empathy in humans: A relay from neural systems for imitation to limbic areas. *PNAS* 100: 5497–5502.

Carrington, S. J., Bailey, A. J. (2009) Are there theory of mind regions in the brain? A review of the neuroimaging literature. *Human Brain Mapping* 2313–2335.

Chomsky, N. (1965) *Aspects of the theory of syntax.* The MIT Press.

Cohen, S. B., Leslie, A. M., Frith, U. (1985). Does the autistic child have a "theory of mind"?. *Cognition.* 21, 37–46.

Corkin, S. (2013) *Permanent present tense: The unforgettable life of the amnesic patient,* H. M. Basic Books.

Cowan, N. (1999) An embedded-processes model of working memory. Miyake, A. & Shah, P. (eds.), *Models of working memory: Mechanisms of active maintenance and executive control,* pp. 28–61. Cambridge University Press.

Cowan, N. (2016) *Working memory capacity: Classic edition.* Routledge.

Cross, E. S., Hamilton, A. F. C. & Grafton, S. T. (2006) Building a motor simulation de novo: Observation of dance by dancers. *Neuroimage* 31: 1257–1267.

Day, R. R. and Banford, J. (1998) *Extensive reading in the second language classroom.* Cambridge University Press.

DeCapua, A. & Wintergerst, A. C. (2016) *Crossing cultures in the language classroom* (2nd ed.). University of Michigan Press.

DeKeyser, R. M. (2007) *Practice in a second lan-*

guage: *Perspectives from applied linguistics and cognitive psychology*. Cambridge University Press.

Demuth, K., Culbertson, J. & Alter, J. (2006) Word-minimality, epenthesis, and coda licensing in the acquisition of English. *Language & Speech* 49: 137–174.

Doehler, S. P. (2019) *On the nature and the development of L2 interactional competence: State of the art and implications for praxis*. Routledge. Salaberry, M. R. and Kunitz, S. (2019) *Teaching and testing L2 interactional competence: bridging theory and practice*. Routledge.

Donato, R. (1994) Collective scaffolding in second language learning. Lantolf, J. P. & Appel, G. (eds.), *Vigotskian approaches to second language research*, pp. 33–56. Ablex.

Du Bois, J. W. (2014a) Towards a dialogic syntax. *Cognitive Linguistics* 25: 359–410.

Du Bois, J. W. (2014b) Discourse and grammar. Tomasello, M. (ed.) *The new psychology of language: Cognitive and functional approaches to language structure*, pp. 47–88. Psychology Press.

Dumontheil, I., Apperly, I. A., & Blakemore, S. J. (2010). Online usage of theory of mind continues to develop in late adolescence. *Developmental Science* 13: 331–338.

Dunbar, R., Shultz, S. (2007) Evolution in the social brain. *Science* 317; 1344–1347.

Edasawa, Y., Takeuchi, O., and Nishizaki, K. (1992) The effects of teaching methods in using films for listening comprehension practice. *Language Laboratory* 29: 53–69.

映画英語教育学会東日本支部（2012）『映画英語授業デザイン集』フォーインスクリーンプレイ事業部．

Ekman, P. & Friesen, W. V. (1971) Constants across cultures in the face and emotion. *Journal of Personality and Social Psychology* 17: 124–129.

Ekman, P. & Friesen, W. V. (1976) *Pictures of facial affect*. Consulting Psychologists Press.

Ellis, N. (2007) The associative-cognitive CREED. VanPatten, B. and Williams (eds.), *Theories in second language acquisition: An introduction*, pp. 77–95. Lawrence Erlbaum Associates.

Ellis, R. (2005) Measuring implicit and explicit knowledge of a second language: A psychometric study. *Studies in Second Language Acquisition* 27: 141–172.

Ellis, R., Loewen, S., Elder, C., Eriam, R., Philp, J., &

Reinders H. (2009). *Implicit and explicit knowledge in second language learning, testing and teaching*. Multilingual Matters.

Ellis, R. and Shintani, N. (2014) *Exploring Language Pedagogy through second language acquisition research*. Routledge.

Elman, J., Bates, E. A., Johnson, M. H., Karmiloff-Smith, A., Parisi, D., & Plunkett, K. (1996) *Rethinking innateness: A connectionist perspective on development*. The MIT Press.

Fantz, R. L. (1963) Pattern vision in newborn infants. *Science* 140: 296–297.

Fries, C. C. (1945) *Teaching and learning English as a foreign language*. Ann Arbor: University of Michigan Press.

Frith, U. (1989) *Autism: Explaining the enigma*. Basil Blackwell.

深澤俊昭（1988）『話せる・聞ける英語の音』アルク．

古川昭夫（2010）『英語多読法』小学館．

古田篤子（2013）高校生のりメディアルのためのシャドーイングを中心とした教材の開発　関西大学外国語教育学研究科．

二谷廣二（1999）『教え方が「かわる・わかる」』東京：学芸図書．

Gass, S. M., Behney, J., & Plonsky, L. (2013) *Second language acquisition: An introductory course (4th ed.)* Routledge.

Gass, S. M. (2014) Connecting interaction-based research with other disciplines. *Second Language* 13: 5–16. The Japan Second Language Association (J・SLA).

Gergely, G., Bekkering, H., & Kiraly, I. (2002) Rational imitation in preverbal infants. *Nature* 415: 755–755.

Global Career Strategy Japan（2021）『最強の NETFLIX 英語勉強法』Global Career Strategy Publishing

Goleman, D. (2007) *Social intelligence: The new science of human relationships*. Bantam.

Granena, G. (2020) *Implicit language aptitude*. Cambridge University Press.

Hall, E. (1983) *The dance of life: The other dimension of time*. New York: Doubleday.

原田康也（2003）エーワンのマルチカードを用いた英語応答練習『情報処理学会研究報告』49: 17–22.

Hase, N. & Kadota, S. (2021) An eye-tracking study on the influence of audiovisual cues on shadowing performance. A Paper Presented at AILA 2021. Groningen, the Netherlands.

Hasson, U.（2010）I can make your brain look like mine. *Harvard Business Review* 88（12）: 32–33.

Hasson, U.（2016）This is your brain on communication. TED Talk（https://www.ted.com/talks/uri_hasson_this_is_your_brain_on_communication）.

Hasson, U. and Frith, C. D.（2016）Mirroring and beyond: Coupled dynamics as a generalized framework for modelling social interactions. Philosophical Transactjions. R. Soc. B 371: 20150366.

早瀬尚子（編）（2018）『言語の認知とコミュニケーション：意味論・語用論，認知言語学，社会言語学』開拓社.

Hellermann, J.（2008）*Social actions for classroom language learning.* Multilingual Matters.

Henry, J.（1995）*If not now: developmental readers in the college classroom.* Heinemann.

Hervais-Adelman, A., Moser-Mercer, B., Michel, C. M. & Golestani, N.（2015）fMRI of simultaneous intelpretation reveals the neural basis of extreme language control. *Cerebral cortex* 25: 4727–4739.

堀内ふみ野（2018）対話から文法へ：over の習得を支える多層的な文脈　日本認知言語学会大会　浜松：静岡大学浜松キャンパス.

Hymes, D. H.（1972）Models of the interaction of language and social life. Gumperz, J. J. & Hymes, D. *Directions in sociolinguistics: The ethnography of communication*, pp. 35–71. Holt, Rinehart & Winston.

Ibbotson, P. and Tomasello, M.（2016）Language in a new key. *Scientific American* 315（Nov.）: 71–75.

Iwasaki, S.（2015）A multiple-grammar model of speakers' linguistic knowledge. *Cognitive Linguistics* 26: 161–210.

岩田誠（監修）（1998）『図解雑学脳のしくみ』東京：ナツメ社.

泉恵美子・門田修平（2016）『英語スピーキング指導ハンドブック』大修館書店.

鄭　婣陣（2013）コミュニケーション場面からの第二言語習得：脳科学的知見から　ことばの科学会 2013 年度オープンフォーラム　関西学院大学.

鄭婣停・川島隆大（2013）使える英語はコミュニケーション活動から　『英語教育』62（12 月号）: 30–31.

Jeong, H., Li, P., Suzuki, W., Sugiura, M. & Kawashima, R.（2021）Neural mechanisms of language learning from social contexts. *Brain & Language* 212: 104874.

Johnson, M. H., Dziurawiec, S., Ellis, H. & Morton, J.（1991）Newborns' preferential tracking of face-like stimuli and its subsequent decline. *Cognition* 40: 1–19.

門田修平（2002）『英語の書きことばと話しことばはいかに関係しているか』くろしお出版.

門田修平（編），池村大一郎・中西義子・野呂忠司・島本たい子・横川博一（2003）『英語のメンタルレキシコン：語彙の獲得・処理・学習』松柏社.

門田修平（2009）インプットとアウトプットをつなぐシャドーイング・音読　第 35 回全国英語教育学会シンポジウム「第二言語習得におけるインプットとアウトプットの関係」における発表　鳥取大学.

門田修平（2012）『シャドーイング・音読と英語習得の科学』コスモピア.

門田修平（2014）『英語上達 12 のポイント』コスモピア.

門田修平（2015）『シャドーイング・音読と英語コミュニケーションの科学』コスモピア.

門田修平（2018）『外国語を話せるようになるしくみ：シャドーイングが言語習得を促進するメカニズム』SB クリエイティブ（サイエンス・アイ新書）.

Kadota, S.（2019）*Shadowing as a practice in second language acquisition: Connecting inputs and outputs.* Routledge.

門田修平（2020）『音読で外国語が話せるようになる科学』SB クリエイティブ（サイエンス・アイ新書）.

門田修平（2022）リスニングの学習　中田達也・鈴木祐一（編）『英語学習の科学』, pp. 73–90. 研究社.

門田修平・長谷尚弥・林良子・川﨑眞理子・風井浩志・中西弘・中野陽子・氏木道人（2019）英語シャドーイングで話者の顔動画をみる効果：NIRS による脳内処理機構の解明　科学研究費助成事業研究成果報告書.

Kadota, S., Hase, N., Kawasaki, M., Nakanishi, H., Nakano, Y., Noro, T., and Shiki.（2020）The effects of shadowing on implicit and explicit knowledge use for Japanese learners of English.『ことばの科学研究』21: 19–38.

門田修平・池村大一郎（編著）（2006）『英語語彙指導ハンドブック』大修館書店.

門田修平・氏木道人・伊藤佳世子（2014）『決定版英語エッセイ・ライティング　増補改訂版』コスモピア.

門田修平・高田哲朗・溝畑保之（2007）『シャドーイングと音読：英語トレーニング』コスモピア.

門田修平・高瀬敦子・川﨑眞理子（2021）『英語リーディングの認知科学』くろしお出版.

門田修平・玉井健（2004）『決定版英語シャドーイング』コスモピア.

門田修平・玉井健（2017）『決定版英語シャドーイン

グ（改訂新版）』コスモピア.

角山照彦（2008）映画を教材とした英語教育に関する研究　岡山ふくろう出版.

神原利宗・月浦崇・重宗弥生・野内類・蓮田幸人・菅野彰剛・川島隆太（2011）学習によって変化する語と感覚情報の連合に関与する神経基盤の解明　言語科学会第13回年次国際大会（JSLS2011）研究発表　関西大学.

亀井節子・広瀬恵子（1994）外国語理解におけるメディア多重化の効果：学習者の英語力との関係で Language Laboratory 31：1-18.

金澤　佑（編）（2020）フォーミュラと外国語学習・教育：定型表現研究入門　くろしお出版.

兼安路子・岩崎勝一（2017）多重文法：「こと」の分析を通じて　鈴木亮子・秦かおり・横森大輔（編）『話しことばへのアプローチ：創発的・学際的談話研究への新たなる挑戦』, pp. 69-102. ひつじ書房.

鹿野晴夫（2018）「英語回路」を育成するには？『多聴多読マガジン』70：10-15（2018年10月号）コスモピア.

鹿野晴夫（2020）『名スピーチで英語「速」音読』コスモピア.

加藤元一郎（2011）視線と表情の認知について　『認知神経科学』13：43-50.

KATO, Y. (2022) Cooperative or collaborative: how does the division of labor influence learner-learner interactions? JACET Journal 66：57-74.

川島隆太（2022）オンラインの会話：心は通じるか 2022年2月3日朝日朝刊記事.

Kendon, A. (1983) Gesture and speech: How they interact. Wiemann, J. M. & Randall, P. H. (eds.), Nonverbal Interaction, pp. 13-45. Beverly Hills: Sage Publications.

Keysar, B., Barr, D. J., Balin, J. A., & Brauner, J. S. (2000) Taking perspective in conversation: The role of mutual knowledge in comprehension. Psychological Science 11：32-38.

Keysers, C., Gazzola, V. (2007) Integrating simulation and theory of mind: from self to social cognition. Trends in Cognitive Sciences 11：194-196.

喜多壮太郎（2002）『ジェスチャー：考えるからだ』金子書房.

北原義典（2020）『イラストで学ぶ認知科学』講談社

小口真澄（2019）英語教育に演劇手法は本当に効果的なのか？　言語・身体・情動を統合した第二言語（英語）習得・シンポジウム　関西学院大学.

Kohler E, Keysers C, Umilta, M A, Fogassi L, Gallese V, & Rizzolatti, G. (2002) Hearing sounds, under-standing actions: Action representation in mirror neurons. Science 297：846-848.

Kohno, M. (1984) Is kinesic information perceived as an extralanguage or as a language itself? The Study of Sounds 20：134-146.

河野守夫（1988）身振り言語の構造：心理言語学的考察　奥田隆一ほか（編）『現代の言語研究』：346-358. 金星堂.

河野守夫（1992）『英語授業の改造（改訂版）』東京書籍.

河野守夫・末延岑生（1991）『からだで学ぶ英語教室（Pleasure Land of English）』大阪教育図書.

Koike T, Tanabe HC, Okazaki S, Nakagawa E, Sasaki AT, Shimada K, Sugawara SK, Takahashi, HK, Yoshihara K, Bosch-Bayard J, & Sadato N (2016) Neural substrates of shared attention as social memory: A hyperscanning functional magnetic resonance imaging study. NeuroImage 125：401-412.

国際多読教育学会（2011）『多読指導ガイド』The Extensive Reading Foundation.

小柳かおる（2020）『第二言語習得について日本語教師が知っておくべきこと』くろしお出版.

Krashen, S. and Terrell, T. (1983) The natural approach: language acquisition in the classroom. Oxford: Pergamon.

Krashen, S. D. (1984) Writing: Research, theory, and applications. Pergamon Institute of English.

Krashen, S. D. (1985) The input hypothesis: Issues and implications. Longman.

Kuhl, P. K (2010) The linguistic genius of babies. TED Talk (https://www.ted.com/talks/patricia_kuhl_the_linguistic_genius_of_babies)

Kuhl, P. K. & Ramírez, N. F. (2019) Neuroscience and education: How early brain development affects school. Kuhl, P., Lim, S-S., Guerriero, S. & Van, D. (eds.), Devrloping Minds in the digital age: Towards a Science of Learning for 21st Century Education, pp. 25-36. OECD Publishing.

Kuhl, P. K., Tsao, F. M., & Liu, H. M. (2003) Foreign-language experience in infancy: Effects of short-term exposure and social interaction on phonetic learning. PNAS 100：9096-9101.

黒川愛子・鈴木寿一（2011）日本人中学生のスピーキング力育成に対する TPR の有効性に関する実証的研究『LET 関西支部研究集録』13：93-111.

Lee, N. (2004) The neurobiology of procedural memory. Schumann, J. H ほか（編）The Neurobiology of learning: perspectives from second language acquisi-

tion, pp. 43–73. Lawrence Erlbaum Associates.

Lee, N., Mikesell, L., Joaquin, A. D. L., Mates, A. W. and Schumann, J. H.（2009）*The interactional instinct: The evolution and acquisition of language*. Oxford University Press.

Lenneberg, E. H.（1967）*Biological foundations of language*. John Wiley & Sons.

Liberman, A. M., & Mattingly, I. G.（1989）A specialization for speech perception. *Science* 243: 489–494.

Long, M.（1996）The role of the linguistic environment in second language acquisition. Ritchie, W. C., & Bhatica, T. K.（eds.）*Handbook of research on language acquisition Vol. 2*, pp. 413–468. Academic Press.

Mackey, A.（2007）*Conversational interaction in second language acquisition: A collection of empirical studies*. Oxford University Press.

Mackey, A.（2020）*Interaction, feedback and task research in second language learning: methods and design*. Cambridge University Press.

Marcus. G., Vijayan. S., Bandi Rao. S. and Vishton. P. M.（1999）Rule learning by seven-month-old-infants. *Science* 283: 77–80.

正高信男（1993）行動学からみたことばの萌芽『失語症研究』13(2): 135–146.

松香洋子（2018）『英語，書けますか: TAGAKI®（多書き）のすすめ』mpi松香フォニックス研究所

松村昌紀（2017a）『タスク・ベースの英語指導: TBLTの理解と実践』大修館書店.

松村昌紀（2017b）言語教育にとってのタスク，言語教師にとってのチャレンジ　関西英語教育学会（KELES）セミナー　龍谷大学.

松山洋一（2022）英語学習の未来〜メタバース時代の会話AI技術の可能性を語る〜　日本英語コーチング協会シンポジウム2022年3月9日.

McGurk, H. and MacDonald, J.（1976）Hearing lips and seeing voices. *Nature* 264: 746–748.

McNeill, D.（2000）*Language and gesture*. Cambridge: Cambridge University Press.

Mehrabian, A.（1971）*Silent messages: Implicit communication of emotions and attitude*. Wadsworth.

明和政子（2022）身体性からみたヒトの脳と心の創発: ことばの前のことばをたどる　ことばの科学会オープンフォーラムにおける講演.

Meltzoff, A. N. and Moore, M. K.（1977）Imitation of facial and manual gestures by human neonates. *Science* 198: 75–78.

Meltzoff, A. N. and Decety, J.（2003）What imitation tells us about social cognition: A rapprochement between developmental psychology and cognitive neuroscience. *Philosophical Transactions* 358: 491–500.

Miyake, A. & Shah, P.（eds.）（1999）*Models of working memory: Mechanisms of active maintenance and executive control*. Cambridge University Press.

Miyake, N.（1986）Constructive interaction and the iterative process of understanding. *Cognitive Science* 10(2): 151–177.

三宅なほみ・東京大学CoREF・河合塾（2016）『協調学習とは: 対話を通して理解を深めるアクティブラーニング型授業』北大路書房.

三宅滋（2009）日本人英語学習者の復唱における再生率と発話速度の変化の考察『ことばの科学研究』10: 51–69.

溝畑保之（2007）「シャドーイング」とその方法『多聴多読マガジン』5: 115–117.

溝畑保之（2018）リスニングからスピーキングへ　鈴木寿一・門田修平（編）（2018）『英語リスニング指導ハンドブック』, pp. 119–126. 大修館書店.

Moon, R.（1997）Vocabulary connections: Multi-word items in English. Schmitt, N. and McCarthy, M.（eds.）. *Vocabulary: Description, acquisition and pedagogy*, pp. 40–63. Cambridge: Cambridge University Press.

Mueller, G.（1980）Visual contextualcues and listening comprehension: an experiment. *Modern Language Journal* 64: 331–340.

Murchie, S.（2020）ZOOMブレイクアウトセッションを使ったグループ多読の結果　ER & JERA多読セミナー2020.

Murphey, T.（2000）Exploring shadowing and summarizing: An invitation to students and teachers.（https://www.youtube.com/watch?v=Bri4tpCbjR4）

村野井仁（2006）『第二言語習得研究から見た効果的な英語学習法・指導法』大修館書店.

Murphey, T.（2001）Exploring conversational shadowing. *Language Teaching Research* 5: 128–155.

永江誠司（2018）『子どもの「社会脳」を育てよう: 共感し信頼する力を伸ばす子育てコーチング』河出書房新社.

中野秀子・植田正暢・夏目季代久（2021）課題，教材提示，個別・協働学習の違いによる学習者の脳血流変化の分析: 効果的な英語教授法への示唆　外国語教育メディア学会第60回全国研究大会における発表.

日本多読学会（2020）『日本多読学会による英語多読指導ガイド』日本多読学会.

中山英樹（2022）「工学班」概要説明 「身体記号学」キックオフミーティングにおける発表（オンライン開催）.

野畑友恵・箱田裕司・二瀬由理（2007）感情喚起による有効視野の縮小 『情報処理学会研究報告』87：95–100（CVIM，2007–CVIM–160）.

Nobe, S.（2005）Foreign language development and gesture. Paper presented at the 14th AILA World Congress, Madison, Wis.

大田恵理子（2015）協同学習を通したライティング指導 『教育デザイン研究』6：66–66.

太田信夫・佐久間康之（2016）『英語教育学と認知心理学のクロスポイント：小学校から大学までの英語学習を考える』北大路書房.

岡崎弘信（2008）『スクリーンプレイで学ぶ映画英語シャドーイング：シャドーイング・マネジャーでらくらく音読練習』フォーイン スクリーンプレイ事業部.

Omaggio, A. C.（1979）Picture and second language comprehension. *Foreign Language Annals* 12：107–116.

小野瀬建人（2000）『そこが知りたい！脳と心の仕組み』かんき出版.

Osaka, M.（2014）. "The mind's scratch pad of the brain"=working memory：Its role and importance. Division of Cognitive Neuroscience Robotics Institute of Academic Initiatives, Osaka University.

苧阪直行・越野英哉（2018）社会脳ネットワーク入門：社会脳と認知脳ネットワークの協調と競合 新曜社.

Pascalis, O., de Haan, M., & Nelson, C. A.（2002）Is face processing species-specific during the first year of life? *Science* 25：1321–1323.

Petrides, M., Alivisatos, B., Meyer, E., & Evans, A. C.（1993）. Functional activation of the human frontal cortex during the performance of verbal working memory tasks. *Proceedings of the National Academy of Science of the USA* 90：878–882.

Pinker, S.（1994）*The language instinct：The new science of language and mind*. Penguin Books.

Premack, D. and Woodruff, G.（1978）Does the chimpanzee have a theory of mind? *The Behavioral and Brain Sciences* 4：515–526.

Redcay, E., Kleiner, M. & Saxe, R.（2013）Look at this：the neural correlates of initiating and responding to bids for joint attention. *Frontiers in Human Neuroscience* 6：1–14.

Rizzolatti, G., Fogassi, L., & Gallese, V.（2006）Mirrors in the mind. *Scientific American*（Nov.），30–37.

Rizzolatti, G. & Sinigaglia, C.（2006）*Mirrors in the brain：How our minds share actions and emotions*. Oxford University Press.

Ross-Feldman, L.（2007）Interaction in the L2 classroom：Does gender influence learning opportunities? Mackey, A.（ed.）*Conversational interaction in second language acquisition：A collection of empirical studies*, pp. 53–77. Oxford University Press.

Sadato, N.（2017）Shared attention and interindividual neural synchronization in the human right inferior frontal cortex. Watanabe, M.（ed.）, *The prefrontal cortex as an executive, emotional, and social brain*, pp. 207–225. Springer.

齊藤 勇（2008）『見た目でわかる外見心理学』ナツメ社.

齋藤洋典・喜多壮太郎（2002）『ジェスチャー・行為・意味』東京：共立出版.

泊田久美子・古本裕美（編著）（2019）『日本語教師のためのシャドーイング指導』くろしお出版.

Salaberry, M. R. & Kunitz, S.（2019）*Teaching and testing L2 interactional competence：Bridging theory and practice*. Routledge.

三宮真智子（2018）『メタ認知で〈学ぶ力〉を高める：認知心理学が解き明かす効果的学習法』北大路書房.

佐々木啓成（2020）『リテリングを活用した英語指導：理解した内容を自分の言葉で発信する』大修館書店.

Sato, W., Kochiyama, T., Uono, S., Sawada, R., Kubota, Y., Yoshimura, S., & Toichi, M.（2019）Widespread and lateralized social brain activity for processing dynamic facial expressions. *Human Brain Mapping* 40：3753–3768.

里井久輝（2013）リズム指標から英語のリズムを考える 英語音声学会関西・中国支部大会における発表 摂南大学.

Schippers, M. B., Gazzola, V., Goebel, R., & Keysers, C.（2009）Playing charades in the fMRI：Are mirror and/or mentalizing areas involved in gestural communication? *PLoS ONE* 4(8)：e6801.

Schumann, J. H.（1997）*The neurobiology of affect in language*. Blackwell.

Schumann, J. H.（2010）Applied linguistics and the neurobiology of language. Kaplan, R. B.（ed.）*The Oxford Handbook of Applied Linguistics (2nd ed.)*, pp. 244–259. Oxford University Press.

Segalowitz, N.（2010）*Cognitive bases of second language fluency*. Routledge.

Shamay-Tsoory, S. G., Aharon-Peretz, J., & Perry, D.

(2009) Two systems for empathy: a double dissociation between emotional and cognitive empathy in inferior frontal gyrus versus ventromedial prefrontal lesions. *Brain* 132: 617–627.

嶋田総太郎（2011）ミラーシステムと心の理論に関する認知神経科学研究の文献紹介『認知科学』18, 343–351.

嶋田総太郎（2019）『脳のなかの自己と他者：身体性・社会性の認知脳科学と哲学』共立出版.

下郡信宏・池田朋男・関矢陽子（2010）英語字幕による会話支援：字幕の精度と表示タイミングが理解に及ぼす影響 『情報処理学会研究報告』75: 1–6.

Shizuka, T. (1995) Whether, when, and how to utilize the pnnted script of a film: A good substitute for L2 subtiltles. *The IRLT Bulletin* 9: 69–95.

Silvers, S. M. and Asher, J. J. (1994) *Listen & perform: the TPR student book for beginning and intermediate ESL Students*. Sky Oaks Productions.

Simion, F., Valenza, E., Macchi, V., Turati, C., & Umiltà, C. (2002) Newborns' preference for up-down asymmetrical configurations. *Developmental Science* 5: 427–434.

Simpson, E. A., Varga, K., Frick, J. E., & Fragaszy, D. (2011) Infants experience perceptual narrowing for nonprimate faces. *Infancy* 16: 329–330.

Sinclair, J. (1991) *Corpus, concordance, collocation*. Oxford University Press.

新崎隆子・門田修平（2020）日本人の英語学習について：対談動画 トライオン渋谷センター.

染谷泰正（2008）プロダクション能力養成のための訓練法：通訳訓練法の創造的応用事例およびその理論的背景 聖トマス大学第2回 CALL ワークショップ.

サマー・レイン（2019）『12週間で「話せる」が実感できる魔法のなりきり英語音読』ICE.

鈴木寿一（2005）英語教育理論と実践の融合：基礎力が不十分な学生の英語力を引き上げるには 第50回関西英語英米文学会講演 西宮：関西学院大学.

鈴木寿一（2018）文法指導につながるリスニング指導 鈴木寿一・門田修平（編）（2018）『英語リスニング指導ハンドブック』, pp. 92–106. 大修館書店.

鈴木寿一・門田修平（2012）『英語音読指導ハンドブック』大修館書店.

鈴木亮子・秦かおり・横森大輔（2017）『話しことばへのアプローチ：創発的・学際的談話研究への新たなる挑戦』ひつじ書房.

鈴木孝明・白畑知彦（2012）『ことばの習得：母語習得と第二言語習得』くろしお出版.

鈴木健士（2018）『ここで差がつく！英文ライティン

グの技術：英語は「I」ではじめるな』テイエス企画.

Suzuki, Y. & Dekeyser, R. (2015) Comparing Elicited Imitation and Word Monitoring as Measures of Implicit Knowledge. *Language Learning* 65: 860–895.

Suzuki, Y., & Jeong, H. (2020) The neural foundations of explicit and implicit knowledge. Paper Presented at ESRC Symposium on Second Language Acquisition.

Suzuki, Y., Jeong, H., Cui, H., Okamoto, K., Kawashima, R., & Sugiura, M. (2022) An fMRI validation study of the word-monitoring task as a measure of implicit knowledge: Exploring the role of explicit and implicit aptitudes in behavioral and neural processing. *Studies in Second Language Acquisition*: 1–28.

鈴木祐子（2021）個人教室での多読：テレビ会議システム，教育用アプリ，電子書籍を使用したオンライン多読授業 関西多読指導者セミナーにおける発表.

Swain, M. (1995) Three functions of output in second language learning. Cook, G. & Seidlhofer, B. (eds.), *Principle and Practice in Applied Linguistics*, pp. 125–144. Cambridge University Press.

髙木幸子（2006）コミュニケーションにおける表情および身体動作の役割 『早稲田大学大学院文学研究科紀要第1分冊』51: 25–36.

高瀬敦子（2010）『英語多読・多聴指導マニュアル』大修館書店.

高瀬敦子（2021）SSS・SSR・SST を導入した効果的な多読の量的・質的研究報告 関西多読指導者セミナーにおける発表.

高田哲朗（2018）リスニングからライティングへ：ディクトグロス 鈴木寿一・門田修平（編）（2018）『英語リスニング指導ハンドブック』, pp. 126–132. 大修館書店.

武田暁・猪苗代盛・三宅章吾（2012）『脳はいかにして言語を生み出すか』講談社.

Tanaka, Y., Kanakogi, Y, Kawasaki, M, & Myowa, M. (2018) The integration of audio − tactile information is modulated by multimodal social interaction with physical contact in infancy. *Developmental Cognitive Neuroscience* 30: 31–40.

田中茂範・岡本茂紀（2015）『会話を組み立てる英語プレハブ慣用表現150』コスモピア.

瀧 靖之（2020）「イヤイヤ練習」と「楽しく練習」とでは, 上達に差があるの？（https://research.piano.or.jp/series/piano_happen/brain/2020/01/taki08.html）

巽 徹（2022）言語活動を重視した小・中学校の英

語授業：ICT の活用場面に注目して　映像メディア英語教育学会西日本支部大会.

寺沢宏次（監修）（2009）『脳の仕組みがわかる本』成美堂出版.

Tomasello, M.（2003）Constructing a language: A usage-based theory of language acquisition. Harvard University Press.

Tomasello, M.（2008）Origins of human communication. The MIT Press.

Tomasello, M.（2014）（ed.）The new psychology of language: Cognitive and functional approaches to language structure. Psychology Press.

豊田弘司・山本晃輔（2011）日本臨 WLEIS（Wong and Law Emotional Intelligence Scale）の作成　『教育実践総合センター研究紀要』20: 7-12.

Ullman, M. T.（2020）The declarative / procedural model: A neurobiologically motivated theory of first and second language. VanPatten, B., Keating, G. D., & Wulf, S.（eds.）Theories in second language acquisition: An introduction (3rd ed.), pp. 128-161. Routledge.

VanPatten, B.（ed.）（2004）Processing instruction: theory, research, and commentary. Lawrence Erlbaum Associate.

VanPatten, B and Williams, J.（eds.）（2015）Theories in second language acquisition: An introduction (2nd ed.). Routledge.

Via, R., A.（1976）English in three acts. University Press of Hawaii.

Via, Richard A. and Smith, Larry E.（1983）Talk and Listen: English As an International Language Via Drama Techniques. Prentice Hall.

von Raffler-Engel, W.（ed.）.（1980）Aspects of nonverbal communication. Biblical Institute Press.

Wainryb, R.（1990）Grammar dictation. Oxford University Press.

Ward, J.（2010）The student's guide to cognitive neuroscience. (2nd ed.) Psychology Press.

Ward, J.（2012）The Student's guide to social neuroscience. Psychology Press.

Ward（2017）The Student's guide to social neuroscience. (2nd ed.) Psychology Press.

Ward, J.（2019）The student's guide to cognitive neuroscience. (4th ed.) Psychology Press.

Waring, H. Z.（2019）Developing interactional competence with limited linguistic resources. salaberry, M. R. & Kunitz, S.（eds.）Teaching and testing L2 interactional competence: Bridging theory and practice, pp. 215-227. Routledge.

渡邊正孝（2004）ワーキングメモリと動機づけに果たす前頭連合野の役割　ワーキングメモリ：基礎と応用における講演．京都大学.

渡邊正孝（2015）前頭連合野の仕組みとはたらき　高次脳機能障害学会第 39 回学術総会における講演　ベルサール渋谷ファースト.

West, M.（1968）（小川芳男訳）『困難な状況のもとにおける英語の教え方』英潮社.

Widdowson, H. G.（1978）Teaching language as communication. Oxford University Press.

Wilson, D. and Sperber, D.（2012）Meaning and relevance. Cambridge University Press.

Wilson, S. M., Saygın, A. P., Sereno, M. I. & Iacoboni, M.（2004）Listening to speech activates motor areas involved in speech production. Nature Neuroscience 7: 701-702.

Winitz, H.（ed.）（1981）The comprehension approach to foreign language instruction. Newbury House.

Wray, A.（2002）Formulaic language and the lexicon. Cambridge University Press.

山極壽一（2020）発刊に寄せて　苧阪直行ほか（著）『社会脳から心を探る：自己と他者をつなぐ社会適応の脳内メカニズム』日本学術協力財団.

山口真美（2016）『自分の顔が好きですか？：「顔」の心理学』岩波書店.

山口真美（2020）乳幼児は顔を区別する『心理学ワールド』90: 9-12.

山口美穂（2017）『身近な話題で楽しく話せる！Small Talk 月別メニュー 88』明治図書

山口亮祐・宮本礼子（2018）他者の表情観察を通した認知的共感と情動的共感　『臨床神経生理学』46（6）: 567-577.

山本玲子（2012）音読による内在化とは？　教師のモデルを提示することはなぜ意味があるのか　鈴木寿一・門田修平（編著）（2012）『英語音読指導ハンドブック』, pp. 356-364, 376-382. 大修館書店.

山本玲子（2021）遠隔授業における共同体の活性化：身体性を生かしたリーディング授業の試み　外国語教育メディア学会（LET）関西支部大会における発表.

山西博之（2020）ライティングの指導と評価：理論と実践の視点から　関西英語教育学会（KELES）セミナー　Zoom 開催.

山西博之・大年順子（編著）（2019）『中・上級英語ライティング指導ガイド』大修館書店.

安木真一（2010）『英語力がぐんぐん身につく！驚異の音読指導法 54』明治図書.

横川博一・藪内智・鈴木正紀・森下美和（2006）日本人英語学習者の発話における使用語彙分析と発話潜時：海外語学研修参加者の発話データに基づく分析『信学技報』33. 電子情報通信学会.

横森大輔（2020）応答練習を軸としたライティング／スピーキング授業の実践と学習者行動の分析　LET基礎理論研究部会における講演　龍谷大学.

吉野志帆（2003）英語学習に効果的な字幕提示タイミングの検討『日本教育工学雑誌』27(3): 237-246.

［著者紹介］

門田修平（かどた　しゅうへい）

　関西学院大学・大学院教授。第二言語習得，特にリーディング，メンタルレキシコン，シャドーイング・音読の認知メカニズムの研究成果を，英語の学習・教育に応用した書籍をこれまで出版。

　主な編著書に，『英語のメンタルレキシコン―語彙の獲得・処理・学習』（松柏社），『英語リーディングの認知メカニズム』『第二言語理解の認知メカニズム―英語の書きことばの処理と音韻の役割』『SLA 研究入門―第二言語の処理・習得研究のすすめ方』（くろしお出版），『シャドーイング・音読と英語習得の科学』『シャドーイング・音読と英語コミュニケーションの科学』『英語上達 12 のポイント』（コスモピア），『外国語を話せるようになるしくみ―シャドーイングが言語習得を促進するメカニズム』『音読で外国語が話せるようになる科学―科学的に正しい音読トレーニングの理論と実践』（SB クリエイティブ〈サイエンス・アイ新書〉），*Shadowing as a practice in second language acquisition: Connecting inputs and outputs*（Routledge）などがある。

社会脳インタラクションを活かした英語の学習・教育
やり取りの力を伸ばす

© Shuhei Kadota, 2023　　　　　　　　　　NDC830／x, 261 p／21 cm

初版第 1 刷――2023 年 9 月 1 日

著　者―――門田修平
発行者―――鈴木一行
発行所―――株式会社 大修館書店
　　　　　　〒113-8541 東京都文京区湯島 2-1-1
　　　　　　電話 03-3868-2651（販売部）　03-3868-2293（編集部）
　　　　　　振替 00190-7-40504
　　　　　　［出版情報］https://www.taishukan.co.jp

印刷・装幀デザイン――精興社
製本所―――難波製本

ISBN978-4-469-24667-4　Printed in Japan